仙台藩家臣録

第一巻

監修 佐々 久
編著 相原陽三

東洋書院

解説

元宮城県立図書館長　佐々久

慶長五年（一六〇〇）関ヶ原の戦の後、伊達政宗は仙台に城を築き、仙台は一躍人口約五万の東北一の都市となった。

寛文一一年（一六七一）仙台藩に伊達騒動があり、天下の人々の耳目をそばだたしめた。これは伊達家一門の境界争いに発した事件であった。それから五年後の延宝四年（一六七六）の末から三年四ヶ月をかけて、仙台藩は一門（一巻）一家・一族（二―四巻）、侍衆（五―五七巻）、御鷹師衆（五八巻）、在々ニ被指置御番外衆、片倉小十郎内ノ者（五九、六〇巻）に至るまで十石以上の武士達に、知行する土地の「先祖以来の拝領の由緒」を書き出させた。

藩命をうけて提出された文書内容の事理を尋ね、究明に当ったのは近習目付兼小性組頭、五島五郎左衛門（五〇〇石外に役料三〇〇石）、屋敷奉行、目付使番・南平兵衛（三六三石）、出入司（後大番頭）・木幡作右衛門（七〇〇石）の三人であり、当時の家老は佐々伊賀（一八三六石）、黒木上野（一五〇〇石）、大条監物（三三三六石）、小梁川修理（三一〇八石）、柴田中務（三一〇七石）である。

柴田中務は伊達騒動に際し、酒井邸裁許の日きられて歿した家老外記の子であり、事件ののちしばらくは兵部や原田甲斐に同情した幼主側近の士である。延宝四年彼は四〇歳、監物は五五歳、伊賀は四二歳であった。

境界争いは藩命によって境界を定めたことから起り、境界決定の役人に落度はなかったが、彼らは何れも私曲ありと罰せられた。藩の当局側は江戸家老原田甲斐が直接関係のない境界争いの被告の役とされ、最高責任者兵部は責任罰で流罪欠所とされた。酒井老中筆頭が「甲斐と安芸のけんくわ」即ち私闘と将軍に報告したことにより、藩主や藩に災を及ぼさずにすんだが、二度とかかることの起きざる様にその知行地の拝領由緒を記録に残さんとして、この知行由緒を書き出させたものと思われる。

政宗、忠宗の時代は藩士となったもの、知行を増減された者の多い変化の時期であった。身分の事や父祖の時代のことは所見、所聞の時代である。政宗歿して四六年、二代忠宗歿して一八年後のことであるから、記憶のあるうちに所領由緒を明確にしておくことを目的としたものといえる。

甚だ大まかに仙台藩の武士構成を見ると譜代の臣とその子孫が最も多い、ついで先祖不明で政宗、忠宗に召し抱えられた者が多い。このうちに書いてある葛西氏の遺臣約七〇、会津約四〇、岩城、田村、最上、大崎が各々約三〇、国分氏二〇、相馬の旧臣の子孫と二本松・塩松等仙道（白川から仙台に至る道筋）の出身が各一五、黒川氏が約一〇、この外政宗の子飯坂宗清、伊達兵部の家臣が約二〇、五郎八姫の旧夫越後高田の旧臣、朝鮮人、北条氏、佐竹氏南部等の外上杉、結城、毛利、堀尾大阪浪人が数十人もあり、明らかに譜代以外の子孫が約四〇〇人もいる。不明の者をいれると約三割は政宗以降に召しかかえられたことを知る。

これら総計一九三二人の武士の知行由緒を人別にして六〇巻にまとめてあるが、一面政宗以前から延宝までの仙台藩家臣の勤功書とも見られ、系譜とも見られる。また当時の制度習慣が散見し、社会史でもあり、仙台藩の根本資料の一つである。

只一本なので後世の消滅をおそれ、相原陽三君に現代文字に書写をすすめた。難読の点もあったが相原氏は教職の休暇を利用し二年有半をかけて読破し現代文字に書写した。小生は一々原本に照合し、宮城県図書館長の了解を得、さらに歴史図書社の好意によりここに印行の運びに至ったものである。

昭和五十三年五月

仙台藩家臣録　第一巻　目次

御一門衆（一）

御一家御一族衆（二）

御一家御一族衆（三）

御一家一族衆（四）

侍衆（五）

侍衆（六）

侍衆（七）

侍衆（八）

侍衆（九）

侍衆（十）

侍衆（十一）

侍衆（十二）

侍衆（十三）

例　言

佐々　久

御《ご》一門《いちもん》＝仙台藩には武士の家に格式があった。一門、一家、准一家、一族、宿老、着坐召出、太刀上、平侍である。士分以下を凡下格とよび、組士、御小人、お足軽、同心等はこれに属した。

藩主在仙の正月、元旦に年賀に登城する家を一番坐、二日に登城する家を二番坐とし一門にもこの別があった。

一門は政宗の時には、その最も近い男系の親戚をさし、八軒あった。延宝の頃は四代綱村の母と乳母の家が加えられ、後にさらに一軒加えられ幕末には十一軒あった。

元旦の日、一門は最も先に年賀の挨拶を一人一人藩主にした。「新年おめでとうございまする」と挨拶する。藩主は「おめでとうござる」と答礼する。「ござる」をつけるのは一門にだけで一家の鮎貝氏や片倉氏以下には「あめでたい」と答えたという。

一門は藩では別格の家とされ、時によっては藩主や家老を交替させる黒幕ともなった。また記録するときも御一門にだけは様や殿をつけた。

御《ご》一家《いっか》＝本来は一門につぐ親戚であったが政宗以降は片倉、秋保など特に功ある者をこの格に加えた。これに准ずる者を准一家とした。

御《ご》一族《いちぞく》＝更に遠い親戚であったが功臣の家にも与えた格式ともいえる。

侍衆《さむらいしゅう》＝一族以下はすべて家臣の列に入れられた、古くは代々政治の実際に当る家格があり、これを宿老《しゅくろう》の家格とした。政宗の頃には浜田、原田、富塚、津田氏であり、遠藤氏が加わり浜田、原田、富塚、津田があいついでのぞかれ中期後半には遠藤、後藤、但木の三氏となった。宿老の任務は一門の取締りにもあった。しかし宿老は藩主の側近にあり暗愚な藩主に忠諫して退けられることもあり、一門の反撃にあい失脚させられることもあった。藩の運命危しと見ては一身を犠牲にして一門を切り殺すことも宿老の任務であったともいえる。宿老は大人になれば家老を努める家格であった。宿老を着坐一番坐ともいった。

着坐《ちゃくざ》＝先祖から家老（仙台藩では奉行とよんだ）を出した家である。しかし格式となると着坐格の医師もあり、藩主の連歌や書道の相手役も亦この格を与えられた。後には着坐と平士の間に召出《めしだし》、太刀上《たちあげ》の格式もおかれた。

延宝のこの牒には一族以下は侍衆とされており。十石以上の知行をうけた士分と士だけが組。

読み方について

御《ご》知行《ちぎょう》＝武士の領有する土地、即ち采地をいう。生活の基盤であり、仙台藩は中世の習わしに従って貫文制を続け、玄米十石とれる土地を一貫文とした。即ち一貫二三四文の地行とは一二石三斗四升の玄米収穫のある田畠をいった。

田畠の計り方＝田畠を評価することを検地といった。本来一町歩は六〇間四方即ち三六〇〇坪をいった。豊臣秀吉は六尺三寸四方を一坪とし一町を三〇〇〇坪と定めた。政宗は古法をそのままにして三六〇〇坪を一町とし一坪は六尺五寸四方としていた。したがって$\frac{65×65×3600}{63×63×3000}=\frac{15210}{11907}=1.2774$となり、政宗時代の仙台領の一町歩の土地は秀吉検地によると一町二反七畝二二坪となる。さらに田畠を地味により上々、上、中、下、下々の五等に分けた。畠地は田の下々の産高を上々畠の産額と計算した。

畠返《はたがえ》し＝畠を田に造り直すことを畠返しという。かりに上々畑（一反歩の収穫八〇文―米八斗相当）を中田（一三〇文）と直すと五〇文の収穫が増加することになる。

二割出目《にわりだしめ》＝政宗一代は中世の古法で土地を計った。この間に秀吉は六尺三寸竿を以て三千坪を一町とした。これを文禄検地といった。徳川幕府はさらに慶長・元和の頃から六尺一分の竿を原則とした。$\frac{630×630}{601×601}=\frac{396300}{361201}=1.097173$（約1.1）仙台藩は政宗の歿したときすでに多額の借金があった。さらに水害に苦しめられて財政困難となった。田畑は中世以来の法を守っていたので検地のやり直しで財政を救わんとしたらしく幕府の六尺一分竿の前の大閤検地の法を実施した。よって農民の租税は重くなったわけである。ここに於て侍たちの田は二割出目と称して（十貫文・百石）の武士は百二十石の額面とされた。しかも一町歩について七畝二二坪の地が余剰地となった。一貫文の地を八反と見ると六二万石の地は五万町歩弱となり、二割出しとなると六万町歩石高にして七四万石となる。もし徳川検地によると八〇万石相当ということになるわけであった。

武士の収入＝武士たちは所有の領地を家臣や農民に小作させ四割を収納するのが原則であった。一石に対して四斗俵一つである。しかし一石に七升加えるのが法で定められていた。一俵には四斗二升八合以上入れられた。これより少ないと受けとられないので「足《た》し米」を加え四斗四〜五升となる。収穫期には検見《けみ》（毛見）といって「坪刈《つぼか》り」

（一坪を刈りとってその年の稲の収穫を見る）をなし毎年その四割強を収納するのであるが、五年を平均して毛見を免除してもらうことを「常免《じょうめん》」といった。常免を約束すると不作の年でも定められた額だけは収めねばならなかった。

御蔵入地《おくらいり》＝田畑には侍の知行地と藩の直領《じきりょう》である御蔵入地があった。侍は年貢が収入の総てであったから収納はきびしかった。これに対し、御蔵入地は寛大であった。毎年役人が検見にまわって収納率を定めた。百姓は御蔵入地から侍の知行地になると悲しんだという。

開発《かいほつ》＝（開墾、開拓の意味である。野谷地《のやち》、山谷地等を開墾する、三年荒野とか四年荒野などの語もあるが、開墾許可から三年〜四年の間は荒野の扱ひをすることである。開墾された田は新田であり、最初からの采地は本地である。

切添新田《きりそえしんでん》は本地である自分領有の田畑の周囲を開墾した新田をいう。従って大なる面積のものは少ない、野谷地は願い出るか、賜わるか、或は買いとって開墾するが、切添は便宜的なものらしく後に御竿入（検地）を願い出る例が多い。

御黒印《ごこくいん》＝政宗、忠宗、綱宗の三代の仙台藩主は侍の所領を明記した証書を渡した。他の大名たちと同様に黒印をおした。朱印は官許に用いるを例としたので、幕府が用いた。

藩主が交替したとき、また侍が家督をゆずられたとき、苗跡《みょうせき》をついだとき即ち家名を襲いだとき、禄高が増減したとき新規召抱のときに黒印状が渡された。仙台四代藩主綱村は二歳で家をつぎ、幕府から仙台目付が二人づつ来仙して政務を見た。この間に仙台藩主は朱印を用いるようになった。

幕府旗本が朱印を普通と考えたためであろうか、以来幕末まで仙台藩主は朱印を用いた。

御申次《おんもうしつぎ》＝幕府の奏者番《そうじゃばん》に当る役で取次役であり、拝謁(御目見得《おめみえ》)者が登城したとき名を呼びあげて取りつぎもし、藩主幼少のときは補助役であり、拝謁者がまごつかぬように手引もした。当時の用語は藩主や主人に対しては敬語を用て略した物のいい方をしない。「ござりまする」はよく大正初年昔、武士であった老人たちの話しに聞かれたものであった。敬語にするときは「被《られ》る」を用いた。「お在《い》でなされる」「来られた」「見えられた」「召しあがられる」等である。即ち受身の形をとったらしい。自然のうちに敬語が身についていたのが武士社会の言葉であったようである。

罷出《まかりいす》、年罷寄《としまかりちる》、罷入《まかりいる》、罷帰《まかりかえる》、罷成《まかりなる》、罷在＝となると罷は接頭語とも見られ、自らをひげした敬語とも見られる。

仙台では今も「罷出て」は「まかんでて申し上げます」などと用いられてもいる。

被《らる》＝は被遣《つかわさる》　被成下《なしくださる》　被仰付《おおせつけらる》　被成被下置《なされくだしおかる》等と用いられ受身にした敬語となる。

思召《おほしめす》（思食）＝思うの敬語であり、被召出《めしいださる》も召して禄や職を与えられる。呼び出される、被召抱《めしかえらる》も同様召取（捕）になると主人の命により捕えられるの意となる。

相成《あいなり》＝相達《あいたつす》・不相成《あいならす》・相済《あいすみ》・相渡《あいわたす》等相は接頭語として動詞の意味を強める用をしている。

不承伝《うけたまわりつたえす》＝承るは「受け賜わる」で敬語・拝聞せずの意。

被及御聞《おききおよばれ》＝及は到る、達する、それとなる、などの意で「それとなく御聞きになられた」の意味である。

入部＝藩政時代藩主の正妻は江戸に居り領地に来ることはなかった。嫡子も亦江戸在住が原則であった。藩主となりはじめて領地に下ることを入部といった。江戸で一六五九年に生れた四代藩主綱村がはじめて仙台に来たのは延宝三年（一六七五）九月で一七歳のときであった。

仙台藩家臣録

第一巻

御知行被下置御帳

御一門衆

御知行被下置御帳（一）

1 伊達安房

弐千三百八拾五貫三百二文より
五拾七貫三百四拾弐文迄

一　伊達兵部実元

稙宗公四男勝宗公御同腹、天文十一年越後之国主上杉貞実後嗣無御座候付て、実元十六歳兼日仁躰宜段被及御聞、家督可被相譲旨、御約諾相調候付而、大楽と申仁為御使者と御太刀一腰、宇佐美長光、竹雀幕之紋、実之一字被遣之同年六月廿三日越後国へ入部仕筈候処、其節横逆之者在之付て、実元為忠義越後へ罷越候儀、違変仕候。其以来信夫郡大森に住居仕、同郡之内三拾壱箇村名取郡之内弐箇村拝領仕罷在候処、病気差出候。已後致隠居八丁目住居仕、天正十五年実元六十一歳にて病死、嫡子成実家督被仰付候。御申次年号等不承伝候。

政宗公御代天正十四年成実度々軍功在之由被仰立、御加増を以取替被仰付、安達郡三拾三ヶ村致拝領、二本松住居仕候由承及候。天正十六年御国替付て

政宗公岩出山御在城之節、伊具郡拾六郷柴田郡之内壱郷成実拝領仕角田致住居候処、其以後

政宗公伏見被相詰候刻、於同所成実存旨在之、御家中令退出相州小田原糟屋村引込罷在候由承及候。慶長五年景勝依謀叛

政宗公白石之城御攻被成候節、石川昭光片倉備中方より内通依在之、成実従相州帰参仕候処、則御目見被仰付、白石落城以後福島へ御働刻成実御供万事被仰付候由承及候。慶長七年

政宗公御代亘理郡内弐拾弐ヶ村にて高六百拾壱貫三百五拾六文之所成実拝領仕候由、其時之御申次衆相知不申候。慶長十九年亘理郡之内弐ヶ村、宇多郡之内壱ヶ村、伊具郡之内三ヶ村、江刺郡之内弐ヶ村、元吉郡之内壱ヶ村、岩井郡之内一ヶ村、苅田郡之内三ヶ村、柴田郡之内五ヶ村、右拾八ヶ村にて高四百拾五貫四百四拾八文、山谷地、塩釜上徳共に佐々若狭を以、成実に御加増被成下、本地合千弐拾六貫八百四文之所拝領仕候由承及候。寛永五年

政宗公御代宇多郡之内拾箇村にて高弐百貫文佐々若狭を以成実御加増被成下、本地合千弐百弐拾六貫八百四文之所拝領仕候由承及候。

忠宗公御代寛永十九年御分国中御竿被相入候節、亘理郡之内弐拾三ヶ村、宇多郡之内拾ヶ村、伊具郡之内壱ヶ村之倍目へ伊沢之内二ヶ村被指添都合弐千貫文奥山大学を以寛永二十一年成実拝領、同年八月十四日御日付を以御黒印頂戴仕候。成実後嗣無之付て

政宗公へ願申上、治部宗実を家督申立候。年号并御申次衆不承伝候。正保三年六月四日成実七十九歳にて病死仕候。

正保三年

忠宗公御代家督無相違後嗣治部宗実（後号安房）古内主膳を以拝領之、右知行高弐千貫文之所、慶安元年十月十七日御日付を以御黒印頂戴仕候。万治二年

綱宗公御代切添之地八貫五百六拾壱文宗実に以冨塚内蔵丞御加増被成下本地合弐千八貫五百六拾壱文之所同年八月廿八日之御日付を以御黒印頂戴仕候。寛文五年六月五日宗実五十三歳にて致病死候。寛文五年七月十七日家督無御相違私親土佐宗成（後号安房）原田甲斐を以拝領之、右知行高弐千八貫五百六拾壱文之所同年七月廿九日之御日付を以御黒印頂戴仕候。同十年六月朔日宗成三十五歳にて致病死候。寛文十年七月廿八日御当代和田半兵衛為御使者柴田外記被差添親安房跡式無御相違拙者被仰付候。右知行高弐千八貫五百六拾壱文之所被成下候。同年七月廿九日御目付を以御黒印頂戴仕候。延宝七年五月二日御当代亘理郡之内切添新田弐百九拾五貫六百八拾壱文、宇多郡之内八拾壱貫六拾文、合三百七拾六貫七百四拾壱文、佐々伊賀を以御加増被成下、都合弐千三百八拾五貫三百弐文之所拝領之仕候。従先祖御知行致拝領候趣右之通御座候。以上

延宝七年八月六日

2 伊達安芸

一 亘理兵庫宗隆始属伊達為臣、有女子稙宗公為側室生二子、一男綱宗、次男元宗於穂原戦綱宗討死、依之元宗嗣亘理之家、

稙宗公御代亘理兵庫元宗・同美濃重宗親子共に亘理郡弐拾ヶ村余令知行、其上伊具郡之内藤田村・嶋田村・枝野村・尾山村・坂津田村・平貫村、名取郡之内長谷村拝領仕候由申伝候。在所は亘理郡之内小堤村に元宗・重宗親子共住居仕候。元亀元年五月中野常陸御退治之刻、元宗・重宗軍功依在之、名取郡之内小川村・笠嶋村、伊具郡之

内小田村、長井之内河原津村右四ヶ村為御加増、従

輝宗公元宗拝領。天正十七年五月十八日

政宗公相馬之属邑駒ヶ嶺之城御攻被遊候刻、重宗戦功依在之宇多郡之内新地為御加増拝領。

政宗公御代天正年中元宗・重宗亘理郡より遠田郡之内涌谷村へ御村替被仰付候。御知行高八百八拾五貫五文拝領仕候。

政宗公御代文禄三年六月十九日元宗病死、元和六年正月廿五日重宗病死、両人共に隠居仕候由承候得共、何年誰を以被仰付候段は不承伝候。亘理源五郎定宗に賜伊達氏、後安芸と云。

政宗公御代右八百八拾五貫五文之所、寛永元年百貫文御加増之上領地之内山野谷地、野手代高に被相結千貫文知行高に被成下候。

政宗公御代寛永三年領地之内野谷地三百弐拾町新田定宗拝領。

忠宗公御代寛永十七年御分領中御竿被相入候付、定宗拝領之地も御竿入二割出被下置、同二十壱年八月十四日之御黒印にて定宗弐千貫文之知行高被成下候。

忠宗公御代慶安四年定宗隠居被仰出、親安芸宗重家督被仰付、同年九月廿二日之御日付を以御黒印宗重頂戴仕候。

定宗承応元年十一月廿九日病死

忠宗公御代承応二年、同三年宗重領地之内野谷地三百三拾三町新田拝領、

忠宗公御代明暦三年宗重領地之内野谷地三百五拾五町新田に拝領、右新田開発之所明暦三年・万治二年御竿入弐百六拾四貫弐文宗重拝領。

綱宗公御代御先代拝領仕候本地新田都合弐千弐百六拾四貫四拾弐文之所万治二年三月廿八日御日付を以、御黒印宗重頂戴。

御当代御先代被下置候御知行無御相違宗重拝領、寛文元年十一月十六日御日付を以、御黒印頂戴仕候。宗重寛文十一年三月廿七日死去、

御当代寛文十一年六月六日木幡源七為御使者并片倉小十郎被指副、親安芸跡式無相違拙者被仰付候。右知行高弐千弐百六拾四貫四拾弐文之所被成下候。同年七月廿一日御日付を以御黒印頂戴并御下書拝領仕候。従先祖御知行拝領仕候趣、右之通御座候。以上

延宝七年三月三日

3 石川民部

一 貞山様御代拙者曽祖父同姓大和昭光天正年中御当家へ罷越、六百貫文御知行拝領、志田郡松山之地住居仕候。且又文禄之頃

貞山様伏見御在府之節、祖父遠江御奉公存入之儀被仰立、御知行弐百貫文被下置并慶長年中伊具郡角田へ所替被仰付取移申候刻、弐百貫文御加増拝領、千貫文之高被成下遠江に家督被仰付候由承伝候。大和儀慶長八年柴田郡村田へ隠居仕、三百貫文御知行拝領。大和以後は遠江知行へ被相加可被下之旨、同十五年御証文被成下候。然処同年十一月晦日遠江致死去親駿河幼少付、大和御奉公相勤候様被仰付、角田へ罷帰候。右隠居之節被下候高之内百貫文被召上弐百貫文被相加、千弐百貫文被成下元和七年駿河に家督被仰付候。大和儀同八年七月十日死去仕候。

義山様御代寛永十九年御領内御検地之節、二割出高三百貫文并同十六年角田知行所にて野谷地弐百町被下置候内、起高六拾六貫五百文弐割出高同前被相加本高合千五百六拾六貫五百文拝領仕候。同二十壱年拙者弟右兵衛白石若狭跡式被仰付候節、右高之内本地百貫文分遣申、千四百六拾六貫五百文、御黒印同年八月十四日駿河に被下候。右御知行御加増之地年号御申次書付不申候通者相知不申候。正保三年奥山大学・原田甲斐御取次にて駿河隠居、拙者家督被仰付、三月廿五日継目祝儀申上候。駿河事寛文八年十月十六日死去仕候。寛永十六年拝領仕候野谷地之内起高百拾六貫弐百弐拾五文正保四年十二月廿九日古内主膳を以被下置、本高合千五百八拾弐貫七百弐拾五文、御黒印頂戴仕候。同三年角田知行所にて野谷地四百町拝領仕候、起高弐百四貫八百九拾四文万治二年八月廿八日茂庭周防・冨塚内蔵丞を以被下置、本高合千七百八十七貫六百拾九文

綱宗様御黒印頂戴仕候。右同高之御黒印

御当代寛文元年十一月十六日頂戴仕候。同四年角田知行所にて野谷地四拾弐町余拝領仕候、起高四拾三貫三百八拾壱文、同十年七月廿九日柴田外記を以被下置、本高合千八百三拾壱貫文、御黒印頂戴仕候。同六年刈田郡関村知行所にて野谷地四拾町拝領仕候、起高拾弐貫百九拾六文同十二年正月廿五日柴田中務・古内志摩を以被下置、本高合千八百四拾三貫百九拾六文、御黒印頂戴仕候。同十壱年野谷地三百六拾六町余拝領仕候、起高弐百九拾四貫九百弐文延宝六年四月廿二日黒木上野を以被下置、本高合弐千百三拾八貫九拾八文御座候。以上

延宝七年四月十五日

4　伊達将監

一　宮城郡高森城主留守藤五郎顕宗依無子、
晴宗公三男上野介政景養之為嗣、政景十九歳留守之家致相続候、顕宗代には宮城郡不残名取郡北方・黒川郡南迫七
ヶ村其外所々知行仕候由申仕候。政景代属
政宗公方々於御陣場顕勲忠候。葛西大崎政宗公御知行被成置候て以後、政景知行弐千貫文に被相定、五拾五箇村之
余拝領仕候。(黄)木海居住、文禄元年高麗御陣之節、於筑紫名古屋賜伊達氏、同弐年木海より志津へ取移在所仕候。
慶長九年志津より一之関へ在所取移申候。同十二年二月三日政景病死年五十九、同年
政宗公御代に上野介跡式無御相違知行高弐千貫文武蔵拝領仕候。元和二年
政宗公御代武蔵知行弐千貫文之内千貫文被召上、一之関より金ヶ崎へ村替被仰付候。如何様之儀を以被仰付候事候
哉、其節之仰渡之留等も無之、其上年久儀候故覚申候者も無御座候。且又大坂御陣之砌小勢にて致御供候付進退
不応由、
貞山様被思召旨、其節唱候由承伝候者も御座候得共、右之通故証も無之候。寛永六年
政宗公御代武蔵願を以水沢へ取移、知行高千貫文、同十五年八月十五日武蔵病死歳四十九。同年
忠宗公御代武蔵跡目無御相違知行千貫文和泉拝領、寛永廿一年
忠宗公御代御分国へ御竿被相入候節、弐割出目弐百貫文并百貫文御加増合知行高千三百貫文和泉拝領、慶安元年
忠宗公御代新田野谷地百四拾三町古内主膳を以和泉拝領、承応三年新田野谷地三拾七町古内主膳を以和泉拝領、明
暦四年新田野谷地五百町古内主膳を以和泉拝領。万治二年
綱宗様御代右新田開発御竿被相入、百廿七貫五百四拾文御加増和泉拝領。寛文二年

御当代切添新田御竿被相入、弐百弐拾四文御加増和泉拝領、知行高千四百弐拾七貫七百六拾六文、同年六月十日奥山大学を以御黒印頂載仕候。寛文三年五月三日和泉病死歳三十八、同年和泉跡式無御相違知行高千四百弐拾七貫七百六拾六文上野拝領、寛文七年五月廿九日右三度之野谷地六百八拾町拝領之内新田開発御竿被相入、百六貫三百九文上野御加増柴田外記を以拝領、寛文十一年五月八日右三箇度に野谷地六百八拾町拝領之内新田開発御竿被相入、八貫四百弐拾五文上野御加増古内志摩を以拝領、寛文十二年正月廿五日右三ヶ度野谷地六百八拾町拝領之内新田開発御竿被相入、四拾六貫三百四拾五文上野御加増柴田中務・古内志摩を以拝領、延宝元年十月廿九日右三ヶ度野谷地六百八拾町拝領之内新田開発御竿被相入、三拾四貫三百六拾五文上野御加増、知行高千六百弐拾三貫弐百拾文柴田中務・大条監物を以御黒印頂載仕候。延宝三年三月十四日上野病死年弐十六、同年上野名跡無御相違知行高千六百弐拾三貫弐百貫文拙者拝領、延宝三年十二月三日先年被下置候野谷地新田開発御竿被相入、拾貫三百七拾四文御加増、知行高千六百三拾六貫四百弐拾八文内弐貫八百四拾四文小林半之丞先年上野代出入仕候付、延宝七年四月晦日分渡候。残知行高千六百三拾三貫五百八拾四文之地、柴田中務・大条監物を以拙者拝領、先祖より知行拝領仕候趣右之通候。以上

延宝七年三月廿一日

5　伊達大膳

一　政宗様御代拙者祖父三河守拝領仕、御知行高千六拾七貫六拾七文度々御加増拝領仕、其上諸大夫被仰付江戸十三年相詰、寛永十五年極月廿三日於江戸病死仕候。従

忠宗様親弾正に家督無御相違被仰付、右御知行高之通被下置御黒印頂載仕候。其以後寛永廿一年惣御検地之節二割出目弐百拾三貫四百拾三文被下置并御加増拾九貫五百弐拾文拝領仕千三百貫文之高被成下、御黒印同年八月十四日頂載仕候。其後従忠宗様志田之郡桑折村新田拾弐貫七百六拾四文、正保四年極月廿九日拝領仕、御黒印頂載仕候。従綱宗様野谷地申請開発新田九拾八貫六拾七文之所万治二年八月廿八日被下置、御黒印頂載仕候。且又御当代新田七百三拾四文寛文元年十一月十六日拝領仕、并弐拾六貫七百六拾三文城廻畑返新田寛文十三年六月十八日被下置旨、柴田中務・小梁川修理申渡候。御同代野谷地申請開発仕候新田八拾五貫三百三拾六文被下置旨、延宝三年十一月廿三日柴田中務・小梁川修理・大条監物方より申渡候、都合千五百弐拾三貫六百六拾四文之高被成下候。然処弾正儀隠居仕、次男刑部に右高之内百貫文分譲申度段願之旨申上候処、従江戸伊木半衛門為御使者被差下、延宝五年正月廿八日弾正願之通隠居被仰付、家督拙者無御相違被下置、且又弟刑部右知行高之内百貫文被分下、刑部には御先祖之御名字中村に被成下之旨、半右衛門を以被仰付候。拙者知行高は千四百弐拾三貫六百六拾四文御座候。三河代に度々御加増拝領仕候年月は承伝不申候。以上

延宝五年三月朔日

6 伊達大蔵

一 性山様御代白石古若狭儀刈田郡白石為在郡、米沢へ相詰勤仕申由御座候。若狭先祖何年以前より御当家へ御奉公

仕候哉、勿論於白石知行高何程候哉、是又相知不申候。然処、
貞山様御代会津仙道御掌握に入候節、若狭儀別て武功有之付、為忠賞安積郡塩之松三拾三郷拝領、天正十四年従白石塩之松へ取移申由御座候。右拝領之御取次は相知不申候。同十八年
貞山様従米沢岩出山へ御移徙被成置候節、伊沢郡於水沢千五百貫文之地、右若狭拝領、同年従塩之松水沢へ取移申由御座候。右拝領之御取次は相知不申候。若狭女子一人有之付伊達鉄斎嫡子相模を聟に
貞山様被仰付、若狭家督罷成候由御座候。年号御取次は相知不申候。相模代所替被仰付、従水沢登米へ慶長十年に移住仕候。
貞山様御代相模儀慶長十八年大坂御陣へ致御供、夫より直々豫州城請取可申由、同十九年正月於大坂山岡志摩を以被仰付四国へ渡海仕、城兵具等請取、伊達遠江守殿御入国以後京都へ罷帰、且又大坂御陣に付
貞山様御上洛被遊候条、草津迄御迎罷出候処、御入京之御先打相模に被仰付、其上大坂へ致御供、御帰陣之後相模儀は鉄斎子前代御一門之儀候間、伊達之家名相用、白石苗跡には若狭相立候様にと同年秋茂庭石見を以被仰付、相模は御一門に着座仕候。相模子共四人有之、内嫡女は岩城長次郎室、二男若狭は白石苗跡に被相立、千三百五拾七貫文之地寛永七年遠藤式部を以拝領、残百四拾三貫文は相模隠居為遺跡、四男又四郎被分下候処、寛永六年相模逝去、同八年又四郎も卒去申に付、又四郎知行之分は被召上候由に御座候。三男権四郎は藤田但馬家督に被仰付由御座候、若狭儀女子二人有之付、寛永十七年古内古主膳を以伊達式部兄五郎吉養子被成下、千五拾七貫文之地先祖之伊達を以被相立、白石苗跡には残三百貫文にて石川民部弟右兵衛被仰被下度旨、
義山様へ言上候処、右両様願之通被仰出、白石苗跡には三百貫文にて右右兵衛被仰付候。五郎吉儀は幼少故、御二

之丸に被差置候処、正保元年四月若狭病死仕、五郎吉儀も同年九月卒去、因茲其年分之知行物成は上意被召上候。翌年十二月右主膳・山口内記を以五郎吉跡式に無之候、別て伊達式部に千五拾七貫文之地被下置之旨被仰渡候。就夫知行所之内にて野谷地申請自分開発仕、正保三年に九貫七百三拾六文、明暦三年百四貫八百八拾四文、万治元年四拾五貫百八拾壱文、三ロ新田百五拾九貫八百壱文、義山様御代山口内記を以右三度に式部拝領。同知行所之内にて野谷地申請自分開発仕、新田百九拾八貫四百九拾五文。

御当代寛文八年柴田外記・原田甲斐・古内志摩を以式部拝領、都合千四百拾五貫弐百九拾六文之高に被成下候。右之外

御当代右三人を以同知行所之内にて野谷地五百町拝領仕候得共、普請等相極申候故于今然と開発不仕御竿不申請候。然て寛文十年二月式部病死仕候。式部子共無之付残命之内、拙者儀養子に被成下候様にと願上候趣、柴田外記・古内志摩於江戸品川様屋形様へ遂披露候処、御申次衆を以

公儀御老中へも御内意被相伺候処、式部願之通相済同年五月私儀家督に被仰付、右知行千四百拾五貫弐百九拾六文無御相違右外記・志摩を以拝領、御黒印致頂戴候。然処白石五郎助遺跡無之付、白石本下中六拾五人并彼者共耕地七拾三貫四百九拾七文之地形共に拝領仕候。右之内遠田郡於西野村五拾七貫七百九拾六文、延宝五年十一月江戸へ柿沼七郎兵衛為御使者被下置、登米郡桜岡村・森村にて拾五貫七百壱文は延宝六年九月於江戸小梁川修理御取次を以拝領、都合千四百八拾八貫七百九拾三文之高被成下、御黒印頂戴仕候。以上

延宝七年正月十一日

7　伊達左兵衛

一　伊達薩摩親岩城長次郎
貞山様頼上御当地に罷在候。
貞山様御意を以白石相模娘縁組被仰付、其之御知行之地百弐拾貫四百文当分御四季施御合力之由にて被下置御奉公御免、折々勝手次第出仕迫にて被差置御隔心之御扱、其上御状等被下置候も様書にて被下置候。依之長次郎迷惑に存願申上候は、岩城之名字伊達に被相改御家中御同意被召置被下置候様にと申上候処、願之通片倉備中を以被仰付候。長次郎死後実子薩摩家督被仰付候。長次郎岩城より如何様之品を以罷下候哉委細は不存候。伊達薩摩正保四年茂庭佐月を以
義山様へ申上候は、実子無御座候間其節四歳に罷成候拙者に末々進退相譲申度旨申上候処、同年五月右佐月を以願之通苗跡被仰付候。右薩摩慶安元年九月相果申付、同人知行百弐拾貫四百文拙者拝領、御黒印頂戴仕候。
義山様御代黒川郡大衡村、加美郡大村於二ヶ所野原百町、慶安四年正月山口内記を以拝領仕、新田に取立申候、小遣にも御座候間、末々知行高等も可仕由、御意被成置、為御加増弐拾三貫文苗代目に承応二年二月古内古主膳・山口内記を以被下置、御黒印頂戴仕候。本地百四拾三貫四百文へ従
大殿様百五拾六貫六百文被下置合三百貫文に被成下旨、万治二年御入国之節八月廿八日茂庭古周防を以被仰渡、御黒印頂戴仕候。
義山様御代右拝領野原百町之内、新田起目八貫弐百六拾弐文、万治元年御検地被相入、同二年八月廿八日
大殿様より茂庭古周防を以被下置、御黒印頂戴仕候。

御当代拙者知行所切添之地弐貫八拾五文、寛文元年奥山大炊を以被下置、御黒印頂戴仕候。
義山様御代右拝領野原百町之内、新田起目弐拾五貫弐百拾五文拝領仕度由申上候処、
御当代延宝元年十一月廿五日柴田中務・大条監物を以被下置候。
御当代拙者知行所切添之地弐拾壱貫七百三拾壱文、延宝三年十一月廿三日柴田中務・小梁川修理・大条監物を以被
下置候。
御当代一迫之内梅崎村沼谷原にて百五拾町拝領仕度由願申上候処、寛文九年十月四日柴田外記・古内志摩・原田甲
斐を以被下置候。起目之高六拾六貫六百五拾六文、延宝六年十月十八日黒木上野を以被下置候。右知行高合四百
弐拾三貫九百四拾九文御座候。以上

延宝七年三月廿八日

8 伊達肥前

一 田手古肥前死去之砌、嫡女一人弐歳之男子一人有之候間、田手之名跡、公義御積を以被相立被下置候様下中之者
共願上申に付、従
義山様右之嫡女拙者縁与被仰付、田手之名跡知行百七拾貫文慶安二年八月十七日以古内古主膳被下置、御黒印頂戴
仕候。従
義山様為御加増六貫七拾五文、慶安三年十月六日古内古主膳を以被下置、御黒印頂戴仕候。右之地従
貞山様田手古肥前老母に被下置候由承及候。右老母死去之後拙者知行高被成下候。本地百七拾六貫七拾五文へ従

大殿様百弐拾三貫九百弐拾五文被下置合三百貫文被成下之旨、万治二年八月廿八日茂庭古周防を以被仰渡、御黒印頂戴仕候。

御当代拙者知行所切添起目之地拾六貫六百五拾七文、寛文十二年正月廿五日柴田中務・古内志摩を以被下置、御黒印頂戴仕候。

御当代拙者知行所切添起目之地拾弐貫九拾四文、延宝三年十一月廿三日柴田中務を以被下置候。

御当代遠田郡之内蕪栗村野谷地百町拝領仕度由願申上、寛文八年四月三日柴田外記・古内志摩を以被下置自分にて取立、起目高七拾八貫弐百五拾弐文、延宝六年四月廿二日黒木上野を以被下置候。右知行高合四百七貫百三文御座候。田手先祖御知行拝領仕候段は誰様御代被下置候哉承伝不仕候。以上

延宝七年三月三日

9　三沢頼母

一　拙者儀孝勝院様御願を以万治二年四月大殿様被召出、御切米三拾両拾人御扶持方大条不求を以被下置、御小姓並に御番外之御奉公被仰付、寛文二年迄致勤仕候処、同年七月屋形様へ被相付、無役之御奉行仕候。同六年十一月御国へ被相下、同七年之春柴田外記被申渡為御合力御知行三拾貫文之御物成積を以毎年被下置候。延宝四年始て被遊御入国候節、同年十一月四日御前へ被召出為御意御一門並被仰付、柴田中務・小梁川修理・大条監物を以百貫文之地拝領仕、御黒印は未奉頂戴

候。右三拾貫文御積を以被下置候御合力は其節被召上候。以上

延宝七年三月三日

10 白河主殿

一 拙者曾祖父白河七郎義親入道不説、

大閤様より進退被召上白河退出仕候已後、住居会津に定、京都に相詰進退かせき申候処、俄に眼病相煩養生不相叶、終盲目罷成候付て、会津へ引籠罷在候処、慶長六年従

貞山様片倉小十郎を以被仰下候は、不説事当分盲目其上嫡子も無之苦身に可存候。御諌意被成下間舗候間、御国へ可罷下由被仰下候付て、任御意罷越候処、御扶持方百人分被下置、仙台屋舗御普請等迄被成下心易罷在候。其以前右不説弟白川左近御知行百貫文被下置、

貞山様へ御奉行仕候。右左近嫡子宮内幼少之時分左近病死仕候。因茲左近に被下置候御知行百貫文之内九拾貫文被召上、拾貫文右宮内被下置候。不説嫡子無御座候付、右宮内儀娘に取合不説家督仕度段申上候処、願之通被仰付、右御扶持方百人分へ宮内に被下置候拾貫文取合御知行に被置下、高四拾六貫文被下置候。右御取次被申候衆勿論年号は不承覚候。宮内病死仕候已後、跡式無御相違私父志摩被下置候。是又御取次衆・年号等不承覚候。寛永年中惣検地之上二割出目共高五拾五貫文、御黒印頂戴仕候。志摩病死仕候付て、私幼少御座候得共家督無御相違拙者被下置旨、承応二年四月古内主膳を以被仰渡候。其以後知行之内切添地形弐貫三百四拾弐文、万治二年茂庭周防を以被下置、勿論

御当代之御黒印頂戴仕候。当時私に被下置候御知行高五拾七貫三百四拾弐文御座候。以上

延宝七年三月六日

右者致宛行諸侍中、采地之御黒印就恩賜面々、自先祖以来采地拝領之由緒可奉記之旨、蒙仰五嶋五郎左衛門茲安・南平兵衛吉寛・木幡作右衛門茲清・遂尋繹、自延宝四年十二月至同八年三月、都合六十巻成功訖、仍今日令披露、加奥書者也

延宝八年三月十五日

佐々伊賀
定　隆花押

黒木上野
宗　信花押

大條監物
宗　快花押

小梁川修理
宗　敬花押

柴田中務
宗　意花押

御一家御一族衆

御知行被下置御帳（二）

千七百三拾五貫七百弐拾三文より弐百三貫七拾四文迄

1 片倉小十郎

一 拙者祖父片倉備中儀は、片倉式部と申者之二男に御座候。式部事は米沢八幡之神主に御座候。片倉意休事は祖父備中伯父に御座候。母は本沢刑部と申者之娘に御座候。祖父備中事従輝宗様御代被召出、御扶持方御切米被下置御歩小性並に御奉公仕候処、貞山様御九歳之御時より被相付御奉公仕、数度之武功依有之に段々御知行被下、御先手被仰付、伊達之内大森之地拝領仕候。其砌従大閤秀吉公田村之地被下置候。右備中事御先手をも仕、大閤様御前へも度々罷出、諸事言上等直々申上候。依之武功之者に候之由被仰出、右之地被下置候。高は五・六万石之様に承伝候。彼地に一両年罷有候之処、品御座候間、右之地御朱印共差上申候。其後御取替付亘理之地拝領、其以後白石之地千三百貫文被下置候。跡々之知行高之御黒印致焼失所持不仕候故、右所々之知行高相知不申候。

尤段々右之通被成下候年号・御申次等も不承伝候。祖父備中事元和元年十月十四日死去仕候付、貞山様御自愛之片浜栗毛と申御馬中嶋監物被仰付為御乗於野辺被下置候。同年十二月朔日祖父備中跡式無御相違中嶋監物を以親備中に被下置候。大坂御陣之時節は親備中御先手相勤申候。右白石知行高千三百貫文之内、元和六年之御検地にて高減申に付、右之御替地桃生郡之内にて野谷地弐百町、寛永五年八月廿日中嶋監物を以申請、自分開発高弐百四拾三貫九百拾八文并

義山様御代寛永拾九年惣御検地之節、白石知行高千三百五拾五貫九百九拾弐文に倍目御座候付、此に割出目弐百六拾貫文并二割出目之外に倍目三拾九貫九百拾文共に同年前之奥山大学を以被下置候。刈田郡之内金ヶ瀬町場洪水之節川欠に罷成候付て右御替地柴田郡之内平村にて壱貫四百四拾弐文同年に被下置、町場をば白石分に可仕之旨被仰付、前之茂庭周防を以被下置、高都合千六百壱貫三百五拾二文、寛永廿一年八月十四日御黒印頂戴仕候。其後下中之者段々倍介抱罷成間敷由、

義山様御代被聞食上、刈田郡・桃生郡之内数ヶ所にて承応三年に前之古内主膳を以野谷地弐百町被下置、自分開発高百三拾四貫三百七拾壱文明暦弐年右主膳を以被下置、右高合千七百三拾五貫七百弐拾三文之所親備中拝領仕候。

右備中事従

貞山様御代御奉公之筋目、其上

義山様御部屋住之御時分より別て心を付御奉公申上候由

義山様被仰出、原田甲斐・冨塚内蔵丞を以御一家に被仰付候。親備中事

品川様御代万治弐年三月廿五日死去仕、跡式無相違同年四月十二日奥山大学を以拙者拝領仕、千七百三拾五貫七百

弐拾三文之御黒印同年八月廿八日頂戴仕候。
御当代寛文元年十一月十六日御代替付て御黒印被下置候。
御当代右御一家に被仰付候品々被聞食上、拙者被召出二端頂之御紋御直々被下置候。御知行拝領仕候品々右之通御座候。以上

延宝五年二月三日

2 茂庭周防

一 拙者先祖斎藤監物信夫郡茂庭村住居仕、従

朝宗様代御御奉公仕候と申伝候。右監物代に苗字鬼庭と相改申由申伝候。監物と鬼庭左月迄之代々年久儀御座候故、知行高は相知不申候。高祖父鬼庭左月信夫之郡茂庭村・米沢之内川井村右弐ヶ所にて、御知行高弐百貫文余被下置候由申伝候。右川井に罷有候。

貞山様御代左月隠居仕右御知行高之通家督同子茂庭石見に被下置、其上仙道之内百目木へ被指越其砌為御加増三百貫文被下置、取合五百貫文余之知行高罷成候由申伝候。其以後御意にて柴田之内沼辺へ相移申候。家督相続并御加増被下置候年月等御申次は不承伝候。右石見代に茂庭と相改申候。

貞山様御代曽祖父石見隠居被仰付、家督御知行高五百三拾六貫五百拾七文之所、同子茂庭周防に《後左月》被下置、志田郡松山に罷有候。年月并御申次は不承伝候。石見儀隠居仕候以後了庵罷成候。

貞山様御代松山之内知行地尻之野谷地弐百町致拝領、起目代高起返共弐百拾弐貫文寛永七年に被下置、本地取合七

百四拾八貫五百拾七文之高に被下候。御申次は不承伝候。

義山様御代寛永拾七年に右知行高之内百貫七拾三文茂庭下総に分出可申由、古内故主膳を以被仰付、下総知行高被成下候。残知行高六百四拾八貫四百四拾四文に罷成候処、大御検地之砌、寛永廿壱年冨塚内蔵丞・津田豊前・奥山故大学・古内故主膳を以為御加増三百五拾壱貫五百五拾六文被下置、千貫文之高に被成下候。

義山様御代知行地尻之野谷地弐百町致拝領、起目付高百廿五貫五百八拾九文、慶安元年四月山口内記を以被下置、千百弐拾五貫五百八拾九文之高に被成下候。

義山様御代承応元年正月祖父周防隠居被仰付、佐月に罷成、右御知行高家督無御相違親同氏周防に古内故主膳を以被下置候。

義山様御代知行地尻之内野谷地弐百五拾町致拝領、起目代高起返共弐百五拾弐貫七百八拾五文、明暦二年極月十日古内故主膳を以被下置候。内弐拾九貫三百四拾三文親周防弟藤田右兵衛に被分下度由右周防申上候処、同年同月右故主膳を以願之通被仰付、残知行高千三百四拾九貫三拾壱文之高被成下候。

御当代に罷成、拙者弟権作早川淡路婿苗跡に申合候時分、右知行高之内三拾五貫弐百六拾三文分出申度由親周防申上候処、寛文二年十一月十六日柴田外記・大条監物・冨塚内蔵丞を以願之通被仰付、右淡路知行高被成下候。

御当代寛文六年正月親周防病死仕候付て、跡式御知行高千三百拾三貫七百六拾八文之所、同年三月十日柴田外記・冨塚内蔵丞を以拙者に被下置候。

御当代知行地尻之野谷地百町亡父周防致拝領、起目代高六拾四貫三百四拾七文、寛文九年十月廿六日古内志摩を以被下置候。内四貫七拾六文須田与左衛門に分出申度由拙者申上候付、同年同月右志摩を以願之通被仰付、与左衛門知行高に被成下候。但与左衛門儀小進にて拙者在所に罷有候故。右起目分出可申由、亡父存生之内申合候付、右之通御座候。

御当代右知行高之内弐拾五貫文石川次郎左衛門に被分下候様にと拙者申上候処、寛文十三年四月廿二日柴田中務・小梁川修理・古内志摩を以願之通被仰付、次郎左衛門知行高に被成下候。但次郎左衛門儀亡父周防弟に御座候付、養父石川信濃隠居仕、次郎左衛門に家督被仰付候節、右知行分出申度段、義山様御代古内古主膳を以亡父周防申上、御前相調置候付如斯御座候。且又知行切添起目拾九貫四百五拾文延宝元年十月廿六日柴田中務・大条監物を以被下置候。其以後知行地尻之野谷地五拾町致拝領、此起目代高起返共に六拾六貫三百五拾九文延宝三年九月朔日柴田中務を以被下置、当時知行高千四百三拾四貫八百四拾八文に御座候。先祖之品御加増拝領仕候段可申上由被仰付候付て、先祖代々之儀拙者承伝候通書上申候。以上

延宝五年三月十七日

3　石母田長門

一　先祖伊達之内石母田城主石母田阿波守光頼と申候。石母田に差添知行近郷数箇所領地仕、阿波守前代より御先祖御一家御座候由承及候得共、誰様御代如何様之御首尾にて御一家に御座候哉、阿波守以前之儀は弥以委細不及承候。阿波守嫡子石母田左衛門尉景頼と申候。景頼代石母田より領地之内高倉へ引移居住仕候処、其比桑折点了家督摂津守於高麗御陣死去仕、摂津守男子無之故

貞山様御意を以景頼儀摂津守名跡に被相立、景頼息女を御取立其以後祖父大膳を石母田之苗跡被仰付候。品々左に申上候。拙者祖父石母田大膳儀、本国越前、同国浅倉左衛門大夫義景一家浦山清三郎と申候。筑前中納言殿に所縁を以罷有候処、従
貞山様義景一家之流被思食入儀を以、従中納言殿御所望被成置、石母田左衛門景頼右之息女を清三郎に被下、景頼婿名跡御一家石母田相続被仰付、石母田之持字に
御家之御一字被下石母田大膳宗頼と被成下、慶長六年之比より御奉公に被召出、登米郡米谷村にて御知行弐百五拾貫文拝領仕候由承及候。其後大坂御帰陣元和弐・三年之比、米谷より伊沢郡水沢へ被相移候時分、其身御奉公之志神妙被思食候条、伊沢相去南郡御境目一入御大切に被思食候付、其身被指置候由
貞山様色々難有仰立を以、御加増百五拾貫文合四百貫文被下置、水沢之舘に被差置候。其後御奉行職江戸仙台定詰御用被仰付候故、水沢へは伊達武蔵殿被遣、大膳儀は寛永五年百四拾貫文之御加増にて、合五百四拾貫文被下置、栗原之内三迫之舘に被差置、同拾八年惣御検地二割出共御知行六百五拾貫文に被成下候。同弐拾壱年
義山様御黒印奉頂戴候。其節
貞山様跡々より被下置候、御黒印何も被召上候付、度々御加増御申次・年号具不申上候。右祖父大膳慶安元年病死跡式之儀、
義山様賀美郡小野田へ御出馬之砌、被仰出候は、大膳儀従
貞山様御代年久御奉公御奉行職迄無恙相勤候条嫡子長門家督御知行高無御相違被下置候由、同年七月津田豊前を以被仰渡、其已後改名大膳と被仰付候。親大膳慶安三年病死跡式御知行高六百五拾貫文家督拙者被下置候由、同年

七月於江戸

義山様御代古内故主膳を以被下置候。承応元年田村隠岐守殿三迫へ被相移候付、拙者儀賀美郡宮崎館へ可罷越由被仰付、同年より于今彼地罷有候。此所最上海道門沢・寒沢二ヶ所御境目所に御座候付、下中足軽をも仕立申度より明暦元年野谷地三百三拾弐町古内故主膳を以拝領、新田普請等取立申付候処万治弐年
綱宗様御代野谷地新田御分領中被相留候付、右野谷地指上相残起目新田七拾壱貫九百八拾六文寛文元年十一月奥山大学を以被下置、其後右野谷地之内町屋敷分之新田御竿相入、此高壱貫百七拾五文同九年九月古内志摩を以拝領、
合御知行高七百弐拾三貫百六拾壱文
御当代御黒印奉頂戴候。右高之内五拾貫文宛百貫文拙者弟同苗半兵衛・同清三郎分被下置候様に申上候処、願之通に被成下由、延宝五年十月小梁川修理を以被仰渡候。当時私知行高六百弐拾三貫百六拾壱文御座候。以上

延宝七年四月六日

4　亘理信濃

一　貞山様御代拙者曽祖父亘理美濃儀先伊達安芸定宗実父に御座候処、為隠居分栗原郡高清水本郷村百貫五文之所、慶長九年十月十九日拝領仕候。其以後美濃末娘に茂庭了庵二男拙者祖父伯耆を取合婿養子被成下、元和弐年二月美濃依願隠居被仰付、右知行高之通無御相違右伯耆に被下置候。御黒印所持仕候。御申次等相知不申候。
御同代右伯耆度々御加増拝領仕、都合三百九拾八貫三百三拾三文之地高被成下之由、何様之品にて何年に誰を以何度拝領仕候哉、年号・御申次共相知不申候。

義山様御代寛永拾八年大検地二割出七拾七貫六百六拾七文右伯耆拝領仕候。御同代野谷地百五拾町拝領仕候内、開発高三拾弐貫四百六拾四文之所正保弐年四月十四日古内古主膳を以被下置、都合高五百八貫四百六拾四文、右之内拾貫文伯耆二男求馬儀各務采女家督に差遣候時分分為取申度由願上候処、寛文八年三月江戸にて原田甲斐を以願之通被成下、残高四百九拾八貫四百六拾四文に御座候。右伯耆嫡子右近儀病人に御座候故、拙者儀右近嫡子伯耆には嫡孫に付、直々拙者を後嗣に被成下度由申上候処、如願被仰付旨万治三年八月茂庭故周防を以江戸にて被仰渡候。其以後伯耆隠居仕、寛文九年四月廿六日於江戸原田甲斐・茂庭主水を以跡式無相違四百九拾八貫四百六拾四文拙者被下置候。

御当代本吉郡岩尻村知行地続野谷地申受、自分開発高三貫百弐拾八文之所、寛文拾弐年正月廿五日古内志摩を以拝領、御黒印頂戴仕候。三迫之内普賢堂村知行地続野谷地拝領、起目三貫弐百七拾三文、寛文十三年六月十八日小梁川修理を以拝領仕候。栗原郡之内高清水村知行切添起目拾四貫四百四拾六文、延宝弐年六月十九日右修理大条監物を以拝領仕候。右本地新田合五百拾九貫三百拾壱文に御座候。右新田高結被下候、御黒印は于今頂戴不仕候。以上

延宝四年十二月十三日

5　大条監物

一　私先祖伊達弾正少弼宗遠公庶子大條孫三郎宗行より同氏左馬助宗助迄五代領地何方御座候哉、知行高も相知不申候。拙者高祖父大条三河天文弐拾二年従

晴宗様伊達西根大条之郷岡之郷之内数ヶ所被下置候御証文所持仕候。知行高は相知不申候。慶長九年気仙郡之内所々弐百貫百拾三文三河嫡子同氏尾張被下置候。御黒印所持仕候。尾張儀同拾五年七月十日病死仕、実子長三郎家督被下置候。其後右長三郎改名左衛門罷成、同拾八年東山之内大原へ知行替被仰付、且又元和弐年之秋亘理郡坂本へ知行換被仰付候。同三年十二月廿四日左衛門於江戸病死仕候。亡父不求儀は大條薩摩末子にて左衛門には従弟御座候。其節薩摩江戸へ召連罷登候処、左衛門後嗣無之に付、跡式知行高弐百貫百拾三文之所同四年正月従貞山様不求拾七歳にて左衛門苗跡無御相違被下置候。右仰渡之御申次衆は承置不申候。然処不求若年に付て高知拝領仕儀遠慮之段薩摩願申上、右知行高之内四拾九貫九百五拾五文差上、百五拾貫百五拾八文にて御奉公為仕候由及承候。寛永九年新田拾五貫六百弐拾七文拝領仕、知行高百六拾五貫七百八拾五文罷成候。右新田拝領仕候御申次衆は相知不申候。同弐拾壱年惣御検地御改二割出目弐拾壱貫五拾八文拝領、取合弐百弐拾貫文之高罷成候。

義山様御代正保元年不求御国御番頭被仰付相勤、慶安弐年江戸御留守居役被仰付候、御申次衆名本承置不申候。承応弐年之春御留守居番罷登候処、直々

綱宗様御部屋住之時分被相付御奉公仕候内、同年閏六月十一日古内故主膳を以被仰渡、御加増八拾貫文従

義山様被下置三百貫文之高被成下候。万治元年十月十六日御家老職被仰付御申次は相知不申候。同三年二月十日茂庭周防・冨塚内蔵丞被仰渡新田弐拾貫五百四拾五文拝領、高三百二拾貫五百四拾五文被成下候。不求儀病人にて御役目相勤兼申に付て隠居願申上、寛文弐年正月廿九日如願両御後見より被仰付家督無御相違拙者被下置、直々御家老職迄被仰付旨、原田甲斐を以被仰渡候。寛文拾三年五月廿日柴田中務・小梁川修理被申渡、新田拾三貫百四拾六文拝領仕候。右新田三ヶ度拝領仕候儀、何も拙者知行所之内野谷地申受開発仕候。取合当時私知行高三百

三拾三貫六百九拾壱文御座候。以上

延宝七年四月十五日

6　小梁川修理

一　拙者先祖小梁川中務盛宗代より到曽祖父小梁川泥蟠、従何之代始て御知行何貫文拝領仕候哉、申伝不承候。祖父同氏刑部儀は知行高八拾貫文に御座候。病死仕跡式無御相違亡父同氏中務幼少之時分被下置由承伝候。何年之比被仰付候哉、誰様御代御座候哉、其段は不承伝候。且又義山様御代寛永年中惣御検地之時分御竿出目へ御加増取合四拾貫文拝領仕、本地合百弐拾貫文之高被成下、江刺郡野手崎村御境目へ被遣候。并野手崎村知行地続野谷地拝領、新田起目御竿入代高拾七貫九拾四文之所万治三年二月十日に被下、本地合百三拾七貫九拾四文之高に罷成候。至寛文十年十月中務隠居被仰付、右知行高無御相違拙者に被下置候由、同年十月廿六日於江戸被仰渡候。且又拙者御奉行職被仰付候由従江戸為御使者天野孫大夫・姉歯八郎右衛門被指下、寛文十弐年十二月四日於故古内志摩宅右両人引添志摩被申渡候。延宝三年五月十一日御前へ被召出、御役料知行に被相直三百貫文高に被成下旨御直々被仰渡、此節百六拾弐貫九百六文致拝領候。其後野手崎村知行所之内野谷地拝領新田起目へ御竿入、代高拾貫六百五拾七文之所延宝三年十一月廿三日に被下置、同五年三月廿一日右同村知行地続野谷地拝領、新田起目へ御竿入代高百七拾六文之所被下置、当時都合三百拾貫八百三拾三文之所拝領仕候。以上

延宝八年二月十日

7　柴田中務

一　拙者先祖代々号四保四郎、領地柴田郡四保に居住仕候処

稙宗様御代天文年中御家へ右四保四郎被召出、御一家之座上に被指置由承伝候。右柴田郡之内にて御知行数ヶ所被

下置由、然処

貞山様御代拙者高曽祖父四保但馬儀、於伏見

大閤様へ御目見被仰付節、元来柴田郡に居住仕儀に候間苗字相改可申由、

貞山様御意之上柴田被成下由に候。其以後右四郎代より持来知行之内弐百貫文之所右但馬被下置、伊具郡金津へ所

替被仰付由、但馬死去実子同氏兵部弐百貫文之所跡式被仰付、伊沢郡水沢へ所替被仰付由、兵部病死仕実子惣四

郎幼少故右知行弐百貫文之内百貫文之所被下置、残百貫文之所は被召上、登米郡米谷へ所替被仰付候。成長以後

被返下弐百貫文之高被成下処、惣四郎儀弐拾壱歳にて病死仕候由承伝候。

御先代右之通被成下候年号・御取次不承伝候。惣四郎儀子無之妹御座候付て、寛永五年極月十三日亡父外記御取合

惣四郎知行弐百貫文之所無御相違被下置苗跡被立下候。其上御一家之御座敷不相変被仰付候。外記儀大坂落城以

後

公義御願之品御座候故、右之苗跡可被仰付哉之旨、従

貞山様其節之御老中土井大炊殿へ御窺被遊候て、惣四郎苗跡に被成置、外記儀幼少より

貞山様御近習にて被召使候条、右苗跡被仰付段於御前被仰付候哉、誰そ御取次を以被仰付候哉、其段承置不申候。

義山様御代寛永年中惣御検地之時分御竿出目四拾貫文知行高被成下、并万治三年十二月廿三日外記に御奉行職被仰

付候節、為御加増六拾貫文之所其節両御後見伊達兵部殿・田村隠岐守殿より立花好雪様へ御相談、其上御老中様へ被相達被下置由奥山大炊を以被仰付、其以後知行地続にて拝領之野谷地并畑返出目へ御竿入、代高六貫弐百七拾文之所寛文九年九月十三日於江戸原田甲斐を以被下置、并寛文八年知行地続之野谷地拝領、同九年に御竿入畑返出目共に代高弐拾貫五百五拾三文之所有之付て、右之内拾五貫文之所拙弟伊藤忠次郎被分下度旨亡父外記奉願候処、同拾年十月十九日に如願被仰付旨故古内志摩被申渡、右九年に御竿入候、代高弐十貫五百五十三文之所は同十一年三月十八日に於江戸原田甲斐を以知行高被成下付て、右拾五貫文之所忠次郎分為取、相残新田代高本知合三百拾壱貫八百弐拾三文之高に罷成候。然処外記儀同十一年三月廿七日酒井雅楽頭殿於御宅死去仕付て、跡式拙者に被下置度由親類共願覚書を以亡父外記存念、且又於拙者も右御加増六拾貫文之所は被召上、相残地を以跡式被仰付被下置度奉存旨申上候処、被聞食届候。右御加増之地共に三百拾壱貫八百弐拾三文之所無御相違拙者被下置、御奉行職引続被仰付由、江戸より木幡源七為御使者同年六月十四日に被仰付候。寛文拾年知行所畑返へ御竿入、出目代高七百弐拾五文之所知行高に被成下旨、片倉小十郎方より以書状同拾弐年正月廿五日被申渡、取合三百拾弐貫五百四十八文之高に罷成候内、外記御役目勤仕之内より被属置候若生半左衛門に五貫文、同岩淵市之丞に三貫文之所被分下度旨、品々奉願候処に如願被成下旨、小梁川修理・大条監物方より書状を以延宝三年六月四日に被申渡候。且又寛文拾二年に知行地続にて拝領之野谷地并畑返出目共御竿入、代高六貫弐百弐拾九文之所知行高に被成下由、右両人方より以書状延宝五年正月廿七日被申渡、当時本知合三百拾貫七百七拾七文之所拝領仕候。以上

延宝五年四月十三日

8 中嶋清十郎

一　拙者先祖譜代御知行被下被召出候哉、其段不承伝候。曽祖父中嶋右衛門儀知行高百貫文にて、貞山様御代天正拾七年五月廿七日佐竹義重公・岩城常隆公被仰合田村へ御働、大平・門沢両城を右御両公一城宛御受取被攻落候砌、貞山様に三輪に御馬を被為立、門沢之城へは伊達衆中嶋右衛門始三人為御加勢被籠置候処、敵方常隆公大勢故彼城難拘、伊達衆右三人之内弐人は明除候処、中嶋右衛門儀は残留役所二之丸持固、岩城衆三人迄自身切殺討死仕候。右衛門子共同氏七郎に家督被仰付候得共、七郎儀弐拾一歳にて病死仕、子共無之付、甥中村助五郎を中嶋之苗跡に被仰付由、助五郎病死子無之付、親類之因を以小泉兵部弟三次を中嶋之苗跡被仰付候処、三次儀喧嘩仕切腹被仰付由承伝候。雖然曽祖父右衛門忠死を貞山様被思召出右之仰立を以、右衛門娘御座候付て、守屋伊賀嫡子次郎助を右娘御取合、中嶋之苗跡被立下、右衛門知行高百貫文之所被下置、御一家之御座敷不相更被仰付、改名監物被成下、御鷹乱舞衆之指引被仰付候由、御加増之地三度に百貫文拝領、本地合弐百貫文之高被成下候由、以後義山様御取次被仰付、御加冠迄被仰付、監物儀御奉行職被仰付被召使由、寛永年中惣御検地之節、右知行所へ御竿被相入二割出共御竿之出目百五拾貫文有之由、右之御知行直に為御加増被下置、知行高三百五拾貫文に被成下由承伝候。御先代右之通被成下候年号不承伝候。然ば監物嫡子同氏権之助儀子無之病死仕候。次男次郎助子嫡子日向拙者共に両人出生以後、次郎助儀も病死仕付、監物知行高之内五拾貫文之所拙者に分被下度由、監物存生之間古内故主膳を以御成に立置申候付、監物儀承応三年三月十三日病死仕候以後、拙者兄同氏日向儀監物嫡伝被仰付、知行高三百貫文被下置、残五拾貫文如願拙者に分被下旨、右主膳同年四月十八日に被申渡致拝領候。以後日向儀野谷地拝領御竿入、代高四拾六貫七百六拾三文之所万治三年二月十日知行高被成下旨、茂庭故周防を以被仰渡、本地合三百四拾六貫七百六拾三文之高被成下候。日向儀寛文四年五月九日病死仕、子無之付右知行高之内弐百貫文を以、日向家督寛文四年七月十二日に拙者被仰付候旨富塚内蔵丞被申渡候。残百四拾六貫七百六拾三文并拙者持来知行五拾貫文取合百九拾六貫七百六拾三文之所は被召上候。

御当代知行地続にて野谷地拝領、御竿入代高五拾七貫八文之内壱貫五百八拾三文之所は先祖縁者に付秋保善左衛門、三貫文之所は先祖より懇志に出入仕に付金成善右衛門に分被下、残五拾弐貫四百弐拾五文之所拙者知行高に被成下度由奉願候処、如願被仰付之旨延宝五年二月十一日に柴田中務被申渡、当時拙者知行高本地合弐百五拾弐貫四百弐拾五文に御座候。前に書上候通先祖苗跡混乱仕候付、右衛門以前之儀は不承伝候。以上

延宝五年四月十五日

9　黒木上野

一貞山様御代黒木中務宗元儀、天正十四年相馬より御当地へ罷越候付て、伊具郡丸森村にて則御知行被下置候段、天正十四戊酉年九月廿三日御黒印所持仕候。併何程共御黒印に御知行高無御座候。丸森之内知行持候衆之名本拾三人御書立被遊、右彼面々所領之通相除其外知行一宇被下置由之御黒印御座候。右御知行高承伝には百貫文之由承候。元来御譜代之儀御座候故、帰参仕彼地に七・八ヶ年罷有、其後柳津へ所替被仰付、又柳津より坂元へ所替被仰付

候。其節百貫文之御加増にて弐百貫文に被成下候由承伝候。誰御申次にて拝領仕候哉、其段は承伝無御座候得共、右坂元にて弐百貫文之所被下置候段、慶長九年八月十三日之御黒印所持仕候。此節は右中務改名仕肥前と申候。

貞山様御代肥前子庄三郎に肥前跡式無御相違被下置由候得共、御黒印も無御座候、誰御申次にて御座候哉、承伝無御座候。

貞山様御代庄三郎子主殿儀出生仕候て、七日過庄三郎元和弐年八月七日に死去仕候故、跡式被相禿候。

貞山様御代寛永三年亡父主殿宗恒九歳之節三十貫文志田郡於師山村拝領仕候。其後二十七貫九百三拾七文右同村にて被下置、取合五拾七貫九百三拾七文之高被成下候。如何様之品を以御加増被成下候哉、年号相知不申候。勿論御申次も承伝無御座候。

貞山様御代右主殿勝手を以本地拾八貫文之所差上、志田郡師山村・蒜袋村於両所野谷地被下置、開発五十貫弐百二拾文之所寛永拾三年四月七日被下置候。御申次は奥山古大学・佐々若狭御座候由御書付所持仕候。右本地合百八貫五十七文高被成下候。其節之御黒印は無御座候。

義山様御代寛永十八年惣御検地之砌四拾壱貫八百四拾三文志田郡師山村・米袋村・蒜袋村右於三ヶ所拝領仕、都合百五拾貫文之高に被成下候。御申次は相知不申候、御黒印所持仕候。

御当代寛文元年十一月十六日蒜袋村・米袋村水損悪地にて主殿儀其砌江戸御番頭相勤困窮仕段、御後見兵部殿・隠岐守様被為聞、高百五拾貫文之内七拾五貫文之所黒川郡大森村・遠田郡大嶺村於二ヶ所奥山大学を以換被下置候。御黒印所持仕候。

御当代寛文四年五月主殿死去仕候付、跡式無御相違私に同年七月廿二日富塚内蔵丞を以被下置候処、亡父主殿儀は右申上候通、数年御奉公仕候故右之通知行替被成下、私儀若輩にて差御奉公も不仕候て上地拝領仕候儀、遠慮奉存先年主殿替被下候大森村・大嶺村を奉願、本地師山村・蒜袋村・米袋村へ寛文四年八月廿七日換被下候。其節右蒜袋村高之内八貫七拾文御用地に公義へ召上、其替地宮城郡手樽村にて八貫七拾文右替地被下置、右於四ヶ所百五十貫文之所御黒印所持仕候。且又延宝三年に右手樽村八貫七拾文之所志田郡秋田村法性院知行有之候付、法性院拙者双方勝手を以地形替仕度旨奉願候付、換被下候。延宝四年四月廿六日於浅府御屋敷柴田中務御申次にて於御前御直御加増百貫文致拝領、都合弐百五拾貫文之高被成下候。御下書所持仕候。御黒印は于今不被下置候。

以上

延宝七年十二月廿七日

10　高泉長門

一貞山様御代拙者祖父高泉布月大崎之内寺山住居仕候。大崎滅亡以後一揆起申に付、貞山様へ小成田惣右衛門を以一揆為御退治御下向被遊候はば御案内可仕由申上候付て、被聞食届候間、其身は先以右所へ可罷帰由御意に付て罷下候。其時分被下置候哉、入魂御本望に被思食候旨、貞山様より右布月所へ御直書被下置于今拙者所持仕候。其以後大崎為御退治と御下向被遊候節、従大閤様大崎・葛西御退治被仰付候儀に候間、其身事は何方へも立除可罷有由、従貞山様布月所へ御内通被成下候付、桃生郡名振罷有候処、屋代勘解由を以其身事は前々より忠心之儀御座候由、御意にて天正年中御知行弐拾貫文被下置、無役にて被指置、刈田之内白石御出陣之節は、近比迄浪人之身分にて武

具等も所持仕間敷由御意にて、
輝宗様御召古之御具足并指小旗致拝領、右弐拾貫文之進退にて白石御陣之時分も御供仕候由承及候。年久儀に御座
候故慥には不存候。右布月男子無之女子一人御座候を
貞山様大坂に被成御座候時分、拙者祖父津田豊前所へ縁方仕候。寛永元年五月十一日布月病死仕候付て、右豊前二
男拙者親同苗布月家督に申立候処、御前相済右弐拾貫文布月に被下置、
義山様御部屋へ被相付、
義山様御家督以後御番頭役被仰付、古内故主膳を以寛永拾三年九月為御加増四拾貫文被下置、本知弐拾貫文に四拾
貫文被下置、本知弐拾貫文に四拾貫文取合六拾貫文之御黒印同苗布月頂載仕候。寛永年中
義山様御代津田豊前知行之内拾三貫四百壱文同苗布月に分被下度旨申上候付、願之通被成下候旨右主膳被申渡候。
寛永七年磐井郡之内永井村・栗原郡南方村にて同苗布月野谷地致拝領開発、起高拾七貫五百九拾九文、右都合九
拾壱貫文に御座候。寛永拾八年大御検地二割出共百九貫弐百文之高被成下候。
義山様御黒印寛永弐拾壱年八月十四日御日付にて同苗布月頂載仕候。拙者伯父津田豊前致拝領候新田起目之内登米
郡桜場村・同郡加賀野村・栗原郡南方村にて同苗布月に分被下度由願申上候付て、御前相済四拾七貫弐百六拾七
文之所被下置候。寛永拾九年正保弐年右両年に登米郡之内新井田村・石森村・栗原郡南方村にて同苗布月野谷地
致拝領、段々御竿入起高六拾六貫五百六拾九文合弐百弐拾三貫三拾六文に罷成候処、
綱宗様御代被下置候、御黒印に九拾四文落申、弐百弐拾二貫九百四拾弐文と御文言に御座候。同苗布月年罷寄候付
て隠居仕度由申上候処、御前相済拙者家督被仰付之旨寛文六年三月十五日柴田外記・富塚内蔵丞方より以書状被

申渡候。拙者儀当番に付て三月廿日御当地発足仕江戸へ罷上候付て、於江戸継目之御礼原田甲斐を以申上候。同年三月十九日御日付にて、高弐百弐拾三貫三拾六文之御黒印
御当代頂載仕候。右高之内拾五貫文拙弟同苗勘解由無足にて罷有候故分被下御番等をも被仰付被下度旨願申上候。七貫文拙者弟茂右衛門儀荒井茂右衛門所へ婿苗跡に申合候処、本知拾貫百文にて御奉公も勤兼申候条、分被下度旨願申上候処、何も無御相違被仰付之旨、寛文九年八月廿一日両人之弟共に古内志摩被申渡候。先年致拝領候起残野谷地登米郡之内石森村にて寛文四年五月鴇田次右衛門・和田織部書付を以致拝領候。起高九貫九百拾八文誰を以被下置候哉其段失念仕候。右合弐百拾貫九百五拾四文之御黒印
御当代寛文拾年七月廿九日御日付にて頂載仕候。栗原郡南方村にて本地之切替野谷地致拝領、起高起過共三百拾三文寛文十三年六月五日被下置候由、柴田中務・小梁川修理方より手紙を以被申渡候。同所にて切添新田高七貫九百九拾九文被下置之由、延宝元年十一月朔日柴田中務・大條監物方より手紙を以被申渡候。寛文拾年十一月十四日登米郡之内黒沼村・石森村・栗原郡南方村にて和田織部・田村図書書付を以野谷地致拝領候。起高起返共拾九貫七百拾五文被下置候由御意之旨、延宝五年二月十三日柴田中務方より及川九郎兵衛を以被申渡候。都合惣知行高弐百三拾八貫九百八拾壱文に御座候。段々拝領仕候新田書付等焼失仕候付て、年号・御申次一々覚不申候。以上
　延宝五年二月廿九日

11　大町備前

一　私先祖御家へ御奉公仕初候其昔は不存候。寛正弐年八月廿九日之御日付にて、

持宗様より私先祖に被下置候御判物壱通所持仕候。応仁三年極月三日之御日付にて、成宗様より被下置候御判物是又所持仕候得共、右
御両公様大町と名字計被遊名本無御座候付て、何代以前之儀に御座候哉相知不申候。明応四年八月三日之御日付にて、
尚宗様より大町参河被下置候御判物所持仕候。天文十二年九月廿一日・同弐拾二年正月十七日之御日付にて従
晴宗様大町修理亮・同七郎に被下置候御判物、并従御同人様之先祖に被下候御書三通所持仕候。私先祖若年之時分には祖父備前迄七郎と代々申、曽祖父代迄後に参河と罷成候由承伝候得共、右如申上何代計以前より引続御家へ如何様之御奉公仕候哉、且又右御判物に村郷計被遊候付、知行高も相知不申候。勿論久舗儀故不承伝候。私曽祖父同氏三河儀七郎と申時分、
輝宗様より元亀三年卯月七日に被下置候御判物壱通并高祖父同氏三河・曽祖父三河に被下置候御書共数通所持仕候。曽祖父三河御奉公之儀は伏見御時代彼地御屋敷御留守居被仰付相勤申候処、
貞山様御代高麗御陣之御留主に於彼地に病死仕候由承及候。右三河儀は刈田郡之内三沢大町を知行被下置住居仕候。久舗儀故知行高不承伝候。
御同人様御代曽祖父三河儀、宇多郡新地村へ所替被仰付罷越候由承及候。祖父備前代にも於同所知行高百三拾貫文被下置住居仕候。三河家督右備前に誰御申次にて被下置候哉不承伝候。
御同人様御代寛永七年に祖父備前儀佐々若狭を以、東山之内藤沢村へ所替被仰付罷越候。其節右若狭を以弐拾貫文之御加増被下置百五拾貫文之高被成下、従

貞山様御代義山様御代迄引続江戸御留主居被仰付相勤、寛永拾五年極月十五日六拾五歳にて致病死候。右祖父備前相果、亡父備前に同拾六年二月古内故主膳を以家督無御相違被下置候。同弐拾壱年義山様御代富塚内蔵丞を以、上伊沢之内西根村へ所替被仰付候。其砌二割出共五拾貫文之御加増被下置弐百貫文之高被成下候。

御同人様御代明暦弐年知行所之内地損切替之地被下置度由申上、上伊沢之内西根村・永沢村にて知行切添之地を以右切替之通被下置、残起目四百弐拾五文御座候をも御加増被下置、取合弐百貫四百弐拾五文に罷成候。此儀誰を以拝領仕候哉不承伝候。右備前儀品川御家老御役目被仰付相勤申候処、寛文四年より彼地定詰被仰付候刻、隠居被仰付、別て御合力被成下家督私無御相違同年閏五月廿一日に茂庭中周防を以被下置候。私代に罷成知行切添起目新田被下置度由申上候付て、御竿被相入弐貫六百四拾九文之所延宝三年九月朔日於江戸に小梁川修理を以拝領仕、都合弐百七拾四文之進退高に罷成候。以上

延宝七年十二月十八日

御一家御一族衆

御知行被下置御牒（三）

弐百貫文より
百貫文まで

1　中嶋左衛門

一　拙者先祖何代以前誰様御代被召出御知行被下置候哉、曽祖父以前之儀は不承伝候。貞山様御代曽祖父中嶋伊勢儀御知行弐百貫文被下置候。其以後隠居被仰付、右高之内五拾貫文隠居分被下置候。右伊勢嫡子左衛門に百五拾貫文被下置改名伊勢に被成下家督被仰付候。其節被仰付候御証之趣年号・御申次不承伝候。且又曽祖父伊勢病死仕候以後、隠居分五拾貫文被召上候。然処惣御検地之砌寛永弐拾壱年八月十四日に茂庭故周防・奥山故大学を以右五拾貫文返被下置、高弐百貫文に被成下候。其刻被仰付候御証之趣委曲不承伝候。右伊勢実子無御座候に付て伊達古安房二男拙者親釆女を家督に仕度由義山様へ奉申上候処、願之通被仰付左衛門と改名仕候。其以後祖父伊勢隠居仕候付、親同名左衛門に家督被仰付、継目為御礼寛文九年八月之内江戸へ罷登御当代御目見仕候。御取次承知不仕候。然処右左衛門儀江戸御番頭被仰付寛文拾年二月廿八日罷登改名伊勢に被仰付、同年五月廿三日於江戸病死仕候処、同年九月廿三日に古内志摩を以拙者に家督無相違被下置、延宝弐年八月廿五日に継目之為御礼江戸へ罷登柴田中務を以御目見仕、左衛門と改名被仰付実名宗信被成下、知行高弐百貫文に御座候。以上

延宝五年四月廿八日

2　瀬上淡路

一　拙者先祖何時如何様之品を以被召出候と申儀不承伝候。

御先祖様伊達に被為成御座候節、拙者曽祖父瀬上摂津儀は伊達之内大笹生之館に被差置候由、其節之知行高は不承伝候。

貞山様御代御所替以後百姓公事を以右摂津進退被召上、五六年過右摂津進退九拾貫文を以立被下由に御座候。其已後野谷地にても拝領仕候哉、百貫文知行高に被成下候。摂津儀家督に可仕子共無之付て、中野丹波次男淡路を壻苗跡に申立、右摂津儀を隠居仕、家督右淡路に被下置候由御座候、隠居之儀は願を以被仰付候哉、年号・御申次共不承伝候。右淡路実父丹波儀

貞山様御諚を以中野を相捨、摂津苗字を貰瀬上丹波と申由に御座候。是又誰を以何時被仰付候哉不承伝候。

義山様御代惣御検地之節二割出目弐拾貫文被下置祖父淡路知行高百弐拾貫文被成下候。

御同代祖父淡路知行所地続野谷地拝領、此起目拾七貫文之所寛永二十一年八月十四日富塚内蔵丞・奥山大学・山口内記・和田因幡を以高に被成下候。要山様御遠行に付、右淡路儀古内伊賀同道仕高野へ罷登候処、於京都正保弐

年極月廿二日病死仕候。家督に可仕子共無御座候付、其節拙者親将監儀は冨田将監と申候て淡路壻にて、知行六拾貫文被下置別て御奉公仕候。拙者儀幼少に候得共淡路孫に候間名跡に立被下度旨、右伊賀に淡路申置候。其段古内故主膳を以相達御耳候処、拙者儀幼少に候間、将監儀冨田相捨拙者成長仕候迄番代仕右淡路名跡相続可仕旨、同三年右主膳を以親将監に被仰付、淡路知行高無御相違被下置、瀬上将監と申其節六拾貫文之知行所は差上申候。

御同代知行地続野谷地承応三年四月十三日真山刑部・山口内記を以拝領、此起目高七貫八百五拾壱文之所

綱宗様御代高に被成下候。何時誰を以被下置候哉不承伝候。

御同代万治元年知行地続野谷地拾四町五反拝領、土手落堀等迄致普請候処、御分領中新田御法度に付て、壱貫七百弐拾五文之所開発、其外之野谷地は被召上候。然処寛文元年桃生中津山へ所替被仰付候故、右同所にて替地新田

壱貫七百弐拾五文之所

御当代寛文六年八月十三日内馬場蔵人・田村図書・和田織部書付を以受取申候。右野谷地誰を以被仰渡候哉、御申次相知不申候。親将監儀寛文四年七月隠居願申上、同年極月十五日冨塚内蔵丞を以願之通隠居被仰付、家督拙者に被下置候。其以後知行所切添起目弐貫四百五拾九文之所、延宝元年十月廿六日柴田中務・大条監物を以拝領、惣知行高百四拾九貫三拾五文に被成下候。先祖之儀具に不奉存候得共、承伝も御座候はば無遠慮可申上由に御座候間、粗承伝之段如斯御座候。以上

延宝五年四月二日

3 砂金佐渡

一　拙者先祖砂金摂津代迄段々知行高三拾八貫五百三拾九文にて御奉公相勤申候処、晴宗様御時代最上勢御当地へ打越申候処、摂津手勢召連馳向、古関と申所にて及数戦、右最上勢押返申候。就夫無比類儀仕候由にて、従
晴宗様御書被成下、于今所持仕候。其上御加増之地拾貫文被下置、本知合四拾八貫五百三拾九文にて御奉公相勤申候。其後摂津死去、嫡子又次郎家督無御相違被下置由に御座候。右摂津以前
誰様御代被召出御知行何程被下候哉、不承伝候。右又次郎改名参河に罷成候。其時分中野常陸
輝宗様へ逆心仕候処、右参河於御戦場討死仕候。依之嫡子又次郎三河本地四拾八貫五百三拾九文へ御加増之地弐拾貫文被下置、本地合六拾八貫五百三拾九文拝領仕御奉公相勤申候。右又次郎改名左衛門に罷成御奉公相勤申候由に御座候。左衛門死去、嫡子右兵衛に家督無御相違被下置御奉公相勤申候。
貞山様御時代、拙者養父右兵衛代に罷成、慶長年中之御竿出目拾壱貫四百六拾壱文之所御加増被下置、本知合八拾貫文ニて御奉公相勤申候。増岡（白石のこと）御出陣之節右兵衛儀馬上六拾騎鉄炮百挺為持御供仕、纒相立申候由に御座候。其以後大坂へ御出陣之時分右兵衛儀御境目被指置候付、守護可仕由被仰付御供不仕候処、
貞山様大坂へ御出馬被遊候に御国相留申儀に無御座と御跡より罷登候処、奇特被思食段々仰立を以御加増之地弐拾五貫文遠藤式部を以拝領仕、本知合百五貫文に被成下御奉公相務申候由承伝候。先祖より御加増新田段々拝領并家督被仰付候年号御申次不承伝候。拙者儀中嶋監物末子に御座候。然処右右兵衛実子無御座付、養子に六歳にて御前相済、寛永五年十一月八日に右兵衛病死仕候。右兵衛知行高百五貫文之所同六年に無御相違拙者被下置候。拙者儀幼少に御座候故右家督拝領仕候御申次失念仕候。寛永年中御竿入二割出目合四拾貫九百文同二拾壱年六月

十日中嶋監物・茂庭故周防・奥山大学・津田豊前・古内主膳右五人を以拝領仕、本知合百四拾五貫九百文に被成下、同年八月十四日に富塚内蔵丞を以御黒印頂戴仕候。寛永拾八年に拙者知行地付之内野原五拾町古内故主膳を以申請、自分にて取起申候得共、悪地故御畑高弐貫弐百七拾八文開発仕候。依之右之地正保三年六月廿三日右主膳を以拝領仕、本知合百四拾八貫百七拾八文に被成下、御黒印頂戴仕候。切添三百三拾文寛文元年十一月十六日遠藤文七郎を以被下置、本地合百四拾八貫五百八文に被成下、御黒印頂戴仕候。以上

延宝五年三月廿七日

4 宮内権十郎

一 私先祖宮内因幡法名益斎代には刈田宮八郷領知仕宮に致住居、其節は御家中には無御座由申伝候。右因幡先祖之儀相知不申、宮に居住地仕候時節之儀も委品は相知不申候。益斎子因幡常清

貞山様御代には御知行百貫文被下置御奉公仕候由に御座候。但益斎代より御家中罷成候哉、常清代被召出候哉、勿論御時幾度に右御知行被下置候哉、是又委細之儀不承伝候。常清後嗣無之付て、片平伊勢嫡子又市郎定清常清孫御座候付家督養子仕、寛永四年常清病死跡式無御相違又市郎に被下置、其後改名因幡に被仰付候。右之通段々被成下候品・年号・御申次不承伝候。寛永廿一年惣御検地之節二割出弐拾貫文拝領、正保三年三迫之内武鑓村拙者知行所地付之野谷地拾八町五反分、山口内記・和田因幡・真山刑部右三人書付を以被下置、手前にて開発仕新田高弐拾弐貫弐百五拾六文、明暦六年四月津田豊前を以致拝領、都合百四拾弐貫弐百五拾六文之高に被成下候。拙者儀大条監物三男に御座候処、母方之祖父右因幡定清後嗣無之に付て、養子家督に被成下度旨

御当代寛文三年定清願申上候処、同年霜月遠藤文七郎を以願之通被仰付候。同七年霜月定清病死仕跡式無御相違拙者に被下置由、同八年五月右文七郎を以被仰渡候。当時拙者知行高百四拾二貫弐百五十六文御座候。以上

延宝七年九月四日

5　泉田采女

一　拙者曽祖父泉田出羽

貞山様御代知行高百拾五貫三百文にて御奉公相勤申候。先祖之儀誰様御代誰を被召出候哉、右出羽以前之儀不承伝候。義山様御代寛永拾九年惣御検地之節二割出目共百三拾八貫三百文之高被成下候。右出羽隠居願上、嫡子拙者祖父出羽百弐拾貫三百文被下置、残拾八貫文二男西大条右兵衛に分被下候様に申上候処、願之通祖父出羽家督引続右高之通知行分被下旨、古内故主膳を以正保三年六月十三日に被仰付候。其以後祖父出羽流之内金沢村野谷地申請、自分開発高三貫五百六拾壱文之所、明暦四年五月祖父出羽拝領仕候得共、誰を以被仰付候哉不存候。其以後兵部殿御知行に罷成、右替地東山相川村之内同黄海村にて御当代奥山大学を以寛文元年十一月十六日に祖父出羽に被下置候。且又知行所之内野谷地申受自分開発高七貫九百四拾九文切添四百拾文弐口合八貫四百九文之所、同日に右同人を以被下置候。右両様本地取合高百三拾弐貫弐百七拾文被成下候。其以後祖父出羽隠居願寛文九年申上候処、跡式無御相違親源三郎に古内志摩を以御当代被下置候。其以後改名出羽に右志摩を以被仰付候。延宝二年正月朔日に又改名木工に被仰付候。東山薄衣村

知行之内野谷地申受、自分開発五貫弐百六拾五文
御当代柴田中務・大条監物を以延宝元年十月廿九日拝領仕候。親木工延宝三年閏四月十二日病死、跡式無御相違延
宝三年八月十九日柴田中務を以被仰付候。東山薄衣村知行之内にて畑返新田祖父出羽代願申上候処、御竿被相入
出目三貫九百拾弐文柴田中務を以延宝五年二月十五日に拙者被下置候。都合高百四拾壱貫四百四拾七文に御座候。
御黒印于今頂戴不仕候。以上
延宝七年三月廿四日

6 石田孫市

一 拙者先祖文永八年以来之証文数通所持仕候得共、系図等何時紛失仕候哉無御座候故、先祖之者何代以前より相続
仕候哉、祖父以前分明に相知不申候間相除申候。祖父石田豊前迄は伊達之石田に在所仕候。
貞山様御当地へ御移被遊候以後、岩沼之城に罷有候由候得共、御知行高何程被下置候哉不奉存候。右豊前儀実子無
御座候に付、大浪大膳次男拙者親源吉右豊前壻家督に被成下候。右源吉知行高八拾壱貫六百七拾六文慶長十三年
四月廿八日之日付大町刑部・山路藤兵衛・山家清兵衛・長沼太郎兵衛下書御座候。此外御合力被下置候由、員数
不奉存候。十四歳より伏見へ被為相登、
貞山様御身近被召仕定詰仕候。其後内膳と名改申候。以後知行高百四貫弐拾四文に罷成候。慶長拾八年九月十九日
之日付山岡志摩・奥山出羽下書御座候。如何様之品にて御加増被成下候哉不奉存候。其後将監に名を改知行高百
拾三貫七百三文に罷成候。是亦何様之品にて被下置候哉相知不申候。

貞山様寛永十三年五月廿四日御遠行被遊候付、右将監六月廿一日殉死仕候。家督知行高之通従義山様無御相違拙者に被下置、同年十月於本丸古内主膳を以継目之御礼申上候。拙者知行高先年惣御検地之砌二割出被下置、百三拾三貫九百文罷成候。寛永弐拾壱年八月十四日御日付之御黒印冨塚内蔵丞・奥山大学を以被下置候。黒川郡大谷中村右知行所之内、切添起目四百八拾四文万治元年七月何も並に被下置候。栗原郡佐沼藤沢村知行所之内、野谷地申請開発新田起目三貫七百三文茂庭周防・冨塚内蔵允を以万治三年十二月被下置、高百三拾八貫八拾七文、寛文元年十一月六日之御日付御黒印奥山大学を以被下置、拙者儀寛文九年六月九日御後見より進退被召上候処、延宝弐年三月四日於大条監物宅に柴田中務右両人を以本知行高之通被返下、今以拙者高百三拾八貫八拾七文に御座候。以上

延宝七年極月十九日

7　大内太郎八

一　私先祖塩松之境内小浜に居住、其外小手森・築山・岩角・新城・樵山・月館等数ヶ所致所領、一分之進退にて罷有候。私曽祖父大内備前定綱

貞山様御代天正拾六年に御家へ罷越候。其品は乱国之時分にて塩松没落仕、属会津盛高罷有候。無間も盛高御死去、義広御代従

貞山様伊達安房成実・片倉小十郎を以御家へ御頼仕、罷越候様にと数度被仰下候。同年御自筆之御書三通被下置并保原・懸田・小村崎進退一字、下長井之内哥丸百四拾貫分永代に被下置并川下之事円居下に可被成下由被仰下、

其後三拾貫文宛二ヶ所合六千疋之所被相加可被下置由被仰下候。其後御神文被下置候付御家へ罷越候。右御直書御神文于今所持仕候。

貞山様会津へ御陣被遊候節、定綱も御供仕御軍法杯申上御勝利被遊候。天正拾八年葛西大崎佐沼登米御陣、右備前御供仕数度之戦功有之由にて、

貞山様被　仰立米沢より御当地へ御供仕罷越候以後、屋代勘解由御取次にて下伊沢弐拾余郷被下置之由申伝候。

貞山様御代高麗御陣・白石御陣へも右備前御供仕候。

貞山様伏見に依被遊御在府候、右備前年久相詰内之者等迄困窮仕、相勤申儀不罷成、被下置御恩地三ヶ二指上伏見より罷下候。慶長拾六年右備前病死、祖父備前拾五歳罷成候に跡式無御相違被下置候。何年誰を以被下置候哉、且又曽祖父備前・祖父備前に被下置候御知行書付等紛失仕候故、貫高委細に不承伝候。其後祖父備前進退被相減百貫文に罷成候品は、重綱十五歳之時分柴田惣四郎家来庄子外記と申者水沢より高野へ罷登候節、中途にて右備前に致乗打候付、即時に討留申候。依之右之段相達

貞山様御耳、不調法之段被仰達百貫文に被相減候。

貞山様御代寛永弐年茂庭古周防を以野谷地拝領開発仕六貫四百文拝領仕候。何年に誰を以被下置候哉不承伝候。

義山様御代寛永拾八年御竿入二割出目弐拾貫文被下置百二拾六貫四百文之高被成下、寛永廿一年八月十四日之御日付之御黒印頂戴于今所持仕候。

義山様御代正保元年登米郡之内西郡村知行替被仰付罷成、拙者代迄于今居住仕候。

御同代慶安弐年九月四日右備前病死仕候。古内故主膳を以同年十月廿六日親備前に家督被仰付慶安三年七月二日之

御黒印拝領仕候。
御同代知行所切添八貫五百九拾五文明暦弐年御竿入、同三年六月廿七日山口内記を以被下置候。右本地新田切添都合百三拾四貫九百九拾五文被成下、
御当代寛文元年十一月十六日之御日付之御黒印所持仕候。
御当代西郡村知行続切添起目寛文拾弐年御竿相入七百七拾弐文之所延宝元年十月廿九日柴田中務を以親備前拝領仕、知行高百三拾五貫七百六拾七文に被成下候。延宝六年九月廿一日に親備前病死仕、同年極月十八日家督無御相違拙者に被下置之旨、黒木上野を以被仰渡候。当時拙者知行高百三拾五貫七百六拾七文に御座候。以上
延宝七年八月廿七日

8　天童内記

一　拙者先祖羽州天童に代々住居仕候処、天童甲斐儀姉婿最上義光と不和に罷成候付、国分能登依為孫天正年中御当地へ罷越候処、
貞山様御代浜田伊豆を以被召出御知行百貫五百六拾九文被下置、御一家之御奉公仕候。右甲斐儀慶長拾六年六月病死仕候。然処実男子無之御座候付て、甲斐跡式伊達上野政景次男兵部に被下置度由
貞山様御代申上候処、右知行高無御相違兵部に被下置天童之苗跡被仰付候。御申次衆は承伝不申候。右兵部儀寛永弐年三月病死仕候処、実男子無御座候付、伊達安芸定宗次男信濃を壻苗跡仕度旨
貞山様へ申上候処、無相違右知行高信濃に被下置天童之苗跡に被仰付候。御申次衆は承伝不申候。且又

貞山様御代信濃知行之刺軽石村之内にて新田野谷地弐町分申受、起目高壱貫六百文拝領仕本高合百弐貫百六拾九文に罷成候。右新田拝領之御申次衆・年号は相知不申候。右信濃儀定宗嫡子左衛門依病死安芸家督無御座候付て、

寛永拾六年

義山様御代安芸苗跡被仰付候。仍拙者儀亘理備後嫡子に御座候得共、右備後儀

貞山様御代伊達遠江守様へ可被相附由被仰出候処、御惣領

忠宗様へ御奉公仕度奉存候間、進退被召上予州へ被遣儀御免被成下度旨、茂庭石見を以申上候付、浪人に罷成他所に拾ヶ年罷有候処、

貞山様御代に被召返則茂庭周防・脇番頭被仰付無足にて拾六ヶ年相勤候内、

貞山様御他界以後

義山様御代御惣領様相守進退相捨候儀寄特に被思召候条、拙者儀信濃娘に御取合天童之苗跡被仰付、右知行高百弐貫百六拾九文之所無御相違被下置候条、私幼少之内備後に番代相勤可申由、

義山様御代寛永拾六年閏霜月廿三日中嶋監物・遠藤式部・古内故主膳を以被仰付候。惣御検地以後二割出目弐拾貫四百三拾壱文被下置、本高合百弐拾二貫六百文に罷成候。寛永弐拾壱年八月十四日之御日付、

義山様御黒印所持仕候。且又

義山様御代新田野谷地拝領仕自分取立、起目高五貫八百五拾六文被下置、合百弐拾八貫四百五拾六文之高に被成下之旨、

御当代万治三年二月十日冨塚内蔵丞を以被仰渡候。寛文元年十一月十六日之御日付御黒印所持仕候。其後本地畑高

之内、田に仕候出目六貫三百拾壱文之所御加増に被下置、取合百三拾四貫七百六拾七文之高被成下之旨、御当代寛文三年十二月七日冨塚内蔵丞を以被仰渡候。同年同月廿五日之御日付御黒印頂戴所持仕候。先祖之儀は承伝を以粗書上申候。以上

延宝五年二月廿三日

9　沼辺越後

一誰様御代拙者先祖誰を始て被召出御知行何程被下置候哉不承伝候、沼辺雪窓と申者代より父玄蕃代迄五代、柴田郡之内沼辺村・沼田村・福田村・大河原村・大谷村・千塚村弁伊具郡之内白岩村・神次郎村右八ヶ村拝領仕、柴田郡沼辺村住居仕候由、右五代は承伝候。右八ヶ村之御知行高何程御座候哉不承伝候。祖父摂津と申者代に右於沼辺村に火事仕、系図等焼失仕候故諸事相知不申候。摂津嫡子拙者親同氏玄蕃儀は、貞山様御代天正拾八年之比志田郡新沼村へ所替被仰付、御知行高百貫四拾壱文之所被下置御奉公仕候。御黒印所持仕候。

御同代江刺人首村御境目に可被指置旨被仰出、慶長十一年に所替被仰付御知行高之通於人首村に被下候。親玄蕃寛永十三年五月十三日に病死仕候付、跡式無御相違百貫四拾壱文之所

義山様御代茂庭古周防・古内故主膳を以同年九月廿七日に拙者に被下置候。

御同代寛永拾九年惣御検地之時分二割出目弐拾貫文拝領、且亦切添之地五貫九百五拾九文之所右主膳を以同廿壱年八月廿五日に被下置、本地新田取合百弐拾六貫文被成下候。御黒印頂戴仕候。

御当代江刺郡之内人首村知行所之内野谷地三拾八町弐反歩拝領仕、自分開発之地六貫四百五拾四文寛文拾弐年正月廿五日に柴田中務を以被下置候。右高合百三拾弐貫四百五拾四文之御黒印頂戴仕候。以上

延宝七年四月十三日

10　上郡山九右衛門

一　拙者先祖何時如何様之品を以被召出候と申儀不承伝候。

輝宗様御代上郡山民部長井之庄被差置候節、実子無御座候付、親類中津川丹波三男内匠致養子家督相続仕候願を以、隠居仕候哉、其節之知行高年号共承伝無御座候。

貞山様御代伊達より御国へ御所替、以後右内匠知行百貫文被下置候。

御同代右内匠病死仕、嫡子弥次郎家督無御相違被下置、内匠と改名仕候。何時誰を以被仰付候哉其段は不承伝候。

義山様御代寛永十五年霜月廿六日右内匠病死仕、嫡子弥次郎幼少に御座候付、拙者親九右衛門儀伯父森土佐婿苗跡被仰付、別て御奉公仕罷有候得共、右内匠弟に御座候付上郡山名跡相続可仕由、同拾六年古内故主膳を以被仰付、右内匠知行百貫文無御相違親九右衛門被下置候。右弥次郎には別て知行拾五貫六百九拾三文扶持方分被下置候。

御同代寛永廿壱年惣御検地之時分弐割出目二拾貫文被下置、親九右衛門知行高本地百弐拾貫文へ知行栗原之内宮沢村地続之谷原拝領仕、開発之高拾貫文右御検地之節御竿入弐割出目共百三拾貫文同年八月十四日冨塚内蔵丞・奥山大学を以拝領仕候。

御同代親九右衛門儀明暦四年六月十日に病死仕、

綱宗様御代右同年十月五日冨塚内蔵丞を以家督無御相違拙者被下置候。右内匠嫡子弥次郎病者にて御奉公不罷成候付、御当代後藤大隅二男三七養子仕、拙者知行高之内拾四貫三百七文分遣、都合三拾貫文にて弥次郎家督被相立被下度由申上候処、願之通分被下置旨、寛文四年七月十七日冨塚内蔵丞を以被仰渡候。拙者知行高百拾五貫六百九拾三文罷成候。

御同代拙者知行栗原之内宮沢村地続谷原弐拾町寛文四年三月廿日鴇田次右衛門・和田織部・木村久馬書付を以相調、此起目拾壱貫六百九拾五文、寛文九年四月五日に柴田外記・古内志摩を以拝領仕、都合百弐拾七貫三百八拾八文被成下候。先祖之儀は委細不奉存候得共、承伝も御座候はば可申上由に御座候間、有増《アラマシ》承伝之通如此御座候。以上

延宝七年三月廿五日

11　松前八之助

一　亡父右兵衛儀松前故志摩守弟に御座候、被召仕度由、貞山様被成御所望御当地へ被召寄、茂庭故石見御申次を以御知行百貫文被下置、弐番御座御一家並に被差置、片倉備中重長聟に被仰付御奉公仕候由承伝候。年号承伝不申候。

貞山様被遊御逝去

義山様御代寛永年中惣御検地以後、惣高百弐拾貫文に被成下御黒印拝領仕、引続御一家並之御奉公仕候。茂庭中周

防を以隠居申上候処願之通被仰付、御知行高百弐拾貫文并御座敷無御相違私に被下置之段御意之旨、明暦弐年三月廿一日右周防被申渡、則以同人家督之御礼申上、

義山様御黒印頂戴仕候。至

御当代右知行高之通御黒印頂戴仕候。以上

延宝七年三月十九日

12 葛西藤右衛門

一貞山様御代親紀伊被召出大条薩摩御取次を以、御知行五拾六貫文被下置候。其以後御成両度仕候処分に過候作事致寄麗に寄特之由、御意被成、寛永九年三月廿九日奥山故大学を以右紀伊御加増上納三拾四貫百七拾文・野谷地九貫八百三拾文分被下置百貫文に被成下候。寛永拾壱年親紀伊江戸に相詰同年二月廿二日病死仕、同三月廿日紀伊跡式無御相違奥山故大学・佐々若狭を以拙者に被下置候。其以後、

義山様御代寛永廿一年十一月十六日に八貫弐百文御竿弐割出目分に被下置候。都合百八貫弐百文に被成下候。御黒印御座候。其以後、

御当代に久荒起目桃生之内相野谷村・成田村知行之内にて、四貫九百七拾三文、寛文五年三月六日に、原田甲斐を以拝領仕、御知行高都合百拾三貫百七拾三文被下置候。御黒印御座候。以上

延宝四年十二月廿六日

13　新田惣三郎

一　拙者先祖新田遠江儀
輝宗様御代米沢之内館山之城に被差置、御奉公仕候由承及候。遠江年罷寄候付嫡子四郎に家督被仰付候。年号・御申次不承伝候。然処に中野常陸逆心之砌、四郎儀一味仕候故遠江方より申上四郎に切腹被仰付候。其以後次男私高祖父左衛門に家督被仰付候。年号・御申次相知不申候。其時分之御知行高遠江以前之儀は不承伝候。右左衛門嫡子私曾祖父同氏下総米沢より御当地へ御供仕罷越候。御知行高百弐拾貫文
貞山様御代に被下置候。年号・御申次不承伝候。
義山様御代御分国中御検地以後二割出目弐拾四貫文寛永廿年致拝領、高百四拾四貫文に被成下候。右下総嫡子拙者祖父同氏善四郎廿八にて病死仕、善四郎嫡子私父同氏帯刀幼少故善四郎弟新田左衛門に御番代被仰付、右下総知行高百四拾四貫文之内百貫文は帯刀四拾四貫文は左衛門に分被下度旨、
義山様御代曾祖父下総申上候処、茂庭故周防を以願之通明暦元年極月廿一日被仰付候。野谷地申受自分開発高弐貫四百五拾八文之所被下置候由、
品川様御代万治弐年霜月十五日松林仲左衛門差紙を以被申渡、帯刀拝領仕高に結被下候。
御当代延宝元年五月親帯刀病死仕、同年七月十九日に家督無御相違柴田中務を以拙者に被下置、知行高百弐貫四百五拾八文拝領仕候。以上
延宝七年四月四日

14 片平助右衛門

一貞山様御代私祖父片平大和儀仙道片平に罷有候砌、会津被為御手入度被思食被為招候付、天正七年三月四日御当家へ被召出候節、冨田一宇、只野一宇、小国大波之内にて五拾貫文合三ヶ所拝領仕候由御黒印奉所持候。会津御陣御出馬被遊候節左誘弁には大内備前、右誘弁には片平大和被仰付、会津被為入御手候由承伝候。右冨田・只野両所御知行高員数、且又如何様之品にて大和進退百貫文に被成下候哉品々不奉存候。右大和儀男子無之付、貞山様御代孫養子伊勢に跡式被下置其身隠居仕度旨願申上候処、御前相済伊勢に家督被仰付由承伝候故、誰を以願申上候段も不奉存候。伊勢事瀬上丹後子大和孫にて御座候。其後、義山様御代御竿被相入二割出目惣侍衆並被下置付、伊勢儀百弐拾貫百文に被成下之由寛永廿壱年八月十四日之御黒印致所持候。且又伊勢儀隠居仕度由、義山様へ申上候節右知行之内弐拾貫文伊勢妻女甥瀬成田伊左衛門に分被下度旨、古内故主膳を以願申上候処、願之通に被成下残百貫百文親伊勢家督無御相違拙者に被下置由、承応元年八月三日右主膳を以被仰付候。勿論御黒印頂戴奉所持候。以上

延宝五年四月十九日

15 中村刑部

一拙者儀伊達弾正次男に御座候。右弾正隠居願申上候節、弾正知行高之内百貫文拙者に分譲申度旨申上候処に従江戸伊木半右衛門為御使者弾正願之通百貫文拙者に被分下、其上

御先祖様御名字中村に被仰付之旨、右半右衛門を以延宝五年正月廿八日に被仰付候。拙者先祖之儀は兄伊達大膳方より申上候付委細書立不申候。以上

延宝五年三月朔日

16　佐藤右衛門

一　拙者先祖佐藤伊勢相馬盛胤公へ御奉公仕知行七拾貫文に御座候処、郡左馬助と申者表裏を以知行半分并惣団《まとい》共に被召上左馬助に右知行惣団共に被下置、依之右伊勢及末期家督宮内に為遺言と右左馬助討可申と申置に付、其後境目為押に右宮内小斎に被指置処に為加勢左馬助小斎へ被指越候。父伊勢任遺言討果申以後、貞山様右之品々被為聞食則被召出、御知行百貫文被下置其上御一族に被仰付三端頭之御紋共に拝領仕由申伝候。

貞山様御代宮内家督紀伊代家中之儀に付不調法御座候て知行高之内四拾貫文被召上紀伊・甚三郎・拙者親新次郎迄三代六拾貫文にて御奉公仕、寛永拾三年

貞山様御代若林御泉水御普請御急に付右新次郎御加勢可仕旨申上、三百五拾人之人数五日御普請相勤、同拾七年

義山様御代御二之丸御取立之節家中足軽三百五拾人之人数三十日御普請相勤候付、右足軽被遊御上覧・小身にて多人数介抱仕兼可申由度々御意被遊、同弐拾壱年惣御検地之節右持高六拾貫文之内より四拾貫文倍目罷出候を被下置百貫文被成下、右新次郎承応元年六月廿四日に病死、同年九月十日古内主膳を以家督無御相違拙者に被下置旨、

義山様より仰出拙者当時知行高百貫文に御座候。先祖家督紀伊・甚三郎・新次郎三代

貞山様御代に家督相続申候。年号覚不申候。以上

延宝五年三月朔日

御一家御一族衆

御知行被下置御牒（四）

八拾九貫四百八拾六文より拾壱貫文迄

1 石川次郎左衛門

一 稙宗様御代拙者先祖高祖父石川次郎左衛門仙道之石川より米沢へ被召出御奉公申上候処、御知行弐百貫文被下置、其上御奉行職被仰付、

晴宗様御代迄御二代御奉行職被仰付候。

晴宗様御代小梁川泥蟠を御聟に被仰付、於御城右泥蟠御祝儀之御振舞被下置候。其御振舞之儀右次郎左衛門に被仰付候。然処泥蟠相伴に桑折摂津被仰付候節、泥蟠と御座敷論仕、御振舞相延申に付て、次郎左衛門儀其節泥蟠より上座に御座候得共、泥蟠次に次郎左衛門依罷在候摂津事無異儀次郎左衛門次に罷在候付て、御祝儀之御振舞相済申候。

晴宗様御意には次郎左衛門仕様奇特に被思食之由御意に御座候て、御加増之地百貫文被下置候。

御同代仙台土樋之城に逆党相籠御敵を仕候者有之、色々被相責候得共落城仕兼候故、次郎左衛門に先陣被仰付、則

時に責崩申候付手柄仕候由御諚に御座候て、名取之内笠嶋村にて御知行百貫文為御加増拝領仕候。右合四百貫文之儀知行高に被成下候。拙者曽祖父石川信濃迄右之高拝領仕候由に御座候得共、久敷儀に御座候故年号存不申候。

貞山様御代米沢より御当地へ被相移候砌、如何様之儀に御座候哉、御家中何茂御知行高減書上申候付、御知行高被相減候由承及候。祖父石川信濃に五拾貫八拾三文遠藤式部を以被下置候。年号相知不申候。

御同代養父同氏信濃に家督被仰付、右御知行高遠藤式部を以拝領仕候。是又年号失念仕候。

義山様御代寛永十八年惣御検地之節二割出目拾貫拾七文同廿一年八月十四日に被下置候。

御同代野谷地山口内記を以拝領仕、起目弐貫文右内記・和田因幡・真山刑部を以正保四年極月廿五日拝領仕候。

御当代家中切添起目百六拾三文寛文元年四月廿二日柴田外記を以被下置候。養父信濃に隠居被仰付、親知行高六拾弐貫弐百六拾三文寛文十三年四月廿二日に柴田中務を以拙者に被下置候。拙者儀茂庭故周防五男に御座候。信濃実子就無御座養子仕候。

義山様御代中周防知行高之内弐拾五貫文拙者に為分取申度段、古内故主膳を以申上如願御前相調差置申候付、
御当代茂庭周防右之品申上、寛文十三年四月廿二日柴田中務を以被下置候。家中切添起目弐貫弐百弐拾三文延宝元年十月廿九日右中務・大条監物を以被下置候。右本高取合八拾九貫四百八拾六文拝領仕候。以上
延宝五年四月晦日

2　遠藤平太夫

一貞山様御代拙者曽祖父遠藤出羽代迄志田郡松山領拾七ヶ村拝領仕罷在候処、如何様之品に御座候哉、出羽代右御知

行被召上、登米之内石森村にて弐拾貫文被下置候。

誰様御代先祖誰を被召出候哉、其以前は不承伝候。

御同代伏見へ御詰被成之砌御供仕候節、御知行百貫文に被成下、桃生郡相野谷村被下置在所仕候。出羽病死仕嫡子大炊に家督無御相違被仰付候処、大炊相果申子共源六郎幼少に就、御座候娘和田因幡縁組被仰付女子に候得共惣領之儀に候間御知行被分下由にて、右因幡に五拾貫文被下置残五拾貫文右源六郎に被下置、成長迄大炊伯父遠藤飛驒と申候者に御番代被仰付、志田郡下中目村へ御知行替被成下彼地に居住仕候。右源六郎十五歳に罷成候節飛驒方より右五拾貫文受取罷在候処病死仕、子共無之弟左衛門に家督無御相違

御同代中嶋監物を以被仰付候。

御同代下中目村御蔵入に罷成由にて、左衛門拝領地之内拾八貫文被召上百姓壱人被下置、残百姓一宇被召上右御替地東山之内小嶋村にて被下置候。

御同代志田郡下中目村にて御買新田野谷地四町歩申受、起目三貫七百五拾文拝領仕、其後、義山様御代罷成御検地之砌二割出共に高六拾四貫五百文之御黒印拝領仕候。

御同代東山之内小嶋村拾八貫文被召上、伊沢郡下姉躰村にて拾三貫百六拾文、志田郡下中目村にて四貫八百三拾四文、合拾八貫文右御替地に被下置候。

御同代親左衛門御番頭御役目被仰付候付て、在所下中目村に百姓壱人にて困窮仕候間本百姓被返下度由山口内記を以願申上候得ば本百姓三人持高共被下置候旨御意にて、右百姓三人持高五貫弐百四拾八文御加増に拝領仕、高六拾九貫七百四拾八文之御黒印頂戴仕候。

御同代遠田郡桑針村にて野谷地弐拾町山口内記を以申受、開発起目弐拾壱貫八百三文、桃生郡小舟越村にて野谷地五町歩申受、此起目高四貫七拾五文、真山刑部・山口内記を以拝領仕、右高合九拾五貫六百弐拾六文に被結下候。御同代左衛門在所屋敷相立申度由山口内記を以御知行替奉願候処、伊沢之内下姉躰村拾三貫百六拾六文、志田郡下中目村にて六貫百九文、合拾九貫弐百七拾五文差上、遠田郡大田村にて被替下住居仕候。御当代罷成拙者弟同氏勘兵衛に右高之内下中目村にて三貫文、小舟越村四貫七拾五文合七貫七拾五文分ヶ被下度由、寛文七年に同氏左衛門拙者願申上候処、願之通被成下旨柴田外記・古内志摩を以被仰付、残る八拾八貫五百五拾壱文之高に御座候。延宝四年四月左衛門隠居仕度由小梁川修理を以奉願候処、願之通被仰付跡式無御相違拙者に被下置旨、同年六月十三日大条監物を以被仰渡候。当時拙者知行高八拾八貫五百五拾壱文に御座候。拙者儀古内故主膳三男に御座候処、右左衛門儀実子無之に付て拙者養子に仕度段左衛門願申上、願之通被成下旨、義山様御代被仰付候。先祖段々家督被仰付候年号・御申次不承伝候。且又其以後段々御加増新田等拝領仕候。年号・御申次不承伝候所をば書戴不申候。以上

延宝五年三月十三日

3　上遠野喜膳

一　拙者祖父上遠野伊豆儀岩城浪人に御座候処、貞山様御代被召出御知行五拾貫文被下置候由申伝候。其節之年号誰を以被下置何様之品を以被召出候哉其品不承伝候。其後伊豆儀江戸御番頭被仰付相務申候内少進に有之由被仰立を以、寛永六年九月為御加増御知行弐拾貫文蟻

坂善兵衛を以被下置、七拾貫文之高に被成下候。右両度之御黒印は所持不仕候。且又、義山様御代寛永弐十一年惣御検地之砌二割出目拾四貫三百文被下置都合八拾四貫三百文之高に被成下候。勿論、御黒印所持仕候。伊豆儀老衰仕候処、家督之子持不申候付て、伊豆甥拙父上遠野掃部に家督被下置隠居被仰付被下度由申上候処、如願被仰付右御知行高之通無御相違拙父掃部に被下置之旨、慶安三年二月中嶋監物を以被仰付御黒印頂戴所持仕候。将又知行所之内切添之地三貫九百四拾弐文之所被下置之旨、御当代延宝元年十月柴田中務を以被仰付、都合八拾八貫弐百四拾弐文之高に被成下候。其刻之御黒印は頂戴不仕候。右掃部儀年罷寄候付て隠居被仰付家督拙者に被下置度由申上候処、如願被仰付右御知行高之通無御相違拙者に被下置之旨、延宝四年三月六日小梁川修理を以被仰付候。御黒印は于今頂戴不仕候。以上

延宝七年四月四日

4 鮎貝太郎平

一 拙者祖父日傾

貞山様被召出御知行弐拾貫文被下置候。日傾死去仕、親兵庫に家督被仰付、且又御同代兵庫に六拾壱貫六百文御加増二度に被成下之由、誰を以致拝領候哉年号等覚不申候。義山様御代親兵庫正保四年四月死去仕、同年六月故古内主膳を以拙者に家督被仰付候。其以後右知行之内に海新田取立起目壱貫百五拾七文、万治元年極月右主膳を以拝領仕候。勿論、御黒印頂戴仕候。御当代於同所海新田取立起目八百九拾五文寛文十二年十月廿七日柴田中務・大条監物を以被下置由以手紙被申渡候。

御黒印へは相入不申候。惣知行高八拾三貫六百五拾弐文に御座候。先祖如何様之品を以知行被下置候哉不承伝候。
以上
延宝五年二月廿日

5　大立目隼人

一　拙者高祖父大立目伊勢鶴丸、
晴宗様御代米沢御在城之節、伊勢鶴丸に御知行下長井之庄新砥之郷貫高無に、天文二十二年正月十七日被下置候。御黒印所持仕候。伊勢鶴丸以前之儀、
誰様之御代先祖誰を被召出候哉家之系図所持仕候処、先年仙台大火事之砌、拙者屋敷類火仕系図等致焼失、拙者幼少之時分親内匠相果候故先祖之儀然と不承伝候。勿論、先祖より御譜代に御座候。右伊勢鶴丸後に大立目新水と名を改候。曽祖父大立目大膳家督無御相違実嫡子大立目修理に被下置旨被仰渡候。年号御取次不承伝候。
貞山様御代祖父大立目修理御知行三拾貫百弐拾三文、其後野谷地中請開発仕候内、右修理寛永九年二月四日病死、男子無之奥山出羽三男内匠を聟名跡に親類共奉願処、家督無御相違寛永九年八月十日原田甲斐を以被下置候。右修理申請候野谷地内匠代寛永十七年御検地之砌御竿入起目四貫五拾三文拝領、且又本地二割出共四拾貫弐百文に被成下、
義山様御黒印奉頂戴候。内匠儀慶安三年三月十四日病死、実嫡子拙者家督無御相違慶安三年五月廿九日原田甲斐を以被下置御黒印奉頂戴候。

御同代承応三年野谷地申請闢之五貫五百四拾弐文之地、万治三年二月十日に茂庭周防を以被下置候。

御当代寛文三年野谷地申受闢之拾九貫五百四拾弐文之地、原田甲斐を以同八年八月廿九日に被下置候。

御同代寛文七年野谷地申受闢之四拾七貫百弐拾四文、寛文十一年三月十五日古内志摩を以被下置候。右知行高百拾弐貫四百八文之内三拾五貫百弐拾文之地拙者実弟同苗十左衛門に分与申度由願申上候処、寛文十一年三月十五日古内志摩を以願之通被仰付候。延宝元年十月廿九日知行切添之地壱貫弐百四拾五文柴田中務を以被下置候。寛文九年野谷地申受闢之新田起目四貫弐百四拾七文、延宝六年四月廿二日黒木上野を以被下置候。拙者知行高八拾弐貫七百七拾八文に御座候。右之内七拾七貫弐百八拾六文之地は御黒印奉頂戴候。壱貫弐百四拾五文切添之地新田起目四貫弐百四拾七文之地は于今御黒印頂戴不仕候。以上

延宝七年二月廿八日

6 福原主税

一義山様御代拙者御知行拝領仕候儀、拙者兄福原淡路、佐藤外記殿へ頼入御奉公為仕度段申上候処、寛永廿年三月四日江戸御屋敷へ那須衆大田原出雲・岡本内蔵助・芦野民部・右淡路其外御旗本衆永井式部殿・小沢牛右衛門殿・佐藤外記殿被召寄御振舞之上にて、拙者を可被召使旨被仰出候。御目見仕候儀は同月十九日に、義山様・要山様同氏淡路宅へ申受、其節御指図を以御目見仕候。御国へ罷下候儀は同年六月廿五日・同月廿七日古内故主膳を以御目見仕候。同年七月三日右主膳為御意拙者に岡本竹庵引添申渡候は、御知行千石之御積にて五拾貫文被下置候。百貫文可被下置候得共先五拾貫文被下候旨、御意之段承知仕候。慶安弐年六月晦日伊達弾正殿姉

へ縁組被仰付、同年八月廿五日に妻女弐拾貫文持参仕、翌年五月為御加増三拾貫文江戸にて古内故主膳を以拝領仕候。其節も岡本竹庵・拙者両人に主膳申渡候は、弾正殿より附参候知行此度之御加増本地取合百貫文之御心入にて被下置候と申渡候。同四年極月廿日妻女相果申に付て、右弐拾貫文は弾正殿へ相返八拾貫文之御黒印頂戴仕候。以上

延宝五年二月六日

7　増田才兵衛

一誰様之御代拙者先祖誰を初て被召出候哉其段相知不申候。伊達郡増田に先祖代々住居仕御奉公相勤申候由承伝得候得共曽祖父以前之儀分明に相知不申候。勿論知行高も不承伝候。拙者曽祖父増田将監儀貞山様御代には御知行六拾五貫文にて御奉公仕候。然処右将監嫡子拙者祖父右近儀病人御座候故、御同代曽祖父将監奉願候は右知行高六拾五貫文之内五拾貫文は右近嫡子拙父将監に被下置名跡相続為仕、残拾五貫文は曽祖父将監次男同氏主計に被下置度旨申上候処、如願寛永年中遠藤式部を以被仰付相続仕候。義山様御代寛永年中御検地之砌、知行出目二割増父将監拝領仕六拾貫文に被成下候。右之旨冨塚内蔵丞・奥山古大学・山口内記・和田因幡を以寛永二十一年御書付を以被下置由に御座候。御当代江刺之郡高寺村父将監知行其外隣村畑、明暦年中古内故主膳吟味を以畑返為仕御竿相入、本畑高へ五割増被下置相残分被召上候。右五割増にて五貫五百八拾壱文被下置六拾五貫五百八拾壱文に被成下候。右之段奥山大学・鴇田治右衛門・和田織部・内馬場蔵人・木村久馬を以寛文元年御書付を以拝領仕候。

御当代父将監万治四年五月十四日に病死仕、嫡子勘解由に家督無御相違被下置旨、於江戸柴田外記・冨塚内蔵允を以寛文元年七月十八日被仰付候処、右勘解由延宝五年四月十九日に病死、家督之男子無之拙者儀は右勘解由実弟候間跡式相続被仰付被下度旨奉願候処、願之通被下置旨柴田中務・小梁川修理を以右同年霜月廿五日被仰付、当時私知行高六拾五貫五百八拾壱文に御座候。以上

延宝七年十二月朔日

8　大松沢八郎左衛門

一　御先祖様上方より被遊御下向候其刻、拙者先祖飯田八郎左衛門御譜代御一族にて御供仕罷下候由申伝候。其節御知行何程被下置候哉承伝無御座候。其後於伊達伊具之内宮沢を知行に被下置候由御座候。何貫文之所に御座候哉、誰様御代誰を以被下置候哉右八郎左衛門代に御座候哉相知不申候。彼地在名に候間名乗可申由被仰付、苗字宮沢に相改申候由申伝候。

誰様御代に御座候哉自分先祖も誰代御座候哉不承伝候。其砌黒川郡大松沢村大崎葛西之境目御座候付、先政宗様御代宮沢掃部被指遣大松沢一円知行被下置候由申伝候。其砌右知行高何貫文之所に御座候哉相知不申候。

右掃部代より末段々跡式嫡子に無御相違被下置由御座候得共、誰様御代誰を以被下置候哉先祖も誰代に御座候哉相知不申候。其以後拙者より七代以前之掃部忠節仕候由にて、尚宗様御代右掃部嫡子又六に為御加増高城之内保根崎郷之内一宇・下在家一宇・竹之花在家一宇・蜂沢在家一宇・名取之内飯野坂郷之内南在家一宇、明応四年五月廿二日に被下置候。御書所持仕候。右高城、名取にて被下置候

知行高何貫文之所に御座候哉誰を以被下置候哉相知不申候。右又六隠居仕嫡子八郎左衛門に家督被下置、右八郎左衛門跡式嫡子又六に被下置候之由申伝候得共、誰様御代誰を以被下置候哉是又承伝無御座候。
輝宗様御代右又六跡式嫡子祖父左衛門に被下置候由御座候。誰を以被下置候哉年号相知不申候。大松沢に年久被差置在名之儀候間名乗可申由、
貞山様御代被仰付、右左衛門代大松沢に相改申候。勿論右知行三ヶ所共に引続被下置候処、
御同代何茂知行被為借候並に被遊、御借残高拾三貫九百六拾九文に罷成由に御座候。右知行被為借候年号相知不申候。
御同代久荒弐拾貫文被下置度由佐々若狭を以申上候処、願之通右若狭を以被下置三拾三貫九百六拾九文之高に被成下候由に御座候。右久荒拝領仕年号相知不申候。右左衛門跡式嫡子亡父左衛門に無御相違、
御同代遠藤式部を以被下置候。年号相知不申候。
義山様御代右左衛門野谷地申受開発惣御検地之砌御竿相入、拾八貫文文之高に被成下候。右起目被下置候御書付等先年在所屋敷致火事焼失仕候故、誰を以被下置候哉相知不申候。惣御検地之節本地三拾三貫九百六拾九文之二割出六貫七百九拾三文被下置、右拾八貫文取合五拾八貫七百文之高に被成下御黒印頂戴仕候。右左衛門儀隠居仕拙者に家督被下置度旨山口内記を以申上候処、願之通無御相違被下置候由、慶安三年三月十七日右内記を以被仰渡、継目之御黒印頂戴仕候。承応三年山口内記・真山刑部方へ申達野谷地申受開発三貫九百九拾壱文之所、
品川様御代万治三年二月十日茂庭故周防・冨塚内蔵丞を以被下置由被仰渡候。然処に小嶋九郎衛門儀拙者親類に御

座候間拝領仕候起目之内壱貫六百文之所被分下御奉公為仕度旨、冨塚内蔵丞を以申上候処、同年三月十六日右内蔵丞を以願之通被仰付候段被仰渡候。残弐貫三百九拾壱文且又知行切添起目六拾弐文之所寛文元年八月十日右内蔵丞・奥山大学を以被下置、本地取合六拾壱貫百五拾三文之高に被成下御黒印頂戴所持仕候。以上

延宝七年四月十五日

9 西大條右兵衛

一 拙者儀泉田出羽次男御座候処、義山様御代右出羽知行本地高之内拾八貫文并新田起目弐拾三貫八百四拾八文取合四拾壱貫八百四拾八文之所拙者に分被下度段、古内故主膳を以右出羽願申上、正保三年六月廿三日に願之通被成下候。其後野谷地拝領仕新田起目七百四文右同人を以願上、慶安五年四月六日右同人を以御加増被下四拾弐貫五百五拾弐文に罷成候。然処右御知行高にて西大条日向聟苗跡に被成下度段、御同代右主膳を以双方願申上、承応三年十一月廿三日右同人を以願之通被仰付候。右日向持来候御知行は日向実子同苗孫太夫に被下置候。且又野谷地拝領仕新田起目拾四貫四百六文、御同代山口内記を以願申上、明暦三年五月右同人を以拝領仕候。都合五拾六貫九百五拾八文御黒印頂戴仕候。以上

延宝五年正月廿七日

10 小原太郎左衛門

一　拙者先祖小原掃部儀伊達御譜代御一族御座候。
晴宗様御代刈田郡小原村知行に被下置居住仕候。其已後、
輝宗様御代小原式部同性信濃代迄右知行無御相違被下置小原村住居仕候処、
貞山様御代東山之内摺沢村へ知行被替下候。然処大御検地之時分知行高書上申候砌、右信濃知行高も拾貫百拾五文と書上仕候故、摺沢村にて拾貫百拾五文被下置候。右信濃儀拙者には祖父御座候。代々継目被仰付御年号等は承伝不申候。右之通小身に罷成弥困窮仕候付て、
貞山様御代寛永四年に御金五両三割御利足付拝借仕候。然処信濃儀寛永十一年病死仕右知行高無御相違子共正右衛門に被下置候。其後致改名越後に罷成候。然は信濃拝借金十ヶ月切利足を御本金に被相直候処、段々倍合上納可申様無御座候付延引仕候処、
義山様御代寛永十六年右知行高拾貫百拾五文之所拝借替に被召上候由被仰付、同十七年御扶持方拾人分被下置四十ヶ年余御番等相勤申候。仍越後家督之子正右衛門病人に御座候て御奉公可仕様無御座、且又養子仕候にも小身にて扶助可仕様も無御座候付て、拙者儀大内備前実弟に御座候て越後にも親類に御座候間家督に仕度候。且又私儀、
義山様御代右備前願申上新田野谷地拝領仕自分取立起目三拾三貫五百七拾弐文明暦三年二月九日に山口内記を以被下置候。其後、
御当代延宝二年十一月朔日大条監物を以切添起目壱貫五百三拾四文被下置、取合三拾五貫百六文に被成下候。依之越後御扶持方拾人分之所は被召上、拙者持来候知行高を以小原之名跡御一族之御座敷共に被仰付被下置度由越後父子并親類共申上候付、右願之通被成下之旨延宝三年三月十日に柴田中務を以被仰付候。先祖之儀は承伝を以有

増申上候。以上

延宝五年二月七日

11 中目惣右衛門

一 拙者先祖御家御譜代之由承伝候。何時之比先祖誰を以被召出候哉年久儀にて承储不仕候。私曽相父中目右兵衛儀、晴宗様御代・輝宗様御代御知行被下置候、御判物三通于今所持仕候。知行高何程に御座候哉不分明候間不申上候。貞山様御代拙者祖父中目大学に御知行五拾四貫三百弐拾文慶長十五年八月六日に被下置候御黒印所持仕候。然処に元和四年之比大学品儀御座候て進退被召上浪人にて罷在候。

義山様御代右大学嫡子拙者親惣右衛門儀寛永十七年三月十五日に被召出、古内主膳を以御知行三拾五貫文被下置、同二十一年八月十四日之御黒印奉頂戴候。

御同代承応年中に野谷地申請、自分開起之地高三貫六百壱文、

御当代寛文元年十一月十六日に奥山大学を以被下置、右貫高三拾八貫六百壱文に被成下候。

御同代親惣右衛門儀隠居之願申上候付、寛文三年十一月廿二日に柴田外記・冨塚内蔵丞を以願之通隠居被仰付、右知行高三拾八貫六百壱文之所無御相違拙者被下置、同年極月十日之御黒印奉頂戴候。親惣右衛門儀は名を改九郎右衛門、拙者儀は惣右衛門に改名被仰付候。

御同代寛文六年野谷地申請開起之地高五貫八百五拾九文、古内志摩を以同十一年三月十五日に被下置、都合四拾四貫四百六拾文に被成下同年五月八日之御黒印奉頂戴候。

御同代知行切添之地高五貫弐百六拾五文延宝元年十月廿九日に柴田中務・大条監物を以被下置、都合四拾九貫七百弐拾五文之地高に被成下候。右切添知行高に被成下候御黒印は于今頂戴不仕候。以上
延宝五年三月廿一日

12　大町源四郎

一　拙者先祖伊達御譜代にて代々刈田郡大町村に居住仕候由申伝候得共、先祖誰様之御代に被召出候哉承伝不申候。性山様御代拙者六代已前大町参河如何様之越度御座候哉、進退被召上浪人にて罷在候。然処貞山様御代須加川御陣人取橋御合戦之時分右参河嫡子源四郎其子千熊罷出候処、参河源四郎討死仕候。依之右千熊後に駿河と申候者召出、御知行高百三貫五百八拾七文段々被下置候。寛永元年極月廿四日頂戴仕候御黒印所持仕候。誰を以被下置候哉承伝不申候。寛永三年十月九日右駿河病死仕候。駿河知行高百三貫五百八拾七文之内八拾三貫五百八十七文嫡子勘解由に被下置、弐拾貫文次男内膳に被下候。勘解由儀、貞山様御代寛永五年越度御座候て御知行被召上候処、義山様御代寛永十四年古内故主膳を以被召出御知行高本地三拾貫文新田弐拾貫文被下置候。寛永二十一年八月十四日頂戴仕候御黒印所持仕候。右勘解由家督被仰付御黒印頂戴不仕候内御知行被召上候故、八拾三貫五百八拾七文被下置候御黒印所持不仕候由承伝候。明暦元年霜月十八日勘解由儀病死仕、嫡子内蔵丞に跡式無御相違被下置、明暦二年四月九日に頂戴仕候御黒印所持仕候。段々家督被下置候年号・御申次承伝不申候。御当代寛文元年三月十七日拙者親内蔵丞病死仕候処、拙者幼少御座候付成人仕御奉公相務申候砌は可被返下候。先

以本地五拾貫文之内弐拾貫文被召上三拾貫文被下置候旨、八月三日奥山大学を以被仰渡候。寛文元年十一月十六日致頂戴候御黒印所持仕候。拙者儀成人仕御奉公相務申候付最前被召上候弐拾貫文之御知行被返下置度由親類共願上申候処、寛文四年十月十日冨塚内蔵丞宅にて、茂庭故周防を以右願上申候弐拾貫文之御知行被返下置旨被仰渡候。寛文四年十月廿九日致頂戴候五拾貫文之御黒印所持仕候。於于今五拾貫文之高にて御座候。以上

延宝五年二月廿九日

13 村田右近

一 先祖村田紀伊事柴田之内村田に居住仕候由、誰様御代何程之御知行被下候哉覚書共焼失仕候由一切承伝も無御座候。然して紀伊に男子無之故、稙宗様御末子万好を聟苗跡に被仰付候由如何様之由緒にて被仰付候哉不承伝候。然処、紀伊万好に於右郡之内上足立・下足立・下川名・長谷倉・成田・中名生・宮城分つちうり相除不残被下置之旨右之地何貫文に御座候哉高付は無之、

晴宗様御黒印三通于今所持仕候。然処

貞山様御代惣侍衆村替被仰付知行御減少被遊候由、右万好には桃生郡永井村・樫崎村二ヶ村被下置候。知行高年月は不承伝候。右万好儀永井村に居住仕慶長元年八月死去仕、万好男子無之故万好兄伊達鉄斎方より陽徳院様へ申上候は、四男民部を万好聟苗跡に被仰付被下置候様にと申上候由、則貞山様へ被仰上候処御尤に被思食旨、

陽徳院様御書于今所持仕候。其上安積内膳を以万好家督無御相違被下置候旨、慶長四年に被仰付候由承伝候。右之知行年々洪水故段々荒所仕、祖父民部代には三拾八貫壱文於永井村被下置候。右民部隠居之願申上候処寛永十二年遠藤式部を以願之通被仰付、跡式無御相違嫡子拙者親同姓志摩に被下置候由承伝候。

義山様御代惣御検地之節二割出目七貫六百文被下置、且又切添起目へ御竿被相入高三貫百八拾壱文之所山口内記を以正保三年三月右志摩拝領仕候。

御同代承応三年三月十八日に津田豊前を以野谷地拾五町右志摩拝領仕、此起目拾貫七百六拾七文之所古内肥後を以明暦四年四月十三日に右志摩拝領仕、右野谷地之内追て起目四百五拾四文、且又明暦元年十二月野谷地六町山口内記・真山刑部を以右志摩拝領此起目三百弐拾七文、右弐口合七百八拾壱文御竿相入申候得共親志摩知行高に結不被下、已前右志摩願申上候得ば、明暦四年古内肥後を以被下置候、拾貫七百六拾七文之新田共に三口合拾壱貫五百四拾八文之内壱貫九百六拾七文之所同人弟同苗六右衛門に被下置、残九貫五百八拾壱文之所は次男同苗善兵衛に被分下度旨、奥山大炊を以、

綱宗様へ申上候処、願之通万治三年三月十八日に右両人に被下置、残四拾八貫九百八拾壱文之所寛文四年親志摩隠居之願申上候処願之通被仰付、跡式無御相違四拾八貫七百八拾壱文之所拙者に被下置之旨、寛文四年三月八日遠藤山城を以被仰渡候。尤御黒印頂戴仕候。以上

延宝七年四月廿五日

14
葦名刑部

一　拙者曽祖父同氏民部儀、石田治部少輔一乱以後浪人に罷成常州金井に徘徊仕候処、慶長年中、貞山様御代奥山出羽を以御家中へ被召出、百人御扶持方被下置御一家並に被仰付候。大坂御陣之節両度共に白石御城御留守居并御国御仕置被仰付候。二男同氏小次郎事御供為仕度由奉願、大坂へ為差登申候。元和元年御帰陣則奥山出羽を以父子に六拾貫文之御知行被下置右百人御扶持方は被召上、当時拝領之地胆沢郡衣川に致在所候。右民部嫡子拙者祖父同氏小太郎儀は御家へ不被召出前、於常州竜ヶ崎死去仕候付、嫡孫拙者親同氏刑部十七歳元和弐年茂庭石見を以奉願、右刑部に三拾貫文右小次郎に三拾貫文被下置、両人共に御一家並に御奉公被仰付候。御同代之内小次郎事柴田惣四郎幼少之内番代被仰付候。女子壱人有之小次郎事死去仕、右三拾貫文之御知行被召上候。父刑部代知行地続野谷地拝領仕自分開発高五貫四百文被下置、都合三拾五貫四百文に罷成候。右開発之新田被下置候節之年号・御申次不承伝候。父刑部事義山様御代寛永十八年十一月十二日於御城頓死仕候。翌日落命被聞食古内故主膳を以吊被下并跡式無御相違被下置旨被仰出候。継目御礼は忌明正月十八日右主膳御取次を以、御目見申上候。同二十一年御検地以来拙者に二割出目被下、合四拾弐貫四百文拝領仕候。

御同代右主膳御取次を以於衣川野谷地被下置自分開発高八貫六拾五文拝領仕候。年号・御申次失念仕候。其後明暦三年弟下郡山隼人儀九貫八百文にて御奉公勤兼申候故、右新田八貫六拾五文之所隼人に被下置度旨奉願候処、如願同年に古内故主膳を以隼人に被下置候。

御当代本地之内畑返に仕度由願上候処如願被仰付、倍目新田弐貫八百六拾壱文被下置之旨、寛文十二年正月古内志摩御申次を以拝領仕候。其後野谷地申請自分起立高八貫八百八拾六文延宝六年四月廿二日黒木上野を以被下置候。

追て申受候野谷地自分起立高七貫四百壱文同年十月十八日黒木上野を以被下置、当時拙者に被下置候知行高六拾壱貫五百四拾八文に御座候。以上
延宝七年八月十三日

15　猪苗代長門

一　拙者曽祖父猪苗代弾正儀
貞山様へ御忠義申上候品御座候由にて被召出、於米沢御知行五百貫文被下置候。御当地へ御供仕罷越節は御知行百貫文に被下置御奉公仕候。如何様仕品にて御知行百貫文に罷成候哉不承伝候。弾正儀改名被仰付越後に罷成、嫡子を弾正に被成下、次男を縫殿と申候。其以後御知行半役被召上候時分御役之代に百貫文之内五拾貫文差上残五拾貫文ににて御役無に御奉公仕候。其以来江戸御普請被仰付候節、改て御知行役被召上候刻、五拾貫文之御役差上其より引続御役等も仕、五拾貫文之知行高に罷成候。然処右五拾貫文之知行高之内弐拾貫文次男同苗縫殿に被分下度段、
貞山様御代申上願之通に被成下候。右越後隠居之願申上嫡子弾正儀は残三拾貫文にて家督被仰付御奉公仕候。弾正儀年罷寄候付て隠居之願申上候処願之通被成下、弾正嫡子拙者養父越後に右御知行高之通被下置候。拙者実父茂庭了庵に御座候。拙者十三歳之時越後壻養子に仕度段申上、寛永十三年極月願之通被成下猪苗代之苗跡に罷成候。右曽祖父弾正被召出御知行被下置段家督被仰付候年号・御申次等相知不申候。
義山様御代寛永二十年惣御検地之砌二割出目六貫文越後拝領三拾六貫文之御知行高に被成下御黒印頂戴仕候。其以

後東山之内松川村於知行所地続切添起目壱貫八百拾四文并畑返自分開発仕起目四貫八百四拾六文、万治元年五月十日に山口内記・真山刑部を以被下置四拾弐貫六百六拾文之高に被成下、右越後儀寛文二年二月十六日病死仕候付て苗跡之願申上候処、無御相違跡式四拾弐貫六百六拾文拙者に家督被仰付之旨、同年七月十日大条監物柴田外記を以被仰渡候。右知行所松川村にて田畑切添高弐貫百四拾五文延宝三年三月朔日柴田中務を以拝領仕、都合御知行高四拾四貫八百五文被成下候。右紙面に相見申候外、委細之儀相知不申候間、有増如此御座候。以上

延宝八年二月十八日

16　北郷右衛門

一　拙者曽祖父小川刑部儀岩城一門御座候処、岩城没落以後浪人に罷成岩城長次郎供仕御国元へ罷越候処、貞山様御代被召抱片倉備中を以御知行拾貫文被下置、其以後御同代為御加増御知行三拾貫文右備中を以被下置、取合四拾貫文之高に被成下候。如何様之品を以御知行被下置候哉、且又右両度之御知行拝領仕候年号不承伝候。仍右刑部儀本苗小川に御座候処、御国元へ罷越在名北郷に罷成元和七年病死仕候。跡式無御相違拙者祖父北郷刑部に被下置候。同年継目被仰付候哉否年号、御申次迄不承伝候。将又右知行所何年之御竿に御座候哉四拾貫文之高三拾五貫四百拾八文に打減申候処、成義山様御代寛永二十一年惣御検地御下中二割出目被下置候時分、八貫拾弐文被下置、取合四拾弐貫五百文之高に被下候。刑部儀明暦弐年に病死仕、同年に跡式無御相違拙者親同性右衛門に被下置候。是又御申次不承伝候。御同代右衛門知行地付切添之地百八文之所被下置、都合四拾弐貫六百八文之高に被成下候。右衛門儀寛文十年三月

病死仕、跡式無御相違拙者に被下置候旨同年六月十九日古内志摩を以被仰渡候。拙者儀幼少にて相続仕候故、先祖御知行拝領仕候年号、御申次不承伝候。将亦拙者伯父同性孫六儀四十有余に罷成候得共、無足にて拙者格歳差置申候処、段々孫六年罷寄候に御奉公をも不為仕候儀無拠奉存候。拙者知行高四拾弐貫六百八文之内弐貫文之所右孫六に被分下置度由申上候処如願被仰付候旨、延宝七年七月廿三日佐々伊賀を以被仰渡候付、今程拙者知行高四拾貫六百八文に御座候。以上

延宝七年十一月六日

17　半田内蔵助

一　拙者祖父半田玄蕃知行高拾貫文拝領仕罷在候。年久儀に御座候故、誰様御代に被下置候哉承伝不申候。拙者親半田新平儀奥山故大学嫡子に御座候処、眼病相煩依目半に奥山之家督に不罷立候。然処に半田玄蕃子共無之候付養子に仕度由申上候付て半田之苗跡被仰付候旨承伝候。拙者未生以前之儀に御座候間年号等不分明候。且又、義山様御代拙者親新平儀正保元年蒙御勘気五ヶ年引籠罷在候処、慶安元年五月廿四日に、貞山様御法事之節於松嶋茂庭故周防を以被召出、本領拾貫文被返下如本御奉公被仰付候。明暦元年拙者親新平野谷地三町申受此起目新田四百八拾壱文被下置候。年久儀に御座候故御申次は相知不申候。義山様御代明暦元年古内故主膳を以親新平隠居奉願候処願之通被仰付、拙者に家督無御相違被下置旨同年五月十日に右主膳を以被仰付候。且又拙者叔父奥山大炊知行高之内にて三拾貫文拙者に被分下度旨願申上候付、大炊如願

拙者に被分下候旨同年同月に右主膳を以被仰付候。
御当代寛文八年に野谷地弐町余申受此起目新田弐貫五百弐拾五文延宝元年十月廿九日柴田中務・大条監物を以拝領仕候。然処右起目之内拙者外舅国分源蔵に弐貫文被分下御奉公為仕度旨拙者願申上候処、則願之通源蔵に被分下旨同年右中務・監物を以被仰付候。拙者知行高四拾壱貫六文に御座候。以上
延宝四年十二月十九日

18 増田主計

一 貞山様御代拙者親増田将監御知行六拾五貫文拝領仕候処隠居被仰付候砌、拙者儀は右将監次男に御座候付江戸証人に相詰申候故、隠居分に被下置候御知行拾五貫文之所、寛永八年六月十二日遠藤式部を以拙者に被下置候。義山様御代御分領中御竿相入二割出三貫文之所御加増に拝領仕、右拾五貫文合拾八貫文に被成下寛永二十一年八月十四日古内伊賀を以拝領仕候。其以後拙者江戸より罷下、御同代拾弐貫文御加増被下置三拾貫文に被成下候。明暦弐年霜月廿三日に古内故主膳を以拝領仕候。其後江刺高寺村畑返に罷成五割増弐貫弐百六拾壱文御加増に明暦四年四月十七日山口内記を以拝領仕候。
御当代に江刺高寺村切添之地六百八拾四文寛文八年御竿入、栗原郡雨生沢村三百三拾八文寛文九年に御竿入、延宝元年十月廿九日柴田中務・大條監物を以拝領仕候。栗原郡雨生沢村切添之地弐拾四文延宝三年九月朔日柴田中務を以拝領仕候。右知行高合三拾三貫三百七文に御座候。従
御先祖様拙者先祖に御知行被下置候品、嫡子筋目増田勘解由可申上候。私儀若輩にて江戸証人に罷登候。其以後親

将監病死仕候故右之外不承置候間委細に不申上候。以上
延宝五年三月七日

19　保土原弥市兵衛

一　拙者高祖父保土原江南儀須賀川御陣之節
貞山様へ忠儀申上候付御家へ被召出、本領岩瀬郡保土原并於近郷千五百五拾五貫文御加恩之地五百弐拾五貫文其外上高林と申所貫高無御座地天正十七年に被下置候。御判物于今頂載仕候。彼地御領地替に付御当地にて百貫文拝領仕候。右江南嫡子拙者曽祖父同氏山城儀御家へ不被召出以前於安積表討死仕に付、山城嫡子拙者祖父同氏左平太に右知行高之内四拾貫文江次男同氏十太夫に三拾貫文・同三男松野作右衛門に三拾貫文被分下度旨、貞山様御代江南願申上候処願之通被仰付候。左平太儀元和九年に病死仕男子無之女子有之に付、荘子半衛門次男拙父市之丞儀幼少より
貞山様御小性之間にて被召使候を、左平太聟苗跡に被仰付跡式無御相違右市之丞に被下置候。家督不被仰付以前市之丞に進退等被下置候哉、勿論願を以家督被仰付候哉、両様共に其品承知不仕候。
義山様御代寛永年中惣御検地二割出被下置四拾八貫文に罷成、其以後野谷地申受自分開発高四貫九百文被下置、都合五拾弐貫九百文に被成下候。高祖父代御知行被下置候御申次并知行分等段々家督被仰付新田等被下置候年号・御申次共に相知不申候。「拙者十二歳之時父市之丞病死仕候付て拙者儀幼少故成長仕御奉公相務申候節可被返下由、義山様御代慶安弐年八月山口内記を以被仰渡、右高之内弐拾貫文被召上三拾弐貫九百文に被成下候。拙者知行高今

以三拾弐貫九百文に御座候。以上

延宝五年正月十一日

20 秋保豊前

一 拙者先祖代々秋保五ヶ村之惣領職に御座候て秋保之内長袋村之城主に御座候処に、高祖父秋保伊勢儀、稙宗様御代御旗下に罷成、折々御首尾計仕嫡子美作代迄罷在候。御書等于今所持仕候。美作嫡子拙者祖父弾正儀御一家被仰付被召出候。同人代慶長八年所替被仰付、刈田郡小村崎村にて御知行弐拾貫文被下置候。右弾正隠居仕度旨願申上、拙者親同名播磨に家督無御相違被下置候。何年に誰を以被下置候哉年号等不承伝候。播磨代に秋保之内長袋村に野谷地申受開発仕候起目新田七貫文拝領仕候。何年に誰を以被下置候哉不承伝候。寛永十九年に御検地之砌二割出目四貫文被下置三拾壱貫文に被成下候。承応三年に右播磨隠居仕度旨申上候処願之通被成下、拙者に家督無御相違被下置之旨同年十月十七日に戸田喜太夫を以被仰渡候。其後右長袋村に野谷地申受此起目新田四百六拾文、

御当代寛文元年十一月十六日奥山大学を以拝領仕候。御黒印頂戴仕候。且又右野谷地起残申立開発仕起目新田九百五拾八文、同十三年六月十八日に小梁川修理を以拝領仕、都合知行高三拾弐貫四百弐拾八文に被成下、御黒印は于今頂戴不仕御下書所持仕候。以上

延宝五年四月五日

21　高城助兵衛

一　拙者高曽父宮城式部少輔儀代々宮城に住居仕由に御座候。輝宗様御代初て被召出宮城郡之内高城十二ヶ村之御知行高三百五拾貫文之所拝領仕、御一家並被仰付、苗字も高城に被成下高城式部宗綱に被仰付候由に御座候。其後貞山様大崎・葛西へ被遊御進発候砌忠節申上候由にて、御自筆之御神文を以被下置候御判物拙者于今所持仕候。大崎・葛西御手に入申候上、諸侍衆御知行替被仰付候時分、式部領地高城一宇被召上、東山之内上折壁村にて御知行三拾六貫文被下置候。少進に被成下儀品々然と不承伝候。文禄元年右式部隠居仕、嫡子同名伊予に家督被下置、実名宗直に被成下、高麗御陣へも御供仕候。本地三拾六貫文へ寛永六年御加増弐拾貫文拝領、同十一年御加増三拾貫文被下置、本地合八拾六貫文にて御割奉行被仰付相勤申候。其刻伊予儀大町駿河支配相受申に付、右役目相勤申候内御座敷も駿河次に可罷在由貞山様依御意御一族並駿河次に着座仕候。伊予嫡女へ大内右近二男外記壻名跡に仕家督被下置度候段願申上候処、無御相違被仰付候。何年誰披露を以被下置候哉不承伝候。義山様御代に罷成、寛永十三年伊予役所之御蔵火事出来御牒等焼失仕付て、進退八拾六貫文之内六拾六貫文被召上、残弐拾貫文桃生郡小舟越村にて在郷屋敷共に右外記に被下置候。同十八年惣御検地之刻二割出四貫文拝領仕弐拾四貫文に罷成候。右之仕合故御座敷之願も不申上由御座候。拙者未生以前之儀に御座候故御取次等不承伝候。明暦弐年知行続之野谷地五町山口内記を以拝領仕開発之新田代高五貫五百四拾六文、万治三年茂庭中周防を以被下置、本知弐拾四貫文取合弐拾九貫五百四拾六文に被成下候。外記嫡子拙者親同苗甚三郎儀拙者幼少之節死去仕、外記老衰故実伯父同氏又六無進退にて七・八ヶ年御番代相勤申候処、寛文弐年病死仕候付て、嫡孫に御座候間跡式拙者に被下置度旨願申上候処、於江戸に奥山大炊披露を以無御相違被下置之旨、寛文弐年十月二日原田甲斐を以被仰渡候。

御当代拙者弟同名仲兵衛儀無進退に御座候に付、拙者知行高弐拾九貫五百四拾六文之内新田五貫文為分取申度旨申上候処、是又願之通被仰付候旨寛文六年八月十七日に古内志摩を以被仰渡候。寛文十弐年拙者知行付に野谷地拝領仕開発之新田起目高六貫四百八拾四文之所、且又願上申候て在所右小舟越村屋敷并東山之内上折壁村除屋敷弐軒へ御竿被入下、高壱貫弐拾四文右弐口合七貫五百八文之所被下置由、延宝元年十月廿八日大条監物を以被仰渡候。本知都合当知行高三拾弐貫五拾四文に御座候。先祖之儀承伝を以申上候。以上

延宝七年二月廿六日

22 梁川勘兵衛

一 拙者実父梁川又四郎儀白石相模実三男に御座候処、貞山様御代右亦四郎に別て御知行百貫文被下置名字梁川に被成下二番御座敷御一家に被仰付候。其節之御申次・年号等は承伝不申候。又四郎儀寛永十七年二月四日病死仕候処、其砌拙者八歳に罷成御目見不仕候付跡式被相禿候。依之年久浪人にて罷仕迷惑仕候条。

御当代寛文八年、貞山様御法事御修行之時分、梁川之苗跡以御積被立下度旨、古内志摩方迄瑞巌寺を以願申上候処、御知行三拾貫文被下置之由同年六月十五日右志摩を以被仰渡御黒印頂戴仕候。又四郎儀拙者幼少之砌病死仕候故、

御知行被下置候節之儀委細承伝不申候。以上
延宝五年三月晦日

23 八幡才三郎

一 誰様御代拙者先祖誰を初て被召出候哉養父以前之儀不承伝候。八幡主計儀義山様御代御知行弐拾四貫六百八拾四文被下置御奉公仕候処、男子無御座候付、拙者儀増田主計二男に御座候処養子に仕度段奉願候処、願之通被仰付候。然処右主計寛文七年九月病死仕候付、跡式知行高弐拾四貫六百八拾四文右同年極月晦日遠藤山城を以跡式被仰付候。其後野谷地拝領開発高弐貫五百四拾文御当代寛文十二年正月廿五日柴田中務を以拝領仕候。延宝元年十月廿六日切添之地壱貫七百三拾七文以柴田中務拝領仕候。右知行高弐拾八貫九百六拾壱文御座候。先祖知行拝領之品幼少之節跡式相続仕候故委細不承伝候。以上
延宝四年極月七日

24 大塚下野

一 拙者先祖岩城之内竜子山に在城仕候。拙者実父大塚源太儀石川大和昭光為には孫に御座候付、従岩城源太六歳にて右大和所へ罷越介抱を以成長仕、貞山様御代元和年中大和申立を以被召出御奉公に相済、御知行弐拾壱貫五拾六文被下置候。大和指南原田甲斐・奥山出羽に御座候。源太指南も右両人に御座候得共、誰を以御知行拝領仕候哉未生已前之儀に御座候故、源太被召

出御知行拝領仕候御取次実儀勿論年月不存候。寛永三年二月七日に親源太拙者五歳之時病死仕候付、石川駿河申立跡式無御相違被下置候。御取次右之指南之内に可有御座候得共、拙者幼少故月日共に覚無御座候。継目之御礼中嶋監物を以同年二月廿七日板物差上申候。

義山様御代寛永十九年惣御検地之砌本高弐拾壱貫五拾六文二割出目四貫弐百四拾四文被下置、知行高都合弐拾五貫三百文に被成下候。御黒印奥山故大学を以頂戴仕候。以上

延宝五年三月廿六日

25　下郡山隼人

一　拙者先祖之儀、誰様御代被召出候哉不承伝候。養父同氏源大郎、貞山様御代より本地八貫弐百文之御知行高にて御一族御奉公仕由に御座候。寛永十九年御検地已後二割出目共九貫八百文致拝領候。其後男子無御座候故拙者事葦名刑部弟に御座候処聟苗跡に罷成候。源太郎儀慶安元年十一月四日病死仕、跡式無御相違拙者に被下置候旨同年冨塚内蔵丞御申次を以被仰付、引続御一族御奉公申上候。義山様代葦名刑部八貫六拾五文之新田起目拝領仕候処、拙者小進にて御奉公相勤兼申候間、拙者に被下置度段追て奉願候処被聞召分、明暦三年拙者に被下置旨古内故主膳を以被仰付候。合拾七貫八百六拾壱文拝領仕候。御当代寛文十二年右新田畑返に仕、出目七貫三百六拾弐文古内志摩を以被下置候。年号失念仕候。其後野谷地申受自分起立高八貫四拾六文、延宝六年四月廿二日黒木上野を以被下置候。追て申請候野谷地自分起高九貫三百弐拾五文同年十月十八日黒木上野を以被下置、当時拙者に被下置候御知行高四拾貫五百九拾八文に御座候。以上

延宝七年六月廿一日

26 西大立目蔵人

一　拙者祖父西大立目民部

貞山様従米沢・仙台へ被為移候御供仕罷越候。引続御知行百貫百六拾七文被下置候処、御拝借金御座候付九拾貫文被召上、残拾貫百六拾七文右民部に被下置候由承伝候。先祖誰様御代被召出御知行被下置候品委細不奉存候。

貞山様御代民部病死仕、跡式無御相違拙者親同氏将監に被下置候。誰を以被仰付候年月不承伝候。

義山様御代惣御検地御割之節本地拾貫百六拾七文より二割出目弐貫三拾三文取合拾弐貫弐百文に被成下候。

義山様御代明暦三年右将監地尻新田御座候付被下置度旨申上候処、三貫四百弐拾六文之所被下置候。誰を以被下置候年月不承置候。本地拾弐貫弐百文新田三貫四百弐拾六文合拾五貫六百弐拾六文に罷成候。且又拙父将監儀万治弐年十二月廿二日に病死仕候。家督無御相違拙者に被下置旨万治三年二月十九日冨塚内蔵丞を以被仰渡候。

御当代延宝三年地尻新田御座候付奉願候処、壱貫五百七拾文之所被下置旨、同年八月十日柴田中務を以被仰渡候。取合高拾七貫百九拾六文に被成下候。右之外先祖由緒不承置候。以上

延宝五年二月廿日

27 塩森主殿

一　晴宗様御代拙者先祖被召出候由名本并被召出候品々不承伝候。

貞山様御代小梁川泥幡弟兵庫に塩森之家督被仰付候由、如何様之品にて被仰付進退何程被下置候哉是又不承伝候。

右兵庫子長門代に行当御座候て進退被召放、右長門子惣八郎代に被召出候。年号不承伝候。

義山様御代茂庭周防・古内主膳を以御扶持方十人分被下置候。然処惣八郎病死子共無御座候付拙者実父同氏豊前は惣八郎に従弟に御座候付て家督申立候処、寛永十四年極月廿三日右周防・主膳を以被仰付候。右豊前儀少進に御座候付て御知行被下置候由にて、寛永十七年四月十三日為御加増御知行七貫弐百四拾七文右周防・主膳を以被下置、且又寛永年中之惣御検地二割出目共に被下置、取合八貫七百文之高に被成下之旨同二十一年八月十四日に冨塚内蔵丞・奥山大学・山口内記・和田因幡を以被仰渡候。

綱宗様御代古内故主膳拝領仕候野谷地新田所望仕自分開発御竿入、高弐貫五百九拾三文古内造酒祐申上、万治三年六月十九日に中周防を以被下置候。惣侍衆中知行へ御扶持方持添之分何茂御知行に被直下候砌、右之十人御扶持方四貫五百文に被直下之由、寛文弐年六月朔日御蔵方より被申渡御郡代官佐藤助兵衛・及川七郎左衛門割渡申候。

御当代弾正殿御拝領野谷地之内新田起目三貫九拾三文致所望候処、延宝六年五月十六日黒木上野を以被下置、右御知行取合拾八貫八百八拾六文に被成下候。右豊前儀延宝六年九月廿日に病死仕跡式無御相違拙者に被下置旨、同年極月十八日に右上野を以被仰渡候。以上
延宝七年七月廿八日

28 大塚左衛門

一 拙者先祖従

誰様御代被召出御一族並之御奉公被仰付御知行何程被下置候哉不承伝候。曽祖父大塚伯耆と申者御知行七貫文被下置、伊達永井より御当国へ致御供御一族並之御奉公仕候由に御座候。右伯耆病死仕跡式無御相違祖父左衛門に被下置候。其以後、
貞山様御代起目新田三貫五文之所拝領仕、本地合拾貫五文に罷成候由御座候。右左衛門病死仕跡式無御相違拙父太郎作に被下置候。右両度之継目并新田誰を以被下置候哉年号等承伝不申候。寛永年中惣御検地之砌二割出目を以拾弐貫文に罷成候。且又野谷地新田寛永二十年に従
義山様右太郎作拝領仕致開発、壱貫六百八拾四文之所正保三年三月朔日古内故主膳を以被下置候由承置候。右本地合拾三貫六百八拾四文に被繕《ツクロヒ》下候御黒印頂戴仕候。右太郎作儀改名左衛門と被仰付候。右左衛門儀寛文十年に病死仕候処、跡式無御相違同年六月十三日原田甲斐を以拙者に被下置候。御黒印致頂戴候。拙者先祖之系図祖父左衛門代に火事仕致焼失候由御座候。依之委細之儀不存承伝を以如斯御座候。以上

延宝五年四月十三日

29　畑中左衛門

一　拙者先祖伊達御譜代、誰様御代先祖誰を被召出候哉、段々祖父新十郎迄下長井時庭と申所に罷在候節は大進之様に承伝候得共、
貞山様御所替以後如何様之品にて被相減候哉、右新十郎五貫文余に被成置候由、右新十郎跡式拙者親左衛門に被下置、元和年中より寛永年中迄度々親左衛門、

貞山様御代に宮城中野村にて御買新田申受候由、
義山様御代寛永二十一年拾三貫三百文高に被成下御黒印所持仕候。拙者幼少之時分親左衛門相果申候故、段々家督被下置候年号・御申次委細之儀不承伝候。承応元年八月親左衛門病死仕候付、同年十月八日跡式無御相違拾三貫三百文之所拙者に冨塚内蔵丞を以被下置候。御当代御黒印頂戴仕候。以上
延宝五年二月九日

30 本宮隼人

一 貞山様御代拙者祖父本宮尾張御家中へ被召抱候節は御扶持方百人分被下置候処、
大閤様伏見御普請之節御家中へ御役被仰付候付て、右御扶持方之内何程に御座候哉差上申候て、其節より進退相減申候由承伝候。
且又
義山様御代に拙者親縫殿に御知行拾壱貫文之所、寛永二十一甲申年八月十四日之御日付にて被下置候御黒印所持仕候。
御当代様より親縫殿に右御知行高之通拾壱貫文之所寛文元辛丑年十一月十六日之御日付にて被下置候御黒印所持仕候。
其已後寛文三年四月八日親縫殿隠居被仰付、右御知行高拾壱貫文之所無御相違拙者に被下置之旨原田甲斐を以被仰付、寛文三癸卯年四月十三日之御日付にて御黒印頂戴仕候。拙者生替御座候故、先祖之儀委細に不奉存候得共承伝申候通如斯御座候。以上
延宝四年十二月十八日

侍衆
御知行被下置御帳（五）

七百七拾八貫八百四拾文より
百五拾三貫二百二拾八文まで

1　古内造酒祐

一義山様御代拙者三歳之時、親主膳所生之地に有之由被成御意、国分之内根白石にて御知行三十貫文先津田豊前を以
慶安弐年に拝領仕候。
御同代明暦三年親主膳願上候付て隠居被仰付、知行高之内六百九拾弐貫三百拾三文之所拙者に被分下、都合七百弐
十弐貫三百拾三文之高に被成下山口内記を以拝領仕、明暦四年四月十七日従
義山様御黒印頂戴仕候。
御同代親主膳所々にて野谷地拝領起高之分先高に被成下、起残野谷地段々切添に仕候通、名取郡・柴田郡・栗原郡
にて高三拾五貫三百九拾五文之所、
綱宗様御代惣侍衆へ切添新田被下置候砌、先茂庭周防・冨塚内蔵允を以万治三年二月十日致拝領候内、八貫文山元
宗順に為分取申候。宗順儀由緒有之、親主膳代より相願罷在候付て御奉公に被召出被下度由、先茂庭周防を以願

上候処、同年六月右同人を以願之通に被仰付候。残高弐拾七貫三百九拾五文之所拙者高に被成下、従
当屋形様御黒印寛文元年十一月十六日に頂戴仕候。
御同代三迫之内若柳村野谷地親主膳致拝領、其後開発仕此起目高弐十九貫百三拾弐文之所両御後見へ原田甲斐相窺、
右高之通拙者に被下置候段、寛文十一年三月十五日古内志摩被申渡、惣知行高七百七拾八貫八百四拾文に被成下
同年五月八日御黒印頂戴仕候。拙者先祖之儀古内主膳書上申候通に御座候。以上

延宝七年四月廿三日

2　古内主膳

一　拙者祖父古内主膳先祖は国分一家に御座候。永々浪人仕罷在候処、御扶持方御切米を以、
貞山様へ御奉公に罷出、御馬之御用相達申候。其以後、
義山様へ被相付御奉公申上候処、従
義山様四十貫文御知行拝領仕候。其後従、
貞山様拾貫文御加増被下置、都合五十貫文に罷成候。寛永十三年
義山様御入国被遊候時分、於岩沼弐百貫文御加増被下置都合弐百五拾貫文に罷成候。寛永十九年之御竿相究候時分、
弐割出共に百五拾貫文為御加増被下置、都合四百貫文に罷成候。
義山様御代野谷地段々拝領、此起目新田高千九拾七貫三百廿文本地合千四百九拾七貫三百弐十文に被成下由にて御
黒印頂戴仕候。祖父主膳段々御知行并新田等被下置候年号・御申次書付不申分は不承伝候。祖父主膳男子無之に

付て山口内記嫡子拙者親主膳は孫に御座候付て養子に仕置候。然処同氏造酒祐其後出生仕候。祖父主膳隠居願上、知行高之内八百五貫七文にて親主膳に苗跡被下置、残六百九拾弐貫三百拾三文は右造酒祐に被下置、祖父主膳には別て隠居分為御合力金子三百両百人御扶持方、明暦三年三月被下置候。御取次は不承伝候故書付不申候。

義山様御遠行被遊候砌、祖父主膳儀は致御供死去仕候付て、以後右隠居分御合力は差上申候。

御同代親主膳部屋住之時分、野谷地久荒拝領此起目新田高弐拾三貫六百四拾九文、

綱宗様御代万治二年に右之品申上被下置、都合高八百弐十八貫六百五拾六文御黒印頂截仕候。御取次は不承伝候故書付不申候。

御当代祖父主膳三男同氏平蔵儀拙父主膳養子に仕置候に知行高之内五十貫文、且亦牧野勘左衛門親主膳甥に御座候付て五拾貫文、両人に右之通被分下候様、柴田外記・片倉小十郎・茂庭故周防方迄願上候処、両御後見へ申上願之通被成下、残知行高七百弐十八貫六百五拾六文に罷成候。右年号は不承伝候故書付不申候。

御当代寛文元年に親主膳病死仕候付て、片倉小十郎・奥山大学方より書状を以柴田外記・冨塚内蔵允所迄跡式願申上候処、跡式并三迫居所共に無御相違被仰付之旨、其節兵部殿病中故右京殿被仰渡候由、柴田外記・冨塚内蔵允・古内治太夫・遠山勘解由方より片倉小十郎・奥山大学方へ申来候由にて、寛文二年二月六日に小十郎・大学右両人を以跡式高七百弐拾八貫六百五拾六文拙者に被下置御黒印頂戴仕候。

御当代桃生郡飯野村拙者於知行所五貫五百六十七文切添起目小梁川修理・黒木縫殿遂披露御前相済申之由柴田中務・大条監物方より申渡、延宝弐年二月十日拝領仕候。取合知行高七百三拾四貫弐百弐拾三文之所拙者に被下置候。

以上

延宝五年三月廿七日

3　奥山勘解由

一　拙者先祖目々沢丹後と申者相馬一家に御座候。武勇依有之於相馬鬼目々沢と申之由、然処
稙宗様相馬へ御縁組被遊候刻、右丹後御所望被成可被召出処、何角御延引之内丹後於相馬病死仕候。依之
晴宗様御代古丹後子隼人初て御家へ被召出、後に丹後と改名仕候。目々沢相馬に罷在候内は牧寄之明現丹後取申之
由、丹後御家へ被召出候以後は相馬殿直に明現御取被成之由承及候。天文拾六年同廿弐年従
晴宗様下長井庄三分二附十四ヶ所之御判物并御合力被下置候。御自筆之御判物取持仕候。右丹後子目々沢与一左衛
門・横尾大学両人御座候。与一左衛門儀九歳より、
貞山様御近習に被召使、奥山出羽と改名被仰付、御知行弐百八拾貫文被下置候。元和弐年二月六日出羽病死仕候刻、
同子隼人幼少に付て拙者祖父右大学に即時に跡式御役目共被仰付三百貫文にて被召使候。横尾に附来候御知行被
相加三百貫文に被成下候御事かと奉存候。其以後右隼人成人仕候付祖父大学知行譲申度由、
貞山様へ申上、如願無御相違隼人に三百貫文之所被下置、大学には別て御知行弐百五拾貫文被下置候。
義山様御代惣御検地之時分二割出倍目取合三百五拾貫文に被成下候。祖父大学死去跡式并新田起目拾五貫四百四拾
七文之所共に拙者親大炊に被下置之旨、慶安二年十月二日古内古主膳を以被仰渡候。然処大炊兄半田紀伊、半田
之苗跡被仰付候得共、少進に御座候付紀伊子内蔵助に三拾貫文為分取申度旨、
義山様へ申上、如願被仰付候附、大炊弟遠山勘解由儀小身に御座候付是亦弐拾九貫四百廿五文之所為取申度旨、

綱宗様へ申上如願被仰付候。残三百六貫廿弐文へ野谷地新田開発之地四拾壱貫十弐文之所、領中新田御改之刻、万治弐年茂庭中周防披露を以被下置候由、御蔵方より申渡本地取合三百四拾七貫三拾四文に罷成候。
御当代大炊御加増被下置候儀は、
綱宗様御引籠被遊候刻、仙台御仕置等宜仕
御当代に罷成御奉公仕候品々好雪様委細被聞召、其上従
綱宗様御加増可被下置之旨、御直書迄被下置候。従好雪様被及聞召、
綱宗様へ御直談之上御老中様へ被仰通何カ様為御内意好雪様へ被仰渡御加増被下置本地合六百貫文に被成下之旨、万治四年三月六日冨塚内蔵允を以右之趣被仰渡候。
綱宗様、好雪様より之御書大炊取持仕候。大炊隠居仕候節、右知行高六百貫文之内三百五十貫文拙者に被下、四拾貫文芳賀九郎左衛門に被足下、本地合七十貫文に被成下、三拾貫文横尾三郎兵衛に被下、残百八拾貫文は大炊受用可仕由、延宝二年三月二十三日大条監物を以被仰渡候。追て大炊願上百八拾貫文之内百五拾貫文拙者に被下、五百貫文に被成下之旨、延宝四年七月二日於江戸表柴田中務を以被仰渡候。残三拾貫文は芳賀九郎左衛門に被下百貫文に被成下之旨、同年六月廿日大条監物を以被仰渡候。以上
延宝五年二月四日

4　津田豊前

一　拙者先祖元来奥州之内長井庄大橋之城に致居住之由に御座候。私よりは何代已前之祖に御座候哉、湯目丹波と申

者

大膳大夫政宗様御代属御手、右大橋之城に被差置代々引続高祖父湯目丹波・曽祖父同豊後御奉公申上、祖父豊前儀

も九歳之時部屋住にて、

輝宗様御代より被召使由承伝候。仍天正十八年長井庄御国替に付て伊達古安房殿名乗成実并祖父豊前被仰付、御跡

に相止り、長井御城引渡、御当地へ罷下由に御座候。其砌佐沼落城仕、彼地一揆之旧跡に候間、諸仕置等可申付

旨、

貞山様御意を以、祖父豊前廿七歳之時被仰付、於佐沼知行致拝領遠藤出羽・大立目修理・小国駿河・村岡監物其外

御給主拾三人被預置候。其節被下置候御知行高員数は不承伝候。然処同十九年

貞山様伏見にて被為及御難儀候砌、伏見之内於津田之地、

大閤様へ右豊前御目安状両度迄奉捧之、全御謀慮無御座旨申上、長谷川式部少輔御取次を以被相達上聞候処、

貞山様無御逆意之趣

御諚之旨、徳善院・石田治部少輔・大谷刑部少輔・中東大蔵大輔を以被仰出、翌日被遊

御目見、御首尾無残所被為成御座候。此故に右之趣意を被思召、湯目氏を津田に被仰付、御加増致拝領、御知行高

弐百五拾貫文に被成下候由承伝候。其以後元和元年祖父豊前

義山様へ被相付江戸定詰仕候付て、従

貞山様百人御扶持方被下置候処、其後御加増致拝領三百八拾貫文に被成下、右御扶持方は被召上候。豊前儀寛永十

五年二月十七日に病死仕、跡式無御相違右御知行高之通、従

義山様親豊前に被下置候。然処寛永十八年惣御検地之砌二割出目、其上御加増拝領取合八百貫文に被成下候。右度々御知行御加増被下置候年号・御申次書載不申分は不承伝候。其以後古内先主膳・山口内記を以野谷地三百町親豊前拝領仕、開発之上御竿被相入起高百五拾三貫百八拾三文に罷成候内、四拾七貫弐百六拾七文弟高泉布月、同拾九貫三百拾壱文二弟笠原出雲、同四貫三百拾四文小国七右衛門、同八百六拾九文菱沼半右衛門、同八貫六百壱文久光喜兵衛、同四貫七百九拾八文新妻九兵衛、右四人何も与力之因を以申上候。同拾弐貫四百七拾三文手前に被預置候。御給主之内十一人に被分下度旨豊前方より願申上候処、如願右書立之通承応二年に被下置之由御前相済申候。御申次は不承伝候。彼新田残高五拾五貫五百五拾文之所は豊前に被下置候。然処豊前儀明暦三年五月病気差重り存命難成段、相達

義山様御耳、同月二日古内先主膳を以本地八百貫文嫡子玄蕃に被下、右五拾五貫五百五拾文之新田并野谷地弐百三拾四町被差添次男拙者に被下置候。末々は三百貫文之積に可被成下旨被仰付、豊前儀翌日三日に死去仕候。然ば

綱宗様御代新田御法度に被仰出候付て右之野谷地起揃不申分は被召上、開発之地へ計御竿被相入高五拾壱貫百八拾文に罷成候。親豊前代に江戸仙台定詰仕賄等不自由に御座候間、仙台近所にて御知行替被成下度之由、古内先主膳を以御訴訟申上候得は、黒川郡富谷村にて五拾貫文御知行替被成下、右替地物成諸を以五拾七貫七百七拾壱文登米郡加賀野村にて差上申候付て過之分七貫七百七拾壱文右新田起高之内を以兄玄蕃方へ被返下、且又同弐百拾壱文小国七右衛門、同四貫廿四文久光勘左衛門、同六百七拾文新妻九兵衛に右之通与力之首尾御座候間、被分下度旨玄蕃所より願申上候得は、願之通被成下、残高三拾八貫五百四文は拙者に被下置候由、

綱宗様御代万治三年二月十日冨塚内蔵允・茂庭中周防を以被仰渡、都合九拾四貫五拾四文に被成下候。其以後野谷

地新田被相明候付て、右被召上候野谷地百町八反歩
御当代に願差上致拝領起高五拾三貫三百五拾五文に罷成候処、寛文拾年七月廿九日古内志摩・同造酒祐を以被下置、取合百四拾七貫四百九文に被成下候。兄玄蕃事原田甲斐縁座之儀に候間、御奉公難相勤可有之候条、進退八百貫文被召上、右高之内四百貫文拙者に被下置、津田之苗跡に被成下、残四百貫文并前度拙者に被下置候御知行百四拾七貫四百九文被召上之旨、延宝二年八月十八日小梁川修理・大条監物を以被仰付候附、寛文九年に柴田外記・古内志摩を以野谷地百五拾町歩玄蕃拝領仕候。起高百壱貫三百九拾文之所、高には不被結下候得共、被召上之由佐沼御代官衆を以延宝二年九月被仰渡、右黒川郡富谷村御知行共に都合六百四拾八貫七百九拾九文御上地に罷成、当時拙者拝領之御知行高四百貫文に御座候。以上

延宝七年三月八日

5 古内左門

一 祖父同氏伊賀

義山様御部屋之時分被召出御切米御扶持方四人分被下置御奉公相勤申候。御切米員数覚不申候、其以後御知行拾五貫文江刺之内抓木田《はのきた》村・二子町村にて被下置候。其以後名取之内手倉田村にて拾貫文御加増拝領合弐拾五貫文被下置候。右は承伝覚計にて申上候。寛永十三年霜月三迫武鑓村・国分之内実沢村・北根村にて合百貫百文に被成下

義山様御黒印頂戴仕候。寛永廿年八月為御加増江刺岩谷堂致拝領合弐百五拾貫文に被成下、御給主御足軽被預置候。

其後要山様御家老役被仰付御奉公相勤申候。右之通御加恩被成下候得共何之品を以拝領申候哉不承伝候。承応元年伊賀遺跡弐百五拾貫文之所無相違養父同氏志摩に被下置、
義山様御黒印頂戴仕候。万治弐年八月口内村・野手崎村に知行被替下候。明暦元年桃生郡深谷之内前谷地村にて野谷地百五拾町山口内記を以拝領仕、右之内五拾壱貫五拾九文開発、残野谷地御蔵新田に罷成候、并切添弐十九貫三百三拾九文合八拾貫三百九拾八文御竿入、寛文元年奥山大学方を以拝領仕、都合知行高三百三拾貫三百九拾八文に被成下御黒印頂戴仕候。延宝元年七月十九日養父同氏志摩遺跡三百三拾貫三百九拾八文之所無御相違私に被下置旨、江戸より石田武左衛門為御使者被指下、於柴田中務方宅御意之段被申渡候。御黒印は于今頂戴不仕候。延宝四年三月十二日右知行高之内弐貫文私在所寺護国寺へ寺領に被分下度段願申上候処、願之通に右寺へ被附下之由御意之旨、於御城柴田中務・小梁川修理方被申渡候。右三百三拾貫三百九拾八文之内弐貫文寺領に被分下候付て私知行高三百弐拾八貫三百九拾八文に御座候。以上

延宝五年正月十五日

6　真山内蔵助

一　拙者祖父真山右衛門儀浪人者に御座候処、
貞山様御代遠藤式部・山岡志摩を以被召出、御切米御扶持方被下置、定御供之様成御奉公相務、文禄元年高麗御陣御供被仰付廿人手明と申内へ被相入、御帰陣之刻右御切米・御扶持方は被召上、御知行拾貫文被下置引続御奉公相勤候由、右八右衛門被召出候品御扶持切米之員数年号等も不承伝候。八郎右衛門嫡子同氏刑部儀

義山様於御部屋、御小性に被召仕、慶長十年に御切米四両四人御扶持方被下置父子銘々御奉公仕候処、刑部儀御部屋御奉公之内寛永五年に御知行廿貫文被下置、御膳番役被仰付之由、同年六月十二日之御黒印取持仕候。仍刑部持来候御切米御扶持方実弟真山忠右衛門に相譲申度由申上候処、願之通被成下之旨、古内主膳を以被仰付候由、然ば寛永十三年曽祖父八右衛門隠居被仰付、八右衛門持来候知行拾貫文之家督共に刑部に被仰付、其上御加増三拾貫三百四拾弐文被下置取合高六拾貫三百四拾弐文に被成下、江戸御出入司役被仰付候由、右同年霜月朔日之御黒印所持仕候。其後寛永十八年に三拾貫文御加増被成下、本地取合九拾貫三百四拾弐文に被成下之由、其後本地九拾貫三百四拾弐文之所は取替被仰付候。寛永廿一年惣御検地出目共に五拾九貫八百七拾文之所御加増被成下、右之本地に取合高百五拾貫弐百十弐文之所宮城之内高城村続四ヶ所にて一所に致拝領候。右同年八月十四日之御黒印所持仕候。将又野谷地拝領正保三年三月十一日に新田起目九貫七百拾七文山口内記を以被下置、本地取合百五拾九貫九百廿九文に被成下候由、右同年六月廿三日之御黒印所持仕候。其後慶安五年に起残之野谷地起目拾弐貫九百四拾五文右内記を以被下置、本地取合百七拾弐貫八百七拾四文に被成下候。右同年二月六日之御黒印所持仕候。其後野谷地拝領仕万治元年より同三年迄開発之地百六拾九貫三拾文之内三貫八百六拾三文は万治元年五月三日山口内記を以被下置、残百六拾壱貫三百四文は万治三年六月十日茂庭周防・冨塚内蔵允を以被下置候付て、右新田高百六拾九貫三拾文之内三拾四貫六百九拾六文之所、祖父刑部実弟真山忠衛門に被分下度由奉願候処、万治三年二月十日茂庭周防・冨塚内蔵允を以願之通被仰付候。且又右新田之内三拾七貫文刑部婿守屋四郎左衛門に被分下度由申上候処、万治三年三月廿日冨塚内蔵允を以願之通被仰付、残新田高九拾七貫三百三拾四文之所刑部拝領本地取合弐百七拾貫弐百八文に被成下旨、同年六月十日茂庭周防・冨塚内蔵允を以被仰付候。仍寛文元年十一月十六日之御黒印所持仕候。然ば寛文元年正月祖父刑部隠居被仰付、実嫡子同氏三太夫家督無御相違被下置之旨、奥山大学を以被仰付候付て、同年江戸へ罷登継目之御礼申上、其上改名願申上候処、願之通刑部に改可申由被仰付候。依之右之御黒印は父刑部頂戴仕候。将又刑部知行高之内本地百五拾四貫九百壱文之所、先年於高城村拝領仕候処松嶋近所にも御座候条、為御用地差上替地別所を被下置度旨、祖父隠居故刑部奉願候処、願之通被成下由にて為御替地右高之通加美郡四竃村にて被下置之旨、寛文元年八月奥山大学を以被仰付候。右刑部儀寛文二年四月七日御国脇御番頭奥山大学を以被仰付候。然処寛文十年十二月廿七日に病死仕候付て、実子三次郎四歳に罷成幼少に候得共、右家督被仰付於被下置候は、幼少にて御奉公も不仕儀恐多奉存候間、柴田外記三男拙者儀三次郎姉に取合、三次郎十五歳迄御番代被仰付、御番代年数過候はば知行高弐百七拾貫弐百八文之内弐百貫文は三次郎に被下、残七拾貫弐百八文之所は拙者に被下置度旨、刑部親類并実父外記寛文十一年二月十七日に願上候処、右願之通被仰付之旨、外記拙者於江戸同年三月十五日原田甲斐を以被仰付、刑部親類方へは同年五月五日片倉小十郎・冨塚内蔵允を以被仰付候。依之右之知行高之通同年五月十三日之御黒印拙者頂戴所持仕候。拙者儀寛文十一年十二月より御国御番相勤申候処、延宝三年閏四月九日柴田中務を以脇御番頭役被仰付、同五年十月廿五日江戸御番頭役御直々被仰付候。以上

延宝七年三月廿九日

7　後藤大隅

一　拙者曽祖父後藤四郎兵衛儀

性山様へ御奉公申上候。右四郎兵衛以前之儀は
誰様御代より御奉公申上候哉不承伝候。四郎兵衛儀実子無御座付て、拙者祖父孫兵衛儀湯目雅楽允次男に御座候。
四郎兵衛養子に罷成苗跡相立後藤孫兵衛に罷成候。
御同代四郎兵衛病死仕、跡式米沢之内のそ紀村・堀金村・柳沢村右三ヶ村孫兵衛に被下置候。御知行高は不承伝候。
貞山様御代右後藤孫兵衛ひはら御境目に被差置候。奥州之内会津御手に入候節、会津之内北方たいとく村被下置候
由、御知行高は不承伝候。
御同代惣御国替被遊候節は、肥前と改名被仰付、御知行高弐百五拾貫文被下置由、給主衆拾八人被預下、亘理郡之
内坂元被指置候砌、刈田郡白石御陣之節、相馬より御手切御座候由、右御陣所へ申来候付、右肥前に中島毛之御
持鑓被下置、弥坂本相守可申由被仰付候。
御同代栗原郡之内宮沢村へ所替被仰付、右給主衆被預下、右御知行高被下置候。
御同代桃生郡之内大森へ所替被仰付、右御知行高弐百五拾貫文并野谷地新田所拝領仕、右之給主衆被預下候。然処
慶長拾年進退被召上七年蒙御勘気申候。同拾六年に御免被成下、江刺郡之内三照村五拾貫文御知行被下置被召出、
其上遠田郡之内不動堂村本地高弐拾弐貫六百五拾七文御預被下置候処、肥前儀間も無御座慶長十九年八月八日に
病死仕候。
御同代右肥前跡式実子拙者親後藤孫兵衛慶長十九年に被下置候。其上遠田郡之内不動堂村右肥前御預之本地弐拾弐
貫六百五拾七文并同所野谷地起目合五拾貫文、元和二年被下置候。本地高合百貫文に被成下候。
義山様御代要山様へ被相付、其節は後藤上野と改名被仰付、江戸定詰仕候付、寛永廿年に為御加増百貫文、古内故

主膳を以被下置本地高合弐百貫文被成下候。右上野正保元年四月五日病死仕候節、右御知行高之内拙者に百八十貫文、拙者弟後藤清兵衛に弐拾貫文分ヶ被下置候様仕度由、右主膳を以願申上候得ば、願之通被成下旨、正保元年三月右主膳を以被仰渡候。

御同代拙者先祖譜代之者共扶助仕度奉存候間、遠田郡之内不動堂村にをいて野谷地新田拝領仕度と古内古主膳を以願申上候得ば、願之通被下置右野谷地起目四拾五貫六百拾三文、明暦弐年右主膳を以被下置、本地高合弐百弐拾五貫六百拾三文被成下候。

御同代江刺郡之内三照村古内故主膳畑新田拝領申に付、右之畑所持仕候諸給人何も五割出目被下置候付、拙者御知行畑田に罷成候分五割出目四貫弐百四拾三文古主膳を以万治元年拝領仕、本地高合弐百弐十九貫八百五拾六文に被成下候。

御当代遠田郡之内不動堂村、黒川郡之内小野村野谷地、明暦弐年古内古主膳を以拝領仕新田起目合拾四貫弐百六文奥山大学を以寛文元年十一月十六日被下置、本地高合弐百四拾四貫六拾弐文被成下候。

御同代右御知行高之内小野村新田壱貫三百五拾弐文、拙者甥後藤五郎兵衛被分下置度由申上候処、願之通寛文七年十月十五日に古内志摩を以被分下、残高弐百四拾弐貫七百拾文に被成下候。

御同代遠田郡之内不動堂村野谷地申請、起目弐拾壱貫五拾六文、寛文九年十月十四日古内志摩を以被下置、本地高合弐百六拾三貫七百六拾六文被成下候。

御同代拙者五男孫次郎・桑嶋二兵衛聟苗跡被成下付、右拙者御知行高之内江刺郡三照村にて七貫文右孫次郎に被分下度由願申上候処、願之通被成下旨、寛文拾年二月廿三日柴田外記を以被分下、残高弐百五拾六貫七百六拾六文に被成下御黒印頂戴仕候。
御同代江刺郡之内三照村野谷地、寛文七年に拝領仕、新田起目九貫百弐拾弐文之内弐貫文拙者親類遠藤角左衛門被分下置度由、申上候処、願之通分被下、残七貫百弐拾弐文拙者に被下置旨、寛文十三年六月十八日柴田中務・小梁川修理を以被仰渡、本地高合弐百六拾三貫八百八拾八文に被成下候。以上
延宝五年三月十八日

8 茂庭大隅

一 拙者祖父茂庭正次郎儀茂庭了庵三男に御座候。
貞山様御代御近習に被召出、御知行百貫文被下置御奉公仕候処、病人に罷成御奉公勤兼申付て大分之御知行拝領仕罷在儀無拠奉存、右知行高之内五拾貫文差上申度由申上候処、如願被仰付御知行五十貫文は被召上、残五拾貫文被下置候間、緩々養生可仕旨被仰付之由承及候。然処正次郎男子持不申に付て、拙者親下総儀茂庭佐月次男、正次郎為には甥御座候。正次郎聟苗跡に仕度由
貞山様へ申上候処、下総七歳之時願之通被仰付候。其後正次郎死去仕、右知行高之通家督無御相違下総に被下置候。
下総代に罷成西岩井之内塩沢村に野谷地
貞山様御代拝領仕致開発、新田起目四十貫文被下置、本地合九拾貫文之高に罷成由承及候。其以後寛永十八年佐月知行高之内百貫文下総に被成下度由
義山様へ佐月申上候処、願之通被成下之由津田豊前・古内主膳・古内伊賀を以被仰渡、百九拾貫文之高に罷成候。

其後御検地之砌二割出目被下置弐百廿八貫九百文之高に被成下、其以後下総知行二之迫於文地字村野谷地拝領致開発起目三貫八百九拾九文、万治三年拝領仕、其後下総知行所伊沢郡之内於衣川村新田壱貫五百拾文被下置候。御蔵新田拝領仕候哉切添に御座候哉其段相知不申候。其後同氏佐月西岩井之内五串村に野谷地義山様御代拝領仕、致開発右起目下総知行高に被成下度由佐月申上候処、御前相済、万治三年御竿被相入、起目十四貫弐百九拾九文之所拝領仕、知行高弐百四拾八貫六百八文之高に被成下、御当代寛文元年御黒印頂戴仕候。其以後下総知行所文地村にて野谷地致拝領、新田起目拾四貫百七拾四文被下置、知行高弐百六拾弐貫七百八拾弐文に被成下之由、寛文十弐年九月廿八日古内志摩を以被仰渡候。其以後延宝三年下総隠居之願申上候処、願之通被成下、右知行高之通家督無御相違拙者に被下置之旨、同年九月十八日於江戸大条監物を以被仰渡候。右祖父正次郎儀如何様之品を以御知行被下置候哉、且又正次郎家督被仰付御取次年月等、并段々新田領仕候御申次年月、紙面に相見へ申外、委細之儀不承伝候間、有増如斯御座候。以上

延宝七年八月廿六日

9　総検地御用　冨塚長門

一　御先代誰様御代より拙者先祖被召出御奉公仕候哉、不承伝候。拙者先祖伊達御譜代御座候由承伝候。輝宗様御代曽祖父冨塚近江に御知行高百五十貫文被下置候由承伝候。貞山様御代右近江隠居仕、祖父内蔵頭家督無御相違被仰付、近江には隠居分に御知行三拾貫文被下置由に候。右近江病死仕候節、同人依願内蔵頭二男冨塚弥平次に隠居跡式無御相違被下置候。其砌之年号・御申次不承伝候。

貞山様御代元和七年極月廿八日祖父内蔵頭に三迫之内石越村・若柳村にて野谷地弐百町被下置候処、寛永四年三月八日内蔵頭病死仕、親内蔵允に家督被仰付候節、右新田起目三拾貫文御座候内弐拾貫文は内蔵允に被下置、残拾貫文は被預置之旨、寛永五年三月五日に馬場出雲を以被仰付候。然処

義山様御代に罷成右拝領仕候起目弐拾貫文之所内蔵允弟同氏半兵衛被成下度由古内先主膳を以申上候処、願之通被仰付、残被預置候起目十貫文も被相添右半兵衛に被下置三拾貫文之高に被成下候。年号・御申次不承伝候。

義山様御代寛永拾七年、御分領中惣御検地御用親内蔵丞に被仰付候処、首尾能相勤申由にて、寛永廿一年に御加増百貫文被下置之旨、御直に被仰出、弐百五十貫文之高に被成下候処、内蔵允弟同氏二左衛門無足にて罷在候に付、右高之内弐拾貫文被分下度由、古内先主膳を以申上候処、寛永廿壱年八月十四日に山口内記を以願之通被仰付候。

義山様御代三迫之内石越村にて野谷地六拾五町拝領仕候内、起目四貫百六拾七文之所承応三年三月十二日、山口内記を以親内蔵允に被下置候。残野谷地引続拝領仕此起目弐拾貫三拾六文

綱宗様御代万治三年二月十日茂庭中周防を以拝領仕候。右起目之内十貫文弟同氏二左衛門に被成下度由、申上候処、寛文元年中周防を以願之通被仰付、三拾貫文之高に被成下候。

義山様御代成田木工を以被仰出候は新田をも取立高に可罷成旨、御意にて加美郡往生寺村御鷹場谷原弐百町下中屋敷五拾軒被下置過半普譜仕候処、

義山様御他界に付右普譜相止、起目三貫四百文并下中屋敷廿軒万治三年二月十日茂庭中周防を以拝領仕、残谷原之通差上申候。

御当代に罷成兵部殿・隠岐守殿より親内蔵允に御奉行職被仰付、万治四年奥山大炊を以御加増五拾壱貫四百七拾文

之所被下、都合三百貫文之高に被成下候処、当時御後見之御計にて大分之御知行拝領仕儀に無御座由にて右御両殿へ度々訴訟申上、御加増拝領仕候年より両年分之物成御蔵へ致上納、勿論右御加増之地差上申候。内蔵允儀延宝二年二月病死仕候に付、跡式無御相違御知行高弐百四拾八貫五百三拾文之所、延宝二年七月九日に小梁川修理大条監物を以拙者に被下置候。先祖之品御知行御加増拝領仕候段可申上旨被仰付候条、拙者承置候通如斯御座候。以上

延宝七年十一月九日

10　遠藤山城

一　祖父遠藤山城

輝宗様御代於伊達被召出、御知行百五拾貫文被下置候。山城儀天正拾三年輝宗様御逝去に御殉死仕候に付、従貞山様後嗣文七郎に跡式無御相違被下置高麗御陣へ御供仕、御帰朝已後於京都病死仕、子無之に付、文七郎弟拙者親式部に跡式被下置候。祖父被召出候品勿論右之通段々被成下年号并御申次衆共に不承伝候。式部儀寛永十七年七月十日に病死仕、其節拙者三歳に罷成候に付、依由緒有之新田下総二男当田中主計同年霜月婿番代被仰付候。同年惣御検地之砌二割出共に百八拾貫文之高に被成下、拙者拾五歳承応元年三月朔日古内古主膳を以苗跡無御相違被下置候。

義山様御代明暦三年に一迫之内川口村・花山村知行地続野谷地拝領新田開発高五貫七百九拾弐文之所、

綱宗様御代万治三年二月十日茂庭古周防・冨塚内蔵允を以被下候。又御当代寛文五年に同所野谷地拝領新田開発高八貫五百拾五文之所古内志摩を以、同拾壱年三月十五日に被下、取合百九拾四貫三百七文之高に罷成候。同八年三迫石越村にて野谷地拝領新田開発高三拾五貫七百壱文之所、延宝五年二月十三日に小梁川修理・大条監物を以被下置、都合弐百三拾貫拾八文之高に被成下候。以上

延宝七年三月十五日

11 氏家勘解由

一 拙者実父氏家主水儀中里半九郎と申候て同性備後と申者之子に御座候。常陸住居仕候処、義山様御部屋之砌、元和三年半九郎十四歳にて津田古豊前・古内古主膳を以御小性に被召出、御仕着にて御奉公仕候。其已後寛永弐年に右半九郎御仕着之上御知行拾貫文右豊前を以被下置、同六年為御加増御知行五貫文豊前を以被下置拾五貫文之高に被成下候。同八年半九郎廿六歳にて豊前・主膳を以御小性頭役被仰付候。将又氏家又八郎詮継と申候て将軍尊氏公御時代関東之氏家領地仕罷在候処、貞和二年伊予守源家兼公為奥羽二州探題被差下候付て、大崎之城御住居被成候。同五年右又八郎詮継儀為監司奥州へ被差下候付、岩出山之城住居仕候。右詮継より十一代目氏家弾正儀、貞山様へ被召寄殊家来共迄御料理被下置、御引出物被下置候。御役人并御馳走人御直筆之御書立于今取持仕候。右弾正儀天正年中死去仕、男子無之女子一人御座候を冨田右京妻に被下置之旨、従

貞山様小成田惣右衛門御使者にて被仰付候。右之女子右京妻に被下置候品々并年号等は不承伝候。其以後慶長六年右京病死仕其子に冨田又三郎と申者子共三人持申候。然処又三郎母願申上候は父氏家弾正相果名跡退転仕候間、無拠奉存候条、又三郎共之内にて名跡被立下候様にと貞山様へ申上候処、如願弾正遺跡可被立下由被仰出候。仍従義山様右又三郎惣領之女子を中里半九郎妻に被下置、氏家之名跡に被成下度由被仰上候付、氏家之苗跡に被成下之旨、従貞山様茂庭古周防を以寛永九年に被仰付、則氏家主水に名改被仰付候。其後寛永十二年為御加増御知行拾五貫文被下置三拾貫文に被成下旨、豊後・主膳を以被仰渡候。同拾三年為御加増三拾貫九拾九文之所被下置候段、右両人を以被仰渡、六拾貫九拾九文之高に被成下候。同拾七年御加増四拾貫七拾四文右主膳を以被下置、百貫百七拾三文之高に被成下候。

義山様御代惣御検地之時分二割出目并御加増之地御取合三拾九貫八百弐拾七文之所周防・豊前・主膳を以被下置、取合百四拾貫文に被成下由、同廿一年八月十四日に被仰渡候。其後野谷地拝領開発仕、高八貫三百七拾五文正保弐年極月廿五日に山口内記遂披露周防・豊前を以被下置候。其以後明暦三年二月廿五日為御加増御知行七貫文主膳を以被下置候。且亦知行地付并岩井郡流之内にて野谷地拝領開発仕高弐拾九貫七百五拾七文万治三年二月十日に周防を以被下置、都合百八拾五貫百三拾弐文之高に被成下候。御奉公神妙に仕之由被仰立を以右之通御知行段々拝領仕由に御座候。右主水儀元和三年十四歳にて被召出万治元年迄四拾二年御奉公仕候。内三拾ヶ年御小性頭役目相務、致老衰御奉公可仕様無之付て、嫡子同姓主悦御番代為仕罷在候処、寛文四年主悦廿六歳にて御小性頭役被仰付相勤申候処、於江戸同六年三月病死仕候。右之通主水儀は御奉公相叶不申候付、次男に御座候処拙者十八歳より廿二歳迄五ヶ年御番代仕罷在候。然処、主水儀隠居願申上候処、如願隠居被仰付、家督無御相違拙者に被下置之旨、同九年十二月廿三日古内志摩を以被仰渡候。同十一年九月廿五日に柴田中務を以御国脇御番頭被仰付、相勤申候。拙者代に罷成知行所之内畑返仕八貫七拾七文之所同十二年五月廿五日右中務を以被下置候。且亦知行地付にて野谷地拝領開発仕六貫九百六拾九文之所、延宝元年十月廿九日大条監物を以被下置候。其後知行地付之野谷地又以拝領開発仕百九拾三文所同五年二月十日是亦中務を以被下置、都合弐百貫三百七拾壱文之知行高に御座候。以上

延宝七年十月三日

12　佐々又左衛門

一　拙者祖父佐々宋春儀米沢従御時代貞山様御不断組に被召使被遊御取立、段々御知行被下置、寛永九年迠に百五拾貫弐百八拾七文之所拝領仕候。同十一年宋春願上候に其身知行高之内より百三拾貫文嫡子織部に被分下、其身は残弐十貫文を以隠居分にて親子御奉公相勤申度候。以後は右之知行を次男佐々宇右衛門に被下置度由致言上候得ば、貞山様御意には年罷寄願申趣御尤に被思召候。左候はば弐拾貫文にては御奉公罷成間敷被思食候条、宋春には三拾貫文之御加増被下置候由被仰出、五拾貫弐百八拾七文之所を以、隠居分にて引続御奉公仕、織部儀は百三拾貫文にて同拾弐年より江戸御番致勤仕候。同十三年至

義山様御代右隠居分之通、如願二男宇右衛門に被下置候。其後御領内二割出被仰付候故、織部知行は百五拾六貫文に被成下候。然処正保元年
義山様御諚には御部屋住之内宋春儀
貞山様へ之御申次被仰付候処、無懈怠御奉公仕候条、御加増可被下置と被思食候得共、宋春儀最早隠居仕事候間、織部に被下置之由、古内古主膳を以被仰出弐百貫文に被成下、至
御当代寛文元年四月廿二日伊沢郡宇和野村知行所切添弐貫三百五拾九文之所柴田外記を以被下之候。織部儀同年十月四日に致病死、同弐年正月十八日無御相違家督拙者に被仰付、右弐百弐貫三百五拾九文之所奥山大炊を以被下之候。然処同年春拙者弟半兵衛に右知行高之内弐拾貫文為分取久住弥五右衛門養子に差遣申度由致言上候得ば、同四月廿三日右大炊を以如願被仰付候。其後延宝元年十月廿九日又於宇和野村切添壱貫弐百九拾八文、柴田中務・大条監物を以致拝領、都合百八拾三貫六百五拾七文之所只今拙者に被下置候。以上
延宝五年三月四日

13　奥山与市左衛門

一　拙者高曽祖父目々沢丹後儀相馬之一家に御座候。武勇有之由、然ば
稙宗様相馬へ被遊御縁組候刻、右丹後御所望可被召出処に、何角御延引之内、丹後儀於相馬病死仕由、依之
晴宗様御代右丹後子隼人初て御家へ被召出後に丹後と改名仕候。相馬に罷有候内は牧寄之明現丹後取申之由、丹後御家へ被召出候以後は相馬殿直に明現御取候由承及候。天文年中両度に下長井庄三分二附十四ヶ所之御判物并御

合力被下置、御自筆之御判物同氏勘解由所持仕候。丹後子目々沢隼人儀、九歳より
貞山様へ御近習御奉公仕、廿一歳にて会津御陣之御供仕、彼地御手に入申候時分武功有之、其節関東御手に入候は
ば那須一郡可被下置と之御意之上、改名与市左衛門に被成下由申伝候。其以後苗字共に改名、奥山出羽に被成下、
知行高弐百八拾貫文にて御奉行職被仰付由、其砌
家康公へ御目見仕、信国之御鎗致拝領候由、于今拙者取持仕候。出羽儀元和弐年二月六日病死仕候砌出羽宅へ
貞山様被為成嫡子同氏隼人幼少に候条、知行高御役目共に出羽実弟横尾大学持来候知行高被相加三百貫文被成置、
出羽跡式被仰付候。以後隼人成長之節御知行相渡申度由右大学申上候付、従
貞山様三百貫文之所無御相違隼人に被下置被召使候処、寛永十三年六月廿六日病死仕跡式相続之男子無之付、右隼
人実弟藤三郎儀は佐藤右衛門曽祖父佐藤紀伊聟養子に罷成、隠居分に紀伊拝領之跡式知行高弐拾五貫十四文并名
取郡之内野谷地八ヶ所、
貞山様御代寛永弐年二月廿四日に藤三郎に被下、佐藤隠居之苗跡被立下御奉公仕候処、隼人跡式三百貫文余之内六
分一佐藤に附来候。本高合七拾七貫弐百文之所を以隼人苗跡に被立下由、
義山様御代古内古主膳を以被仰付御黒印頂戴、奥山与一左衛門に改名被成下御国御番頭被仰付候。以後惣御検地弐
割出目拾五貫四百文本高合九拾弐貫六百文に被成下御黒印頂戴仕候。以後野谷地拝領開発代高三拾九貫百六拾壱
文之所
義山様御代古内古主膳を以被下置、本高合百三拾壱貫七百六拾壱文之所正保弐年十月廿八日御黒印頂戴仕候。以後
野谷地拝領開発之代高弐拾九貫七百四文之所右同人を以被下置、本高合百六拾壱貫四百六拾五文之所明暦弐年三

月廿五日御黒印頂戴仕候。

御先代右之通被成下候年号不承伝候。然処亡父与市左衛門嫡子同氏内膳儀同三年七月十八日親与市左衛門存生之内に病死仕、右与市左衛門儀も同年九月九日病死仕候。依之跡式知行高百六拾壱貫四百六拾五文之所無御相違次男拙者に被下置、亡父着座不相替被仰付由、右同年十月忌之内に原田甲斐を以被仰付候。以後野谷地拝領開発之代高弐拾壱貫七百七拾七文之所、

綱宗様御代万治三年に奥山大炊を以被下置候。本高合百八拾三貫弐百四拾弐文に被成下御黒印頂戴仕候。然処兄同氏内膳子奥山長吉儀成長仕候処、依無進退拙者知行高之内三拾貫文右長吉に被分下、随て御奉公被仰付被下度由願上申候処、寛文十年五月廿八日柴田外記を以如願被仰付候。以後野谷地拝領開発之代高拾三貫弐百七拾壱文之所同十弐年正月廿五日柴田中務を以被下置、本高合百六拾六貫五百拾三文之高に被成下御黒印頂戴仕候。以後野谷地拝領開発之代高七貫八百七拾五文之内壱貫六百文之所は大内小兵衛懇志に出入仕候故右小兵衛少進に候間、右之通被分下度由奉願之処如願被成下、残六貫弐百七拾五文之所は拙者知行高に被成下由、延宝三年九月朔日柴田中務を以被仰渡、当時拙者知行高百七拾弐貫七百八拾八文に御座候。先祖之儀は承伝を以粗書上仕候。以上

延宝五年四月七日

14　笠原内記

一　拙者祖父笠原内記儀大崎家中加美郡高根村城に住居仕候。然処天正十八年大崎進退滅亡仕候に付て、内記事其以後弓矢為修行秋田へ罷越秋田之内ひなひ之陣にて高名仕、秋田城介殿より為褒美太刀預城介殿に罷在候内、御国

元白石御陣之砌
貞山様にて鈴木和泉に被仰付候は、大崎家中笠原内記事大崎滅亡之以後、弓矢修行相望出候由被及聞召候。何方に罷在候哉相尋召出候得由、右和泉に被仰付由にて内記儀城介殿在城に罷在候内、和泉方より内記所へ、右御意之段内通被申越候故、白石へ内記罷越候処、御前へ被召出御手に相付御家中に可罷成由依御意、白石御陣にて仕合能高名仕候付て、則於御前御知行五十貫文被下置、其以後御物頭役目被仰付、出雲と改名仕候。出雲男子持不申候に付て、津田古豊前三男拙者親出雲を養子に御前相済候由御座候。祖父出雲元和九年四月七日に病死仕候。跡式五十貫文同年八月十日に以茂庭佐月親出雲に被下置候。親出雲儀は十八歳より
義山様御部屋へ被相付御奉公相勤申候。右古豊前知行之内江刺郡角懸村にて新田弐拾五貫文右出雲に被下置候様にと寛永拾五年に申上候処、如願御前相済古内古主膳を以同年二月被下置候。出雲本地登米郡石森村五拾貫文寛永十八年之御検地にて弐割出拾貫文罷出六十貫文に被成下候。右角掛村廿五貫文之所石森村へ替地被仰付一所にて被下置様にと出雲訴訟申上候に付て、御前相済本地六拾貫文へ弐拾五貫文御取合於石森村八十五貫文に被成下由、寛永廿一年八月十四日に冨塚内蔵允、奥山古大学を以願之通被仰付、同年同日に御黒印頂戴仕候。且亦登米郡石森村知行所付にて野谷地五拾壱町八反歩拝領仕度由正保弐年三月廿三日願申上候処、御前相済山口内記・真山刑部を以同年八月五日に拝領仕候付て段々に新田取立申候故、起目へ御竿被相入儀慶安三年・承応弐年・万治元年右三ヶ年に段々御検地被相通新田起高三拾五貫三百三拾四文、起目之内壱貫五百文松倉与惣右衛門に被分下、其外は出雲拝領仕度旨申上候処、如願御前相済、残三拾三貫八百三拾四文之所、万治元年五月廿七日古内古主膳を以被下置候。其節伯父津田豊前知行付にて野谷地致拝領新田起目之内登米郡加賀野村・同郡石森村・栗原郡佐沼

北方村・右三ヶ所にて起高之内拾九貫三百拾九文弟出雲に被分下候様に仕度旨、伯父豊前申上候処、如願被分下、出雲拝領之新田へ御取合五拾三貫百五拾三文に被成下、本地八拾五貫文都合百三拾八貫百五拾三文に被直下之由、寛文元年十一月十六日に奥山大炊を以被仰付、同年同日に御黒印頂戴仕候。

御当代寛文四年十二月十二日登米郡石森村知行所地付にて野谷地弐十町拝領仕度旨和田半之助・田村図書・内馬場蔵人を以願指上申候処、柴田外記・冨塚内蔵允を以如願之野谷地被下置之由、同五年三月十日に右半之助・図書・蔵人被申渡候。新田起目へ同九年に御竿入起高弐十八貫百八拾文起目に罷成候。出雲儀歳至極仕候付て、寛文八年四月十八日隠居願申上候処、同年七月十三日如願被成下、拙者に継目被仰付被下由、古内志摩・原田甲斐を以被仰渡候。将又丹野古源右衛門次男同氏与平太儀、幼少より親出雲代より与力に相付、引続拙者を相頼罷在候に付、右之品々寛文九年閏十月廿四日願申上右新田起高弐拾八貫百八拾文之内五貫文与平太に被分下、残弐拾三貫百八拾文之所拙者拝領仕度旨願差上申候処、如願被成下之由、原田甲斐を以寛文拾年二月廿三日に被仰付候。本地百三拾八貫百五拾三文へ新田弐拾三貫百八拾文御取合都合百六拾壱貫三百三拾三文に被直下御黒印同年同日頂戴仕候。已上

延宝五年正月廿五日

15　和田半之助

一　拙者養父和田因幡十三・四歳にて於伏見貞山様被召出、御知行百弐、三貫之高に被成下候由承伝申候。

義山様御代惣御検地相済寛永廿一年御家中御知行割被仰付候砌、因幡知行高百六拾三貫九百文に被成下候内、拾三貫三百八文因幡従弟同氏長兵衛に為分取申度旨、正保三年に願上分渡申候。其後牡鹿郡真野村・水沼村にて野谷地拝領仕候起目新田三拾七貫五百廿一文慶安三年に先古内主膳を以願上本知行高之詰合申候節、弐貫文起目手伝仕候由にて吉川六兵衛に為分取、三拾六貫百弐拾壱文隠居分に残置、外百五拾貫文は従弟に御座候得共拙者に相譲苗跡に仕度旨、同年三月右主膳を以

義山様へ申上候処、願之通被仰付同月十六日に拙者拝領仕候。

御当代宮城郡蒲生村にて切添起目三貫弐百弐拾八文何も御家中へ切添被下置候。同前に延宝元年十月廿五日於江戸小梁川修理を以拝領仕候付、拙者知行高百五拾三貫弐百弐拾八文に御座候。右隠居分因幡孫同氏半兵衛に為取申度旨、承応弐年に先之津田豊前を以申上、半兵衛拝領仕候。以上

延宝四年十月廿一日

侍衆
御知行被下置御帳（六）

百五拾壱貫弐拾文より百貫文迠

1　山岸右近

一　拙者先祖従
誰様御代被召出御奉公仕候哉曽祖父以前久敷儀に御座候故不承伝候。曽祖父山岸修理
貞山様御代には御知行五拾貫文被下置、御物頭被仰付之由承及候。実子無之死去仕候処、跡式被相禿儀に無之由
貞山様御意にて守屋伊賀二男飛驒に修理家督右御知行高五拾貫文、石母田古大膳を以被下置、御小性頭役目相務申候由承伝候。其後従
貞山様御加増三拾貫文致拝領、八拾貫文之高に被成下候。拝領之品は不承伝候。尤年号・御取次衆も相知不申候。
其後野谷地敷拝領元和九年極月廿日開発高弐拾貫文被下置、合高百貫文に被成下候。是亦御取次衆不承伝候。寛永元年野谷地致拝領、起目四貫文被下置合高百四貫文に罷成候。御知行高に被詰下候年号并御取次不承伝候。
義山様御代飛驒儀江戸御番頭被仰付相務申候。寛永二十一年惣御検地之砌二割出目弐拾貫八百文之所富塚内蔵丞・

奥山故大学・古内故主膳を以致拝領、合高百弐拾四貫八百文に被成下候。其後野谷地致拝領、慶安元年四月十九日開発高拾壱貫六百拾八文被下置、合高百三拾六貫四百拾八文に罷成候。是亦御取次衆不承伝候。明暦元年義山様御代飛驒隠居被仰付、実子十太夫に家督右御知行高無御相違古内故主膳を以被下置候。其後野谷地致拝領明暦三年八月十四日開発高拾四貫六百弐文山口内記を以被下置、合高百五拾壱貫弐拾文に被成下候。其節御国脇御番頭被仰付相勤申候。右十太夫実子無之に付て拙者儀茂庭故周防三男に御座候処十太夫養子に仕度由綱宗様御代万治弐年古内中主膳を以願申上、御前相済申候。然処十太夫儀同年極月病死仕候故、跡式御知行高無御相違拙者に被下置由、同三年五月古内中主膳を以被仰渡御黒印頂戴仕候。拙者儀其節幼少に御座候処、先祖之品々委細不承伝候条、有増《アラマシ》如斯御座候。以上

延宝七年八月十五日

2 武田伊右衛門

一 拙者祖父武田五郎左衛門儀

貞山様御代被召出御奉公相務申候処、御知行拾五貫文被下置、其後江戸御屋舗御取立之時分御作事御用被仰付、且又常陸御知行御拝領被遊候節より、彼地差引被仰付相務申候。依之為御合力玄米弐拾五石拾人御扶持方被下置、右御役目一両年相務候。以後御合力米知行に被直下、都合弐拾五貫七百六拾五文之高に被成下候。且又胆沢郡之内上野谷原百町拝領仕候。何年に誰を以被召出御知行谷原被下置并右御合力米御知行に被直下候哉、年号、御申次不承伝候。父因幡儀元和年中

義山様へ御小性御奉公相勤、寛永四年祖父五郎左衛門病死、跡式知行并右谷原共に無御相違同年に馬場出雲を以被下置、引続

義山様へ御奉公相務、同十三年に御目付役被仰付、同十七年に出入御役目被仰付相務申候。右谷原段々自分開発、寛永十八年惣御検地之節御竿相入、高八拾弐貫文之所同十九年古内故主膳を以被下置、本地都合百七貫七百六拾五文之高に被成下候。寛永十八年同十九年弐ヶ年飢饉に付右上野新田百姓共以之外困窮仕及渇命申仕合に候得共、介抱可仕様無之付、右新田高八拾弐貫文之所寛永二十年に古内古主膳を以差上申候。然処右新田所百姓共に借置申候金子弐百両御蔵より被下置、本地弐拾五貫七百六拾五文高に罷成、御奉公相勤申候。右因幡儀数年御奉公仕且又出入御役目相勤申候処、小進に有之候間、御加増之地三拾四貫弐百三拾五文之所被下置、都合六拾貫文之高に被成下之由、寛永廿一年古内故主膳を以被仰付同年に御黒印頂戴仕候。同年桃生郡深谷和渕村・登米郡赤生津村にて野谷地百町拝領仕候内、右赤生津村にて開発之地拾四貫八百九拾壱文之所、慶安元年山口内記を以被下置、都合七拾四貫八百九拾壱文之高に被成下、同年之御黒印頂戴仕候。右両村起残野谷地開発高六拾壱貫五百壱文之所、明暦弐年古内故主膳を以被下置、都合百三拾六貫三百九拾弐文之高に被成下、同年之御黒印頂戴仕候。御当代寛文元年に

御先代之御黒印被相改候節、右知行高百三拾六貫四百五拾八文之御黒印頂戴仕候。明暦弐年之御黒印より高六拾六文過に罷出候。其品は明暦弐年桃生郡深谷和渕村・登米郡赤生津村右両所にて新田開発高都合六拾壱貫五百六拾七文に御座候を手前より六拾壱貫五百壱文と不足に書出仕候へ古内故主膳末書に付、御割屋にて右書付を守百三拾六貫三百九拾弐文と御黒印罷出候。其以後右高六拾六文不足之所御割屋にて見出、寛文元年之御黒印には百三

拾六貫四百五拾八文と罷出候。寛文弐年父因幡隠居被仰付、右知行高百三拾六貫四百五拾八文之所無御相違拙者に被下置候由、同年九月柴田外記を以被仰付、同年之御黒印頂戴仕候。右知行高之内御普請倒目弐百四拾四文有之付、寛文四年於桃生郡深谷鹿股村に右之御代地被下置、同年に御黒印被直下候。右知行高之内拾三貫文拙者弟同氏利兵衛に被分下猪狩十三郎後嗣に被成下度旨申上候処、奉願候通十三郎苗跡に被仰付、并知行所被分下候由、延宝六年八月黒木上野を以被仰付、当時拙者知行高百弐拾三貫四百五拾八文に御座候。以上

延宝七年七月廿六日

3 笹町新左衛門

一 拙者祖父笹町隼人儀葛西牢人に御座候処、貞山様御代被召出御知行弐貫文被下置、右御知行嫡男同名但馬引続拝領、元和元年御加増之地弐拾五貫文隼人に被下置候。弐貫文之地は寛永三年之比弟笹町七郎衛門に被分下度旨申上、但馬如願被成下、其以後度々御加増拝領知行高七拾三貫弐百五拾文に被成下候由、右御加増何年之比幾度拝領仕候哉不承伝候故、分明に相知不申候。義山様御代寛永二十年惣御検地之節二割出拾四貫六百五拾文被下置、且又正保弐年野谷地被下置開発、起目新田弐貫百弐拾壱文慶安元年拝領、同年野谷地被下置開発起目新田壱貫弐百拾四文同五年拝領、同年野谷地拝領開発、起目新田拾弐貫九百九拾六文明暦二年被下置、内五貫文之高牡鹿郡牧山長全寺へ寄進附与申度段申上候処、如願之

義山様より被仰付、明暦元年野谷地被下置開発起目新田三貫六百弐文万治元年拝領、明暦四年野谷地被下置開発起

目新田五貫弐百六拾壱文寛文元年拝領、都合知行高百八貫九拾四文に被成下、右之外新田拾五貫九百文之所弟同名七郎右衛門に被分下度旨但馬申上候処、如願被成下候。但馬代に御加増新田拝領節之御取次衆不承伝候。并同名七郎右衛門に知行被分下候御取次衆不承伝候。拙者儀大条不求次男に御座候処、右但馬男子無之付慶安弐年に聟養子仕度旨申上、如願従

義山様被仰付、至

御当代寛文弐年但馬儀隠居被仰付、右知行高無御相違拙者に被下置之旨、柴田外記を以被仰渡、延宝元年知行所切添六貫弐百七拾四文小梁川修理・黒木与市を以被下置、同三年同切添壱貫六百八拾六文、寛文九年野谷地被下置開発起目新田七貫弐百五拾五文延宝三年小梁川修理・古内造酒祐を以拝領、寛文十一年野谷地被下置開発起目新田七貫弐百六拾壱文、延宝五年柴田中務被申渡拝領仕、当時拙者進退百三拾貫五百七拾文に御座候。以上

延宝五年四月十三日

4　松本内蔵助

一　拙者養父松本出雲

貞山様御代御近習に被召出御知行百貫文被下置御小性頭役被仰付、

義山様御代惣御検地相済寛永廿一年御家中御知行割被仰付候砌、知行高百弐拾三貫三百三拾五文に被成下、江戸御番頭被仰付候。右出雲儀実子無之付、従弟に御座候拙者を家督に仕度由、慶安三年九月於江戸

義山様へ先古内主膳を以申上候処、願之通被仰付候。出雲儀明暦四年正月廿一日病死仕跡式無御相違同年三月廿六

日右主膳を以拙者に被下置候。

御当代に野谷地拝領仕起目六貫百六拾七文延宝三年九月朔日柴田中務を以被下置、本地取合知行高百弐拾九貫五百弐文に被成下候。以上

延宝五年三月十三日

5 川嶋十郎

一 拙者曽祖父川嶋豊前儀、摺上御陣以後

貞山様御代被為招、仙道より御当家へ罷越、為御扶持方分弐拾貫六拾弐文之所被下置、年号相知不申候。高麗御帰陣以後、首尾能相務候由にて御加増四拾貫文被下置、都合六拾貫六拾弐文御黒印慶長九年頂戴仕候。御申次不相知候。右豊前江戸御城御堀御普請奉行被仰付候節、首尾能相務候由にて三拾貫文御加増、都合九拾貫六拾弐文之高に罷成候。年号相知不申候。右豊前儀病気差重候節、存生之内遺物抔鈴木和泉を以指上実子祖父豊前家督被仰付被下度段奉願候に付、願之通被成下、其上御腰物一腰拝領、右御知行高九拾貫六拾弐文之所、無御相違慶長十六年祖父豊前右和泉を以被下置候。祖父川嶋豊前儀寛永十八年御検地二割出、

義山様御代拝領高百八貫文に罷成候。右御黒印寛永廿一年頂戴仕候。右豊前野谷地拝領、自分開発新田高九貫三百弐拾四文正保二年拝領仕、都合知行高百拾七貫三百弐拾四文に被成下候。御申次相知不申候。右豊前慶安元年二月九日病死仕に付て、右知行高百拾七貫三百弐拾四文之内拾七貫三百弐拾四文は亡父弟大松沢甚右衛門に被分下度由

義山様御代古内主膳を以、親豊前奉願候処、願之通被仰付百貫文之所右豊前に被下置、御黒印慶安元年頂戴仕候。亡父豊前野谷地拝領開発高六貫百八拾九文之所、御当代寛文元年四月廿一日柴田外記を以拝領仕御黒印頂戴仕候。右豊前野谷地拝領自分開発起過共に新田高拾五貫弐百四拾弐文之所被下置由、寛永十二年正月廿五日柴田中務を以被仰渡、高百弐拾壱貫四百三拾壱文被成下候。右豊前延宝三年極月九日病死仕に付、右知行高百弐拾壱貫四百三拾壱文之所、無御相違拙者に被下置由、延宝四年三月四日小梁川修理を以被仰渡候。以上

延宝七年五月廿五日

6　高野靭負

一　私先祖より御家御譜代に御座候。

晴宗様御代拙者曽祖父高野壱岐米沢にては、吉田村・須野嶋村と申所を被下置、吉田村に居住仕候。其刻信夫之庄之内をも拝領仕候。

輝宗様御代祖父高野壱岐伊達にては、宮代と申所被下置候。其御時代は御知行貫高等は御黒印にも無御座候付、何貫文之御知行被下置候と申儀は承知不仕候。

貞山様御代御国替之時分、祖父壱岐事、伊具之内丸森村にて御知行百貫文拝領仕候。同郡之内幸谷村・大蔵村・川張村右三ヶ村は御預に被仰付由御座候。且又高麗御陣之節も御供仕候。并伏見に被成御座候時分は、妻子共に被召登、伏見に三ヶ年定詰仕候由に御座候。勿論片倉古備中と同役にて御軍役等をも相勤申様に承伝候。

貞山様従岩出山仙台へ被為移候時分は、仙台中御地割等之儀被仰付、相勤申候様に承伝候。其外色々御役目被仰付、被召仕由に候得共、段々生替幼少にて家督相続仕、其上先年火事に逢申候砌、御先代之御黒印并古き書物等焼失仕候故、委細之儀は承伝不申候。慶長四年に壱岐病死仕候付て、拙者親与惣左衛門十一歳に罷成候時分、冨塚内蔵丞を以則家督被下置候。同七年に御知行替被仰付、刈田之内平沢村にて右御知行高之通被下置候。其已後寛永年中惣御検地之上弐割出御加増、並て被下候付、右与三左衛門も二割出弐拾貫文都合百弐拾貫文之高に被成下、御国御番頭被仰付相勤申候処、慶安弐年四月致病死候故、同年十月廿五日先古内主膳を以家督拙者に被下置候。於只今に知行高百弐拾貫文に御座候。

御先代誰様御代に私先祖誰を被召出候哉、尤代々引続家督被下候御申次等も不承伝候間、委細書上不申候。以上

延宝五年二月廿五日

7 早川勘解由

一 曽祖父早川上総儀

輝宗様御代被召出御知行被下置候由承伝候。右上総病死仕候付嫡子祖父同氏左馬助に家督無御相違貞山様御代被下置御奉公仕候由承伝候。其節之御黒印は

義山様御代に被召上候由申伝候故寛永十五年前之知行高相知不申候。新田等拝領仕寛永十五年に知行高六拾四貫三百拾弐文之由に御座候。右新田等野谷地にて拝領自分開発仕高に罷成候哉、又御蔵起目新田にて拝領仕候哉、本地并新田高何程に御座候哉相知不申候。勿論先祖如何様之品を以被召出御知行被下置候哉、年号・御申次相知不

申候。祖父右馬助儀寛永十五年病死仕候付、右嫡子父同氏淡路義山様御代家督無御相違御知行高六拾四貫三百拾弐文被下置候。段々家督被仰付候年号・御申次不承伝候。寛永二十一年二割出目拝領仕、知行高七拾七貫弐百文之地高に被成下候。正保三年に桃生郡福田村にて野谷地拝領自分開発、起目七貫五百三拾七文田中勘左衛門を以被下置、本地取合八拾四貫七百三拾七文之高に被成下、正保三年之御黒印頂戴仕候。右淡路男子持不申候付、茂庭中周防三男権作聟名跡に仕度由淡路願申上候処願之通被成下候節、周防新田高之内三拾五貫弐百六拾三文淡路に被分下度由周防願申上候付て如願仰付之旨、寛文二年十一月十六日に柴田外記・大条監物・冨塚内蔵丞を以被仰渡、合百弐拾貫文之高に御黒印頂戴仕、権作儀寛文八年致病死候付、拙者儀茂庭下総三男に御座候を聟名跡に仕度由淡路申上候処、如願之御前相済、同八年霜月淡路致病死候付、拙者に家督知行高百弐拾貫文無御相違被下置之由、同九年二月十五日に柴田外記を以被仰渡、右高之通御黒印頂戴仕候。淡路子共に被仰付無間も淡路病死、其上幼少に御座候故、先祖之儀不承伝候故、大図承及候通如此御座候。以上

延宝七年八月廿五日

8　山崎平太左衛門

一　私養父山崎平左衛門生国近江久徳六左衛門次男、先祖仕佐々木家に、江州没落之刻属織田信長公勤仕候処、為中国騒動押明知日向守に近江士池田伊予守・阿閉《べ》淡路守父子・後藤喜三郎・多賀新左衛門・久徳六左衛門・小川土佐守副付被附遣処、日向守企叛逆、

信長公依御生害浪人に罷成、平左衛門は苗字を山崎と改之仕
秀頼公、大坂落城之後御当地へ罷越、
貞山様へ元和二年山岡志摩を以被召出、御知行三拾五貫文拝領勤仕之処に、実子無之に付実弟吉田伊予二男私を養
育後嗣に仕度由、
貞山様へ中嶋監物を以奉願、其以後寛永十一年四月七日平左衛門病死仕候。同年五月跡無御相違私に被下置旨、右
監物を以被仰出候。且亦
義山様御代惣御検地之節二割出共に四拾弐貫四百文之高に被成下御黒印奉頂戴候。
義山様御代寛永廿一年に私知行野谷地申請新田に闢之、起目拾六貫四拾文正保弐年十月廿八日山口内記を以致拝領
候。其後起残野谷地起之拾弐貫百拾四文慶安五年四月六日右同人を以被下置候。慶安五年知行野谷地申請闢之、
起目六貫四百九拾七文承応三年三月六日に右同人を以拝領仕候。明暦弐年野谷地申請、起目拾弐貫六拾八文到
御当代寛文元年十一月六日奥山大学を以拝領仕候。寛文四年知行野谷地申受開発起目九貫弐百四文、同九年四月五
日柴田外記・古内志摩を以拝領、知行高九拾八貫三百弐拾三文に被成下御黒印奉頂戴候。寛文九年知行野谷地申
請闢之、起目拾貫弐百九拾文之地延宝三年九月朔日柴田中務を以被下置旨被仰渡候。都合百八貫六百拾三文之高
に被成下候。于今御黒印は不奉頂戴候。以上
延宝七年七月十九日

9　渋川助太夫

一　拙者祖父同氏丹後儀

貞山様御時代被召出、為御扶持方分黒川郡大谷山崎村にて御知行拾七貫文被下置由承伝候。且又親同氏久右衛門儀右祖父丹後病死跡式無御相違被下置、以後為御加増弐拾三貫文拝領仕、合四拾貫文之所寛永年中惣御検地之時分二割出之地八貫文被下置、高合四拾八貫文に御座候処、大谷山崎村地付野谷地右久兵衛拝領仕、起目三貫文被下置、都合五拾壱貫文之高に被成下候。親久右衛門儀寛永十九年七月病死仕、同年跡式無御相違

義山様御代拙者に被下置候。右五拾壱貫文之御黒印寛永廿一年に拙者頂戴所持仕候。然処慶安三年拙者縁組

御前より古内故主膳を以被仰付候時分、御奉公神妙相勤其上祝言も可仕候間、為御加増御知行十四貫文被下置、本地取合六拾五貫文之高に被成下旨右故主膳を以被仰付候。御黒印右同年頂戴所持仕候。且又明暦元年に桃生郡之内深谷小松村にて野谷地拝領仕候時分、為苗代目御加増、右同所にて四貫百弐拾五文之所山口内記・真山刑部を以被下置候。合六拾九貫百弐拾五文之御黒印同弐年に頂戴所持仕候。右野谷地之起目拾貫七百九文万治弐年に被下置、取合七拾九貫八百三拾四文之高に被成下候。御黒印寛文元年に頂戴仕候。然処拙者二男白川半太夫儀、同氏半兵衛所へ壻苗跡に内々申合、且亦拙者知行之内五貫文之所右半太夫に分譲申由願申上候処、願之通寛文八年に被仰付五貫文遣之御黒印頂戴所持仕候。且又延宝三年正月廿七日柴田中務・小梁川修理を以被仰付候は数年御奉公相勤神妙被思召候。依之御加増被下置本地取合百貫文之高に被成下旨被仰付、御加増御知行弐拾五貫百六拾六文拝領仕候。且亦先年大谷山崎村知行地付野谷地拝領仕、起目八貫三百七拾五文之所被下置由、右同年八月朔日右中務を以被仰付候。右両度之御加増御黒印は于今頂戴不仕候。惣合百八貫三百七拾五文之高に被成下候。右に後久右衛門に御知行被下置候品、且又家督相続之年号等、私幼少之時分久右衛門病死仕候故然と承覚不申候。

拙者代拝領仕候御加増等之儀も右書立申候外は御申次覚不申候。以上
延宝七年九月七日

10 守屋四郎左衛門

一 拙者祖父守屋伊賀儀先祖より御知行五拾貫三百三拾六文被下置御奉公仕候由申伝候。元来御譜代筋目に御座候哉否、
御先祖様誰様御代に先祖誰如何様之品にて被召出御知行被下置候哉、其品相知不申候。右伊賀儀病死跡式無御相違拙者父守屋玄蕃に被下置候旨、
貞山様御代津田故豊前を以被仰付候。其節之年月は久敷儀に御座候故相知不申候。然処寛永廿一年惣御検地之時分二割出目拾貫六拾四文被下置、都て六拾貫四百文之高に被成下、慶安元年四月十八日右玄蕃隠居被仰付、家督知行高之通無御相違拙者に被下置之旨、
義山様御代山口内記を以被仰付候。其後、
綱宗様御代私舅故真山刑部知行高之内新田起目三拾七貫文拙者分ヶ被下度由、刑部依願拙者に被下置之旨、万治三年三月十日冨塚内蔵丞を以被仰付候。是又拙者新田野谷地拝領起目高三貫七百九拾壱文之所知行高に被成下之旨、御当代寛文元年四月廿二日柴田外記を以被仰付、其以後野原にて新田百姓屋敷十三軒分拝領開発仕御竿入、高弐百拾壱文知行高に被増下之旨、寛文八年八月廿九日原田甲斐を以被仰付、取合百壱貫四百弐文之高に罷成候。尤御黒印奉頂戴候。然処拙者知行所之内切添起目延宝元年三月御竿入、高壱貫九百七拾六文之所被下置之旨、同年十

月廿九日大条監物を以被仰付、且将拙者持来候除屋敷へ御竿入、高三百四拾文之所私知行高に被成下之旨、延宝三年十一月廿三日柴田中務を以被仰付、其後拙者知行所之内畑返出目四貫九百拾三文之所知行高に被成下之旨、延宝六年四月廿七日黒木上野を以被仰付、都合百八貫六百三拾壱文之高に被成下候。右之御黒印は于今頂戴不仕候。以上

延宝七年三月十日

11　戸田喜太夫

一義山様御代亡父同氏喜太夫寛永八年極月被召出、御仕着を以御奉公相勤申、同十三年霜月御知行四拾貫文古内故主膳を以拝領仕候。同十六年霜月十四日御加増之地弐拾三貫三拾三文右同人を以被下置候。正保弐年五月廿日三拾九貫六拾七文為御加増同人を以被下置、都合知行高百貫文被成下候。其後野谷地申請開発仕、此起目弐拾八貫三百四拾文并本地上納壱貫六百四拾壱文被差添合弐拾九貫九百八拾六文之所為御加増承応弐年八月山口内記・真山刑部を以被下置候。右取合百弐拾九貫九百八拾六文に被成下候。同四年四月廿九日義山様へ親喜太夫末期之節山口内記・真山刑部・成田木工・氏家主水を以申上候は、本地百貫文は嫡子拙者に被下置、新田弐拾八貫三百四拾五文、本地壱貫六百四拾壱文差添、高弐拾九貫九百八拾六文、三拾貫文には拾四文不足に候得其三拾貫文之高に結、次男市左衛門に被分下、先祖親類に車丹波と申候者之苗字為名乗申度旨申上、翌日晦日に病死仕候。同年六月廿二日に右故主膳を以親喜太夫残命之内願申上候通、百貫文は拙者三拾貫文は市左衛門に被下置之旨被仰付候。寛文元年霜月十六日切添壱貫百拾文之所

御当代於御城遠藤文七郎を以被下置候。同十一年十月廿九日に切添壱貫六百五拾六文大条監物・柴田中務を以被下置、拙者知行高都合百弐貫七百六拾六文に御座候。以上

延宝五年四月廿日

12　長沼作左衛門

一貞山様御代拙者曽祖父長沼丹後儀会津譜代に御座候。年号不承及候被召出、御知行七拾三貫弐百弐拾九文被下置、寛永六年十二月十七日に病死仕、跡式無御相違祖父同氏作左衛門に茂庭故周防を以被下置候。家督被仰付候年号承伝不申候。

義山様御代惣御検地之時分二割出候地被下置、八拾七貫九百文に被成下、御黒印頂戴仕候。正保四年八月十四日右作左衛門死去仕、跡式拙者親同氏作左衛門に無御相違正保四年十月十四日右周防を以被下置、

義山様御代明暦三年蒙御勘気進退被召上、

綱宗様御代万治弐年八月二日に被召出、本御知行高八拾七貫九百文茂庭中周防を被下置御黒印頂戴仕候。

御当代磐井郡流金森にて野谷地申請、新田起目御竿入拾三貫弐百四拾六文為御加増寛文十二年正月廿五日柴田中務を以被下置、百壱貫百四拾六文に被成下、御黒印頂戴仕候。延宝三年四月十二日に病死仕、跡式無御相違拙者に被下置旨、延宝三年七月四日に柴田中務を以被仰付、知行切添之地三百拾七文延宝三年九月朔日右中務を以被下置、御知行高都合百壱貫四百六拾三文に被成下候。御黒印于今頂戴不仕候。以上

延宝五年二月十七日

13 只野図書

一　拙者亡父同名伊賀儀南部牢人に御座候処、貞山様御代御小性組に被召出之御仕着被下置被召仕、元和五年三月十四日に御知行百貫文被下置、右御仕着は被召上候。其以後右百貫文之内拾貫文一迫長左衛門に被分下置、九拾貫文御高に罷成候処、義山様御代寛永二十一年之御検地に二割出被下置、百八貫三百文之高に被成下御黒印頂戴、明暦三年正月十八日右伊賀病死仕跡式無相違同年に古内故主膳を以拙者に被下置、同四年四月十七日右知行所之内江刺高寺村にて古内故主膳畑返拝領仕候節、為御加増同所にて高三貫弐拾壱文右主膳を以被下置、都合百拾壱貫三百弐拾壱文之高に被成下御黒印頂戴仕候。

御当代寛文九年に右知行高之内拾貫文二弟同苗武左衛門に被分下置度旨申上候処、同年四月五日に願之通被仰付、当時拙者知行高百壱貫三百弐拾壱文に御座候。以上

延宝五年二月廿五日

14 白津勘之助

一　拙者先祖十代前白石三河と申候由、男子無之に付て、国分能登弟壻苗跡に相立三河に罷成候。其子縫殿助男子依無之右縫殿助弟名跡に相立三河に罷成候。其子左衛門と申候由右三河以前之儀は不承伝候。従誰様御代先祖御奉公申上御知行何程被下置候哉委細不承伝候。国分之内根白石村知行に被下置被召仕之由、然処貞山様御代駒ヶ嶺佐沼両所御陣にて右三河其子左衛門二代討死仕候由、左衛門子次郎左衛門拙者高祖父に御座候三

歳に罷成候に、右左衛門跡式被下置御奉公申上候処、次郎左衛門病死仕二歳に罷成女子一人有之に付、従
貞山様御知行拾貫文右娘に被下置、右女子十二歳之時、従
貞山様・義山様へ御意被成候は白石先祖戦場にて御奉公之上相果申候者之儀に候間、次郎左衛門女子に御近習にて被召仕候者之内を御取合、白石之名跡断絶不仕候様にと被仰遣候に付て、
義山様御部屋住之時分御近習に被召仕候熊谷十三郎と申者右娘に御取合、両進退御取合知行高拾五貫文と十五人御扶持方馬之喰壱疋分被下置、熊谷十三郎名を改白石右兵衛に被仰付御奉公申上候処病死仕、実子白石七郎兵衛六歳に罷成候に家督被下置、其後
義山様為御意白石之苗跡御取立被成度被思召候得共、代々若死仕候条名字改、津田故豊前長命之者に候間津田之津之字白石之白之字取合白津に可罷成旨被仰付、右七郎兵衛九歳之節白津に改名仕候由、
義山様御代惣御検地之上二割出目共に拾八貫文に被成下候節、真山刑部を以為御加増弐拾弐貫文被下置、本地高合四拾貫文に被成下候。其節御扶持方馬之喰は被召上候。且又白石先祖譜代之者根白石村御蔵御百姓に罷成数多有之由、
義山様相達御耳に、鴇田駿河・和田因幡・真山刑部・武田五郎左衛門書付を以御蔵御百姓御牒面被相除譜代之者共之内数多被下置、其上宮城郡国分之内於野村に、正保弐年野谷地七町分申請、并祖父白津七郎兵衛伯父古内故主膳栗原郡一迫之内畑岡村・梅崎村にて野谷地拝領仕候内、白津七郎兵衛本地知行高拾八貫文所持仕候。地続に野谷地有之候間、先年被下置候白石譜代之者為取移起立申候分、白津七郎兵衛知行高に被成下度旨、
義山様へ古内故主膳申上、右野村・畑岡村・梅崎村三ヶ所へ譜代之者共取移、段々起立申知行高に被成下候。

御同代畑岡村新田起目四貫五百四拾七文被下置、本地高合四拾四貫五百四拾七文に正保三年に被成下候。

御同代右新田畑岡村・梅崎村・野村三ヶ所之起目合拾四貫四百三拾八文被下置、本地高合五拾八貫九百八拾五文に明暦弐年に被成下候。

御同代右新田畑岡村・梅崎村弐ヶ所之起目合弐拾壱貫百拾五文被下置、本地高合八拾貫百文に明暦四年に被成下候。

御当代右新田畑岡村・梅崎村弐ヶ所之起目合弐拾壱貫百五拾弐文被下置、本地高合百壱貫弐百五拾弐文奥山大炊を以寛文元年に被下置候。

綱宗様御代祖父白津七郎兵衛男子持不申候付て、山口八左衛門次男拙者父七郎左衛門聟苗跡に仕度段、万治弐年に申上候処、願之通被成下旨、奥山大炊を以被仰付候。

御当代寛文元年に祖父白津七郎兵衛隠居願申上候処、願之通被仰付、跡式無御相違白津七郎右衛門に被下置旨、右同年奥山大炊を以被下置候。然処寛文六年極月四日に父七郎衛門病死仕候付、拙者に跡式被下置度旨願申上候処、願之通無御相違被下置候由、同七年二月十七日原田甲斐・古内志摩を以被下置候。尤御黒印頂戴仕候。拙者儀幼少にて父相果申候。祖父白津七郎兵衛于今存命にて罷在候得共、病人に罷成其上老衰仕十方無御座候故、右被下置地御申次衆不奉存候。承伝之通有増に申上候。以上

延宝五年三月朔日

15　武藤角太夫

一義山様御代正保三年八月十日拙者儀成田木工を以被召出、御切米弐十両御扶持方弐拾人分被下置、御近習之御奉公

仕候処、同四年八月廿五日古内主膳を以御知行六拾貫文拝領仕、御切米は被召上御扶持方は其通に被下置候。然処に慶安三年二月十四日為御加増御知行四拾貫文津田豊前を以被下置、右御扶持方は被召上候。都合百貫文之高に被成下候。且又知行地付新田六百八拾六文之所寛文元年十一月十六日柴田外記を以拝領仕、都合百貫六百八拾六文之御黒印頂戴以候。以上

延宝五年正月十一日

16 木村久馬

一 拙者先祖

御代々御奉公仕候由承伝候得共、誰様御代先祖誰を被召出御知行等何程拝領仕候哉、先祖之内下郡山因幡・同丹後と申者米沢御時代御奉公仕候由承伝候得共、其以後断絶仕相知不申候。祖父下郡山内蔵助儀、貞山様御時代於米沢に御奉公仕候由、如何様之品に御座候哉進退被召放之由、其節之御知行高も相知不申候。拙父内蔵助幼少之時分祖父病死仕候故委細不承伝候由、親内蔵助儀岩出山御時代御当地へ罷越、従先祖御奉公仕候品々申上候付被召出、慶長元年之比御知行高五貫文被下置御奉公仕候由、元和九年之比御加増拾三貫文被下置、合拾八貫文に被成下候品御取次も不承伝候。其後野谷地申請新田起目三貫文寛永十八年比中嶋監物を以拝領、義山様御代惣御検地出目共弐拾五貫文に被成下候。其以後色々御役目等御奉公致勤仕候付、鵜田駿河・和田因幡を以御加増五貫文合三拾貫文に被成下候。寛永二十一年八月

義山様御黒印奉頂戴候。拙父内蔵助儀本苗下郡山に御座候処、
貞山様為御意改名木村に被仰付候。拙者儀寛永八年より
義山様へ御小姓組に被召出、御切米三両四人御扶持方山口内記を以被下置、同十一年御加増共に御切米金壱枚十人御扶持方右内記を以被下置、同十三年霜月右之御切米・御扶持方被召上、御知行三拾貫文古内故主膳を以拝領仕、寛永廿一年惣御検地出目共に三拾六貫百文被下置候。正保三年正月親内蔵助病死、跡式御知行高三拾貫文拙者御知行高共に合六拾六貫百文山口内記を以同年六月被下置候。慶安三年二月御加増拾四貫文右内記を以被下置候。拙者儀於御近習に御奉公仕候付、右之通度々御加増拝領仕候。其以後野谷地拝領開発之地三貫百弐拾壱文、万治三年二月冨塚内蔵丞・茂庭周防を以被下置、合八拾三貫弐百弐拾壱文に被成下由、寛文元年九月御黒印奉戴候。拙者儀江戸御国共に出入司役目相勤申候内、万治三年寛文元年之間同役不被相付候内、冨塚内蔵丞・奥山大学へ差添、
御代移之時分御用無間断相勤申候に付、御加増拾六貫七百七拾九文被下置、合百貫文に被成下由、同弐年六月奥山大学を以被仰渡候。然処同四年四月観音堂御建立之儀に付不調法有之候に付、右御加増之地拾六貫七百七拾九文被召上、本地八拾三貫弐百弐拾壱文に被成下候。寛文十年に切添起目之地五百六拾五文何も被下置並に、延宝元年十月柴田中務・大条監物を以拝領、合八拾三貫七百八拾六文に被成下候。右之御黒印段々頂戴仕候。延宝四年江戸御作事御用被仰付罷登候節、於江戸に同年十二月御前へ被召出旧失無之段被聞召届候条、右之御用も無恙致勤仕候付被召上候御加増之地被返下之旨御直に被成御意、右之地拾六貫七百七拾九文之所、大条監物御下書にも失儀無之上、御作事御用首尾能相勤申候由委細被仰渡、都合百貫五百六拾五文に被成下候。以上

延宝七年四月九日

17　遠山次郎兵衛

一　拙者祖父遠山因幡代より持来候御知行高弐拾四貫弐百文に御座候。因幡儀貞山様御代覚仕御用に相立候に付て御知行被下置、御物頭被仰付、因幡一生相勤申由申伝候。因幡子共持不申に付親類に御座候故拙者親勘解由致養子、寛永八年に因幡死去仕候処、同年に跡式無御相違右勘解由に被下置相続仕候。誰を以被仰渡候哉不承伝候。其以後野谷地申請開発之新田高七貫四百弐拾六文正保四年九月九日山口内記を以勘解由拝領仕、合三拾壱貫六百弐拾六文に罷成候。勘解由儀要山様御部屋住被遊候時分江戸定詰御奉公被仰付、御部屋にて御番頭相勤申候。御遠行以後罷下無間も御国脇番頭被仰付相勤申候処、小進にては難相勤と申候て、綱宗様御代奥山大炊願申上、大炊知行高之内弐拾九貫四百弐拾五文勘解由に被分下之由、万治三年三月廿日大条兵庫を以被仰渡、六拾壱貫五拾壱文に罷成候。万治三年九月御国御番頭被仰付相勤申候処、同年十二月廿三日評定役目就被仰付、御知行三拾八貫九百四拾九文御加増、合百貫文に被成下之旨奥山大学を以被仰渡候。其後寛文元年に切添起目百三拾四文勘解由に被下置候。誰を以被仰渡候哉承知不仕候。都合百貫百三拾四文に御座候。同十年に勘解由死去跡式無御相違拙者に被下置之旨、原田甲斐を以同年三月十六日被仰渡候。且亦御先祖誰様御代に私先祖誰何時被召出候哉、因幡以前之儀分明に不存候。申伝には御家御譜代之由承伝仕候。以上

延宝五年四月十七日

18 高屋喜安

一 拙者先祖伊達御譜代に御座候由承及候。御知行何程被下置御代御奉公申上候哉、私より五代以前高屋宗潔前之儀は不承伝候。右宗潔儀御先祖様御代如何様之儀御座候哉御家を罷出葛西へ罷越、右宗潔嫡子同氏宗取、右宗取嫡子祖父喜安迄葛西に罷在候処、喜安儀於米沢貞山様より被召出御知行三拾貫文被下置、仙台へ御移被遊候以後為御加増御知行三拾貫文野谷地共於元良郡柳津村に被下置、六拾貫文に被成下候由承及候。慶長十九年祖父喜安病死仕候付て、亡父快安に右知行高六拾貫文并野谷地共被下置家督被仰付候。右野谷地起目弐拾貫文其以後両度御知行四拾貫文御加増被成下、百弐拾貫文に罷成候。右之通段々被成下候品・年号・御申次不承伝候。且亦義山様御代寛永廿一年御竿入二割出被下置、都合百四拾四貫八百文に被成下、御黒印致頂戴候。然処親快安願申上候は右御知行高之内百貫文拙者に被下置、残四拾四貫八百文次男同氏宗怡に被分下置御奉公為仕度旨申上候処、義山様御代承応元年八月九日に古内故主膳を以願之通被仰付候。御黒印は明暦弐年に頂戴仕候。当時拙者知行高百貫文に御座候。以上

延宝七年七月廿七日

19 芳賀九郎左衛門

一 拙者先祖御譜代之由承伝候。御知行高之儀并

御先祖様へ誰代より御奉公と申儀は不承置候。曽祖父芳賀対馬儀
晴宗様へ御奉公仕候。同氏大炊助改名因幡儀
政宗様御代御知行高拾四貫弐百五拾文并八人御扶持方馬之喰壱疋分被下置御奉公仕候処、
忠宗様御部屋へ被相附江戸定詰仕候由、因幡嫡子同苗伊兵衛御切米小判弐両壱分四人御扶持方被下置、父子共に御
奉公仕候。寛永十五年因幡隠居被仰付候刻、父子に被下候御切米・御扶持方馬之喰共に御知行に被相直、本地取
合三拾貫文之所右伊兵衛に被下置候。寛永十八年惣御検地之刻弐割出六貫文被下置、三拾六貫文に被成下之由承
伝候。伊兵衛儀男子無御座女子一人持候故、拙者儀親類に御座候付て聟苗跡被仰付、右知行高之内三拾貫文拙者
に被下置、残六貫文は伊兵衛弟芳賀藤左衛門に被分下度旨、
綱宗様へ古内中主膳を以奉願、病死仕候付て如願被仰付之由、万治弐年十二月廿六日右主膳を以被仰渡候。其以後
実父奥山大炊隠居被仰付候刻願上、知行高之内四拾貫文之所拙者に被足下、七拾貫文に被成下之旨、延宝弐年三
月廿三日大条監物を以被仰渡候。追て右大炊願上三拾貫文被下置百貫文に被成下之由、延宝四年六月廿二日大条
監物を以被仰渡候。私儀幼少之砌伊兵衛家督被仰候故、先祖之儀委細不承置候。以上
延宝五年二月廿九日

侍衆　御知行被下置御帳（七）

九拾四貫九百弐拾五文
より六拾五貫拾九文迄

1　大和田佐渡

一　拙者先祖は奥州岩城之内楢葉郡大和田之領主にて御座候処、晴宗様岩城へ御縁被為組候節、左に書上申候与六郎被召出御奉公仕候由申伝候。与六郎以前之儀は名本も不承伝候。大和田与六郎後号四郎右衛門天文二十二年正月十七日晴宗様御書判にて所領安堵之御下文取持仕候。但在家々々之名計にて何貫文と高憰知不申候。与六郎御奉公之品は不承伝候。同新右衛門右四郎右衛門嫡子後号筑後元亀三年十月七日輝宗様御書判にて所領之御下文所持仕候。是又何貫文と高憰知不申候。尤被召遣候品々不承伝候。同筑後右筑後嫡子親苗跡相続申候時分何様之御奉公仕候哉不承置候。伊達古遠州公秀宗様御稚名兵五郎様と申候時御手習御読物等御指南仕、御行儀旁無憚諌言可申上候其外被相付候衆之仕置等無遠慮可申付由、貞山様御直筆御書判にて慶長七年九月廿六日筑後に被下置候一書之御掟巻物所持仕候。是又何年相勤申候哉承置不申候。其後御評定衆之人数に被相加候由御座候。彼是依勤功御知行高七拾貫文に罷成由承置候。此筑後儀嫡子は早世仕、次男新右衛門に七拾貫文之内五拾貫文被分下苗跡に被相立候処、
貞山様御代芳賀因幡と申牢人者之進退之儀を田村長門と新右衛門取持申候に、誤之儀候て両人共に進退被召放候。新右衛門儀は牢人之内相果候故名跡も無御座候。同四郎右衛門後号佐渡始之筑後三男後之筑後弟右佐渡儀は別て立身仕候品々大概申上候。
貞山様御代始は御小性御奉公に被召出候由、最初之進退何程に御座候哉不承覚候。其以後杉目御前様へ被相付候。天正十六年仙道於安積表佐竹義重公会津義広公と
貞山様御対陣御合戦之砌、佐渡儀は窪田御旗本従御陣所致抜懸相働頸取引除申候時、太刀疵鎗疵数ヶ所負申候。彼是依勤功進退弐拾五貫文に被成下候由、天正十七年会津を被為取御移以後、須賀川へ御働之時前田河上総同役にて御弓三百人之頭被仰付候。引続
大閤様小田原へ御発向之節天下へ之御仕付に会津郡と覚申候、南之山之内と申所へ御出馬之時も右御弓之衆支配御供仕候由、其刻
貞山様小田原へ御出陣之御留主之内は越後境布沢と申城へ御警固に被仰付罷越候由、其以後
貞山様伏見御定詰被成置候時、佐渡儀は本知行弐拾五貫之上弐拾五貫文之御加増被下置、妻子召連罷登、定詰之御奉公勤仕申之由、右御奉公之品承置不申候。自伏見御下国之砌は平田次郎左衛門同役にて御足軽頭被仰付、御鉄炮に付罷下候由御座候。白石御陣之節は遠藤但馬・加藤右衛門同役にて御歩小性衆預申、白石落城之刻福嶋へ御働、宮代御合戦にも手合仕候由申置候。其以後は伊達河内守殿御稚名権八殿と申候時、黒川郡下草村を被進御入

部之砌御守に被仰付候に付て、御侘申上候得ば、先以御有付被成候内相勤可申候。三年過候は可被召返由御意にて罷越候得共御赦免無之、下草村より同郡吉岡へ被相移候時勤労申段被仰立、弐拾貫文之御加増被下置候。其節訴訟申上本知行五拾貫文之所嫡子築後に相譲弐拾貫文にて御奉公相勤申候処、其後拾貫文之御加増にて三拾貫に罷成候。右両度御知行拝領之年号・御取次覚不申候。河内守殿御七ッ之時より三拾箇年御奉公仕、寛永十一年七月河内殿御遠行之時右三拾貫之知行次男隼人に相譲、行年八十三歳にて二世之御供仕候。養父四郎右衛門右佐渡嫡子 中比佐渡 後号筑後

貞山様会津御移之時親佐渡致言上、十一歳より御奥小性に相出申候。天正十八年岩出山御移之時も右御奉公相勤申候。

貞山様伏見御定詰御免にて御下国之時より引続親子馬上にて御奉公仕候由、其後梅津五兵衛、斑目太郎左衛門同役にて三百人御足軽頭被仰付候。其後右三百人之内より百人御弓之衆被相抜、筑後支配に被仰付由、其節支配之衆御掟之一書御黒印慶長九年五月朔日之御日付にて取持仕候。寛永十年に横尾伊勢同役にて御不断衆頭被仰付、十二ヶ年相勤申候。進退之儀は親佐渡所より五拾貫文之地相続、其上切添之地弐貫九百拾七文拝領、五拾弐貫九百拾七文に罷成候。家督被仰付候時并切添之地拝領之年号・御申次等不承覚候。其後父子共に勤功之段被仰立、山岡志摩御取次にて弐拾貫文御加増拝領、都合七拾弐貫九百拾七文に罷成候。然処寛永十八年御分国中御検地之上二割出高に被直下、御知行高八拾七貫五百文に罷成候。其節諸士衆本御黒印被召上候時所持仕候分御蔵へ相納、本御黒印之年号等失念仕候。筑後儀世継之子持不申候に付、拙者事は右牢人仕候新右衛門子に御座候を惣領筋目にも有之候間、養子に仕苗跡に相立申度由古内古主膳を以

義山様へ申上候得ば如願被仰付候。然処正保元年六月末より筑後大切に相煩、老後と申相果申儀必定可有之候条、存生之内拙者に家督無御相違被仰付被下度旨、右主膳并真山刑部を以申上如願被仰付、同年八月右御知行高八拾七貫五百文之御黒印拙者名付に被相直頂戴仕候。筑後儀は同年十月死去仕候。拙者儀は寛永九年十五歳より義山様へ御小性御奉公に罷出、年数廿五年無恙相勤申候。明暦三年御納戸頭役被仰付、万治三年迄相勤、右役目御免以後寛文十年より拙者嫡子四郎右衛門表江戸御番被仰付候処、又延宝元年より御国脇御番頭役拙者に被仰付、当年迄相勤申候。進退之儀は筑後所より八拾七貫五百文相続仕候以後、慶安三年四月山口内記御申次にて知行所切添之壱貫九百三拾七文拝領、又寛文元年霜月奥山大炊御申次にて切添之地三貫弐百三拾壱文之所被下置候。右両度切添御黒印頂戴仕候。延宝元年十月に小梁川修理御披露にて御前相済申段、大条監物を以切添之地弐貫弐百五拾七文拝領仕候。此御黒印は于今頂戴不仕候。都合御知行高九拾四貫九百弐拾五文に御座候。以上

延宝七年三月五日

2 大松沢甚右衛門

一 養祖父大松沢利右衛門儀大松沢古左衛門実弟に御座候、貞山様御代に被召出御奉公仕候。其後自分開発新田高拾六貫四百弐拾七文拝領仕候由に御座候。寛永十九年御竿被相入候節二割出目三貫弐百八拾五文之所被下置、取合拾九貫七百拾弐文に被成候由に候。養父大松沢甚兵衛儀右利右衛門実子無之、右甚兵衛実甥候を養子に仕、利右衛門病死跡式知行高拾九貫七百拾弐文、無御相違被下置候由、右被召出并御知行被下置候品、御申次年号不承伝候。拙者儀川嶋豊前実三男に有之、無足にて御小性御奉公

仕候処、亡父川嶋豊前相果候節、亡兄川嶋豊前知行高之内拾七貫三百弐拾四文之所為分取申度由兄豊前願申上、慶安元年古内故主膳を以拙者に被下置、引続御小性御奉公相勤申候処、大松沢甚兵衛実子就無之、私儀聟苗跡に願上、承応元年右甚兵衛病死跡式知行高拾九貫七百拾弐文被下置、本地拾七貫三百弐拾四文に御取合三拾七貫三拾六文に被成下候。御申次古内古主膳弐貫八百拾八文右は明暦四年切添拝領、但御蔵より被申渡候。御申次覚不申候。三拾貫文右は延宝二年十一月朔月御懐守就相勤候、御直に為御加増被下候。弐拾貫文右は延宝四年十二月廿五日御直に為御加増被下候。都合八拾九貫八百五拾四文大松沢利右衛門以前之儀は惣領筋目に候間、大松沢八郎左衛門方より可申上候。以上

延宝七年三月十五日

3　田中勘三郎

一　拙者先祖伊達御譜代由、田中惣左衛門儀、貞山様御代元和六年に被召出、佐々若狭を以御知行拾三貫五百文被下置、其以後色々御役目被仰付度々御加増拝領、高六拾七貫八拾四文に被成下、義山様御代右惣左衛門隠居願申上、実子仲左衛門に家督無御相違被下置之旨承伝候得共、年久儀にて委細様子不奉存候。寛永十九年惣御検地相入弐割出目拾三貫四百拾四文、冨塚内蔵丞・奥山古大学を以右祖父仲左衛門に被下置、取合八拾貫五百文に被成下、義山様御黒印寛永廿一年八月十四日仲左衛門頂戴、且又

御当代に罷成寛文元年十一月十六日に御黒印頂戴仕候。然処右仲左衛門隠居願申上、実子惣左衛門に家督無御相違冨塚内蔵丞を以、寛文四年二月廿九日に被下置御黒印頂戴、且又同六年七月廿三日親惣左衛門病死跡式無御相違原田甲斐を以、同年十月廿八日拙者に被下置御黒印頂戴、且又親惣左衛門存生之内桃生之内樫崎村にて野谷地新田七町歩鴇田次右衛門・田村図書を以拝領起立御竿相入、高八貫弐拾五文寛文九年九月廿五日に古内志摩を以拙者に被下置、都合八拾八貫五百弐拾五文に被成下御黒印頂戴仕候。以上

延宝五年二月十五日

4 日野次右衛門

一 義山様御代寛永十六年七月拙者儀始て被召出、御切米四両四人御扶持方被下置定御供仕候処、承応元年霜月舅清水有閑隠居分に被下置候御知行九貫文之所為御加増之地と弐拾壱貫文被下置、都合三拾貫文拙者に被下置之旨、古内先主膳を以被仰付候。其後御腰之物奉行被仰付、品川様御代迄相勤申候。然処御当代御二歳之御時御懐守役被仰付江戸定詰数年相勤候付、延宝二年十一月朔日於御前柴田中務・大条監物御引添難有御意之上御直に御加増之地三拾貫文被下置、都合六拾貫文之高に被成下候。以上

延宝四年十二月十四日

5 大町権左右衛門

一　拙者先祖

誰様御代に被召出何程御知行被下置候も承伝無御座候。

貞山様御代拙者祖父大町駿河に御知行百三貫文被下置病死仕候。子共両人御座候。嫡子勘解由に右御知行高之内八拾三貫文、次男拙者亡父内膳に弐拾貫文被分下置跡式立被下、右御知行誰を以被下置候哉年号不奉存候。

御同代右勘解由越度御座候て進退被召上候節、右勘解由知行高之内三拾貫文為御加増亡父内膳に被下置、右本地合五拾貫文に被成下候。誰を以被下置候哉年号不奉存候。

義山様御代亡父内膳胆沢郡下姉躰村にて野谷地申請自分開発、高拾五貫三百三拾四文拝領仕候。誰を以被下置候哉年号不奉存候。寛永年中惣御検地之節二割出目拾三貫六拾六文之所亡父内膳に被下置、右都合七拾八貫四百文之高に被成下候由承伝候。

綱宗様御代亡父内膳願指上隠居被仰付、跡式無御相違奥山大学を以、万治二年極月十五日に拙者に被下置候。

義山様御代に東山之内奥玉村知行地続にて、亡父内膳明暦四年二月十九日に小川八郎左衛門を以、山口内記・真山刑部書付にて野谷地申立、起目弐貫七百九拾四文佐沼之内新田村地続にて同年七月六日右同人を以右両人之書付にて野谷地申立、起目三貫百五文之所

御当代奥山大学を以寛文元年霜月十六日に拙者拝領仕候。右本地新田合八拾四貫弐百九拾九文之高に被成下候。

御当代佐沼之内新田村拙者知行地続にて寛文六年三月廿二日山崎平太左衛門を以、鴇田次郎右衛門・田村図書書付にて、野谷地申立三貫弐百五拾八文之起目、寛文十一年五月八日に古内志摩を以拝領仕候。右本地新田合八拾七貫五百五拾七文之高に被成下候。尤御黒印頂戴仕候。以上

延宝五年四月五日

6 名村金右衛門

一貞山様御代御上洛之砌、京都にて私祖父名村金右衛門被召出、御知行高百貫文被下置御奉公仕候。右金右衛門儀寛永六年十月廿四日に病死仕候。引続私親金右衛門に右御知行高無御相違中嶋監物を以被下置候。右家督被仰付候年号不承伝候。

義山様御代右御知行高之内三拾貫文右金右衛門弟私伯父名村仲右衛門に被分下御奉公為仕度旨、親金右衛門願申上候処、願之通寛永廿壱年に被仰付候。親金右衛門は御知行高七拾貫文にて御奉公仕候。同年御検地出目拾四貫弐百文被下置、八拾四貫弐百文に被成下候。寛文五年十月朔日親金右衛門病死仕候付、右御知行高八拾四貫弐百文無御相違同年極月廿六日に冨塚内蔵丞を以私に被下置御黒印頂戴仕候。延宝三年九月朔日切添起目四百六文柴田中務を以被下置、御知行高八拾四貫六百六文に被成下候。先祖如何様之品を以御知行何年に拝領仕候哉、知行分誰を以被仰付候哉年号等不奉存候。以上

延宝五年四月十四日

7 屋代五郎左衛門

一亡父屋代五郎左衛門儀、同氏勘解由御改易被仰付候刻致浪人、

義山様御代右五郎左衛門被召出、正保三年六月御知行弐拾貫文被下置、其以後

御同代御加増之地拾貫文慶安四年九月被下置三拾貫文之高に被成下候。

綱宗様御代右知行高引続拙者に被下置候由、万治元年霜月原田甲斐を以跡式被仰付候。

御当代始実父大町備前所より新田弐拾貫九百七拾五文之所拙者に分為取申度段願申上候処、願之通被分下之旨万治三年二月十日に茂庭周防・冨塚内蔵丞を以被仰付、都合五拾貫九百七拾五文之高に御座候。以上

延宝四年十月廿二日

8　橋元八郎右衛門

一義山様御代正保元年に拙者儀無足にて被召出、江戸御国共に定詰定御供致勤仕候処、御奉公無懈怠相勤候段被仰立、御知行三拾貫文慶安四年古内故主膳を以被下置候。拙者申請候野谷地開発仕候新田起高弐拾壱貫三百九拾五文、同五年右主膳を以拝領仕、知行高五拾壱貫三百九拾五文被成下候。御黒印同年頂戴仕候。其後野谷地申請拙者開発仕候新田起高弐拾八貫六百九拾四文明暦三年主膳を以拝領仕、知行高八拾貫八拾九文に被成下候。御黒印同四年に頂戴仕候。

綱宗様御代万治三年二月十日知行切添弐百九拾壱文茂庭古周防を以拝領仕、都合知行高八拾貫三百八拾文に被成下候。御黒印

御当代頂戴仕候。以上

延宝五年二月九日

9 各務采女

一 義山様御代拙者儀慶安四年十月廿一日に被召出、同廿三日に御知行四拾貫文古内古主膳を以被下置候。但拙者儀金森出雲守殿兼て義山様へ被申上置無間死去に付て、遺言之趣息長門守殿より内藤善斉老を以被申上候付て被召出候。依之出雲守殿長門守殿へ之御首尾を以、御知行八百石之積り四拾貫文被下置候由御意之趣古主膳被申渡候。寛文八年に亘理伯耆末子を私養子に仕、伯耆知行高之内拾貫文分譲申度之旨願上申に付、願之通被仰付、右八年より取合御知行五拾貫文之高に被成下候。去年正月廿七日御加増三拾貫文大条監物を以被下置、当時御知行八拾貫文之高に御座候。以上

延宝四年十二月朔日

10 石母田権兵衛

一 拙者曽祖父石母田肥後

性山様御代に被召出御知行被下置候由承伝候得共、何程被下置候哉委細不奉存候。右肥後病死跡式祖父筑後に被下置候年月不承伝候。右筑後

貞山様御代度々に御加増之地拝領仕六拾六貫拾弐文に被成下候。

義山様御代寛永十七年筑後病死仕、跡式無御相違亡父杢助に被下置由奥山大学を以被仰渡候。年月不承伝候。寛永年中惣御検地之節二割出目共に七拾九貫弐百文之高に被成下候。

義山様御代宮城郡岩切村にて野谷地新田右杢助申請、起目八貫百七拾三文被下置候処、杢助弟斉藤清助に被下置度由奉願、正保三年冨塚内蔵丞・山口内記を以願之通被成下之旨被仰渡候由承伝候。亡父杢助寛文十年に病死仕、跡式無御相違拙者に被下置旨、同十一年五月十日に冨塚内蔵丞を以被仰渡候。

御当代寛文八年に東山之内筑館村にて右杢助野谷地拝領仕、起目三貫九拾四文之所拙者弟十兵衛菅生弥左衛門聟苗跡に指遣申候。右之起目弥左衛門知行高に被成下度由、同十二年十一月十一日に奉願候処に、同十三年六月九日に願之通被成下之旨、小梁川修理を以被仰渡候。当時拙者知行高七拾九貫弐百文之御黒印頂戴仕候。以上

延宝五年二月廿三日

11　長江六郎

一　拙者先祖長江紀伊子共三人、嫡子播磨法名月鑑、女子壱人相馬長門守殿内室、三男左衛門改名讃岐と申候。右月鑑儀桃生郡之内深谷一宇并牡鹿郡之内少々取持仕候。依之深谷之内三ヶ一右讃岐知行仕候付て、三分一所讃岐と申の由御座候。其節迄は月鑑儀御家中には無御座候由申伝候。何時之比より御家中に罷成候哉、実正は不承伝候間不被申上候。然処月鑑儀、
貞山様御意に懸り申品御座候故、幸相馬殿は月鑑妹聟に就御座候、相馬殿より之書状に被成御謀書被遣候は、此度伊達殿へ一戦可仕候間同心可被申由被仰遣候付て、一味可仕由返答申候。又右讃岐所へも同御文言にて御謀書致遣候処全一味罷成間敷候。於被思召留者、縁者之験に政宗殿へ此儀申聞間敷候。無左候は早速申聞先手を可仕由神文を以返答仕候由、就夫月鑑は御成敗、讃岐儀は御忠節有之由御意被成被召出、御知行六拾貫文被下置御座敷

にも被差置候。乍然月鑑御成敗之儀に御座候故名字相改渡辺讃岐と申之由申伝候。讃岐死去跡式同子九右衛門に無御相違被下置候。九右衛門後讃岐と改名仕候。実子就無之、貞山様御代願上、拙者親主計儀奥山大炊弟に御座候を幼少より養子に仕置候。讃岐死去跡式無御相違寛永十五年十月十五日右主計に被下置之由、古内故主膳を以被仰渡候。義山様御代寛永十八年二割出被下七拾弐貫文罷成候。本名に御座候付て、綱宗様御代に三分一所を名乗申候処に、御当代好雪様・伊達兵部殿御吟味を以長江に可罷成由被仰付候。万治二年に野谷地開発新田四貫三百拾六文之所被下置候。御取次覚無御座候。本地取合七拾六貫三百拾六文に御座候。主計死去跡式無御相違寛文八年十二月廿八日原田甲斐を以拙者に被下置候。其以後延宝三年九月二日切副新田弐貫百三拾六文柴田中務を以被下置、都合当知行高七拾八貫四百五拾弐文に御座候。已上

延宝五年三月四日

12 柳生権右衛門

一貞山様代亡父柳生権右衛門、土御門左衛門佐殿御取次を以元和二年に被召出、則御知行六拾貫四百拾七文被下置候。亡父権右衛門儀寛永八年より相煩御奉公不相叶成人之男子無之付、同十一年に家督之願申上候付、同年極月佐々若狭を以拙者壻苗跡被仰付候。同十二年六月親権右衛門相果申引続拙者御奉公相勤申候。義山様御代惣検地御竿出目被下置、七拾弐貫五百文に被成下候。且又明暦三年・四年拙者知行地尻にて野谷地新田

致拝領開発仕、高四貫四百拾文并除屋敷へ御竿入候高五百八拾弐文、合四貫九百九拾弐文万治三年二月十日茂庭古周防・冨塚内蔵丞を以被下置、本知行へ取合当時七拾七貫四百九拾弐文之高に御座候。拙者実父伊藤喜兵衛先年加賀肥前殿に罷在候。其以後致牢人京都へ引込罷在候。拙者儀右喜兵衛次男に御座候。拾歳より貞山様へ被召出御奥小性に被召仕弐拾歳にて亡父権右衛門名跡に被仰付候。以上

延宝五年二月廿三日

13　早川杢之助

一　拙者養父早川宮内儀早川上総次男に御座候て、無進退にて貞山様御代被召出御奉公仕候処、大坂御帰陣之年御知行弐拾貫文被下置候由大条薩摩を以被仰渡候。寛永十三年御物頭

貞山様御存生之内被仰渡、

義山様御代御加増拾貫文被下置、都合三拾貫文罷成候。寛永十八年御検地二割出六貫文拝領三拾六貫文に罷成候。其以後御買新田申請自分開発仕、弐貫四百文之所拝領仕、高三拾八貫四百文に罷成候。寛永二十一年御黒印致頂戴候。其以後知行替正保三年御黒印頂戴仕候。右宮内儀子共無之付て拙者儀は川嶋古豊前実次男にて宮内には実甥に在之付て養子罷成候。右段々被成下候年号等相知不申候。宮内儀慶安元年四月四日病死仕候付て、右跡式無御相違同年六月拙者に被下置之由、於江戸古内故主膳を以被仰渡、引続御物頭御役目不相替被仰渡、慶安元年御黒印頂戴仕候。万治元年切副新田五百五拾文被下置候。御蔵方より申渡候。寛文元年御黒印拝領仕候。海新田并

野谷地申請開発高八貫弐百三拾四文之所延宝三年九月被下置之由柴田中務を以被仰渡候。其以後海新田之残開発之所七文同五年に右同人を以被下置候。延宝五年霜月十五日に大広間にて御前へ被召出、屋代五郎左衛門・大河内源大夫・木幡源七・飯淵三郎右衛門・拙者一同に御直に御知行三拾貫文宛御加増被成下候て、都合七拾七貫百九拾壱文之地高に罷成候。先祖之儀は早川勘解由惣領筋目に御座候間可申上候。以上

延宝七年十月十五日

14 山本勘兵衛

一 拙者親勘兵衛

義山様御代に桑島孫六殿御取次にて先古内主膳を以被召出、御切米・御扶持方被下置候。寛永十三年御知行三拾貫文拝領仕候。其後段々御加増被成下、高百七貫文に罷成候処、加美郡之内小野田村にて野谷地新田四拾五貫三百三拾八文致拝領、本地合百五拾弐貫三百三拾八文に罷成候処、右野谷地起目之内不念仕御鷹場之内起入申候段、綱宗様御代に御穿鑿之上無調法之旨被仰渡、右知行高之内半分万治三年に被召上、七拾六貫百六拾九文被下置候。拙者若年之時分故親勘兵衛段々御知行拝領仕候品々年号等委細不承伝候。御当代親勘兵衛病死仕候付家督引続拙者に被下置候旨、寛文六年二月十九日に冨塚内蔵丞を以被仰付候。当時知行高七拾六貫百六拾九文に御座候。尤御黒印頂戴仕候。以上

延宝五年二月十七日

15　中村善兵衛

一　北条忠頼弟三郎将恒中村氏之始御座候。自是代々従頼朝公・尊氏公迄致勤仕候。中村中務時将出羽之長谷中村に罷在候。嗣子彦九郎治時後改久馬成宗様御代原田左助を以被為召候付伊達へ罷越候処、西根之内にて御知行弐百貫文被下置、要害之地に被指置候由御座候。嗣子四郎直時於岩瀬討死仕候。嗣子孫九郎久時右直時家督無御相違被下置候。雖然幼少にて御軍役難致勤仕由久時親類共、尚宗様へ申上、領地半分指上長井之内北条村・蒲生村にて百貫文被下置住居仕候。嗣子亀谷景時後八郎右衛門に罷成又備前と名改仕候。稙宗様永正十六年出羽へ御進発被遊候節、父為名代始て致御供、出羽之先懸之士柴崎太郎右衛門討取首献上仕候。被遊御感、御加増之地五貫文并御具足一領拝領仕候。晴宗様西山被成御座候時分、永禄年中長井伊達一揆仕依此乱領地敗亡仕四拾五貫文罷成候。嗣子源七郎盛時後八郎右衛門に罷成又備前と名改仕候。貞山様御代天正年中仙道小手森御合戦并一(人)《ママ》取橋御働之節軍忠依有之、天正十四年八月晦日塩松・成田村・柏崎・在家五貫文御加増被成下、五拾貫文余罷成候。嗣子源七郎康時後八郎右衛門罷成備前と名改仕候。義山様御代御検地被仰付二割出目惣御下中へ被下置候時分、亡父備前儀も寛永二十一年八月十四日古内故主膳を以右出目拾貫文余被下置候外、黒川之内小鶴沢村にて下中手作分に野谷地拝領仕、明暦二年御竿入高九拾九文合六拾壱貫六百文被成下候。万治二年五月綱宗様御入国御供仕罷下候処、久々御奉公相勤其上江戸に拾三箇年定詰仕候付、万治二年六月十一日御加増之弐拾貫文茂庭故周防を以被下置候。同年十一月十六日隠居仕候刻願申上、本地六拾壱貫六百文并右御加増之内拾貫文取合七拾壱貫六百文之所は拙者兄数馬に家督被下置候。備前江戸詰御合力御扶持方并拙者御切米御知行に被直下、御加増之地拾貫文取合三拾五貫文之所は拙者に被下置候。

御当代寛文二年九月廿二日右数馬病死仕候。依之備前奉願右七拾壱貫六百文之御知行高同年霜月十日に、柴田外記・奥山大炊を以拙者に被下置、拙者持来候三拾五貫文之地は被召上候。以上

延宝四年十二月十五日

16 鴇田正兵衛

一 拙者先祖之儀代々黒川譜代に御座候。黒川相禿申候時分、貞山様御代拙者曽祖父鴇田信濃と申候者被召出、御知行五貫文被下置候。義山様御部屋之時分右信濃子鴇田駿河被召出、御切米・御扶持方被下被召仕候。其後御部屋御知行之内両度に弐拾貫文被下、右信濃隠居被仰付信濃に被下候五貫文之御知行被指副、弐拾五貫文に被成下候。其以後従貞山様右駿河事

義山様御用をも被仰付被召仕者候得共、小進にて思召候様に被召仕候儀も被為成間敷候間、御加増被成下之由御意にて、拾貫文御加増被下三拾五貫文に被成下、

義山様御代に罷成御取立之者共に御知行被下候砌百貫文に被成下、惣御検地相極申候時分弐百貫文に被成下之由承

伝候。先祖より段々御知行被下候年号、御申次不承伝候間有増に申上候。右駿河事老衰仕病人にも罷成候間、隠居仕度由正保三年古内故主膳を以申上候処願之通被仰付、右弐百貫文嫡子淡路に被下置旨右主膳を以被仰渡候。其以後知行所之内切副少々御座候、其外野谷地御座候を山口内記を以被下置、右起目之高弐拾三貫九百七拾四文御加増に被成下、本地弐百貫文取合弐百弐拾三貫九百七拾四文に被成下候。

御当代に罷成右淡路子共之内四番目半左衛門と申候を鹿野作兵衛娘に取合養子に仕、淡路知行所新田之内三貫文被分下、末々作兵衛家督に被成下度由申上候得ば願之通被成下之旨、寛文六年九月八日古内志摩を以被仰渡候付、牡鹿郡鹿股村にて三貫文分渡申候。同七番目之子七之丞と申候を、遠藤覚左衛門と申者是又娘に取合養子に仕、淡路知行所新田之内三貫文分ヶ被下、末々覚左衛門家督に被成下度由申上候願之通に被成下之旨、同年十一月廿三日柴田外記を以被仰渡候付、志田之内下伊場野村にて壱貫六百弐文、牡鹿郡鹿股村にて壱貫三百九拾四文合三貫文分渡、残る弐百拾七貫九百拾四文右淡路に被下候。然処淡路事役目に付不似合儀も有之由にて御役目被指免隠居被仰付、知行高之内三ヶ二被召上、三ヶ一を以苗跡拙者に被立下之由延宝二年六月十四日御覚書にて古内杢兵衛・真山正右衛門を以被仰渡、右三ヶ一之御積七拾弐貫六百五拾八文之所拙者に被下置候。拙者親鴇田次右衛門儀寛文十年六月廿九日病死仕候。拙者事淡路為には孫に御座候。以上

延宝五年二月廿三日

17　飯野三右衛門

一　義山様御代私祖父飯野大膳寛永十九年に被召出候。大膳事浜田伊豆弟にて田手肥前・志賀兵四郎由緒御座候付て、

右両人願申上候は大膳儀伊豆実弟に御座候。伊豆事は御奉公を以討死仕候。彼者之弟に御座候間大膳事被召置被下置度段申上候処、大膳事兼て被及聞召候者之由色々有御意之上、古内主膳を以御知行三拾貫文被下置、大膳儀は老衰仕候付て御奉公之儀は大膳嫡子拙者養父同性三右衛門相勤可申由にて、虎之間御番所被仰付由に御座候。其後寛永年中惣御検地之上弐割出目共三拾六貫文之御黒印頂戴仕候。右三右衛門実子無御座候付て、私事針生刑部重信三男に御座候、壻養子に願申上、承応二年九月願之通被仰付同月古内主膳披露御礼申上候。右三右衛門老衰仕候付て、万治三年奥山大炊を以願申上隠居被仰付、跡式無御相違拙者に被下置由、同年七月柴田外記を以被仰渡、八月江戸へ罷登奥山大炊披露を以御礼申上候。勿論御当代御黒印頂戴仕候。其後知行於地端野谷地申請自分に起立御竿相入、高三貫七百弐文之所延宝元年二月古内志摩を以被下置候。其以後野谷地申請自分起立御竿相入、高拾五貫六百弐拾四文之所延宝六年四月廿二日黒木上野を以被下置候。追て申請候野谷地自分起立御竿相入高拾七貫四百拾九文之所、同年十月十八日黒木上野を以被下置候。当時拙者に被下置候御知行高七拾弐貫七百四拾五文に御座候。以上

延宝七年三月二日

18 橋本伊勢

一 拙者儀橋本伊勢次男に御座候処、従陽徳院様拙者儀要山様御小性組に被召仕候様に義山様へ右之段御直に御意被遊、寛永八年八月拾四歳にて鴇田駿河を以御目見被仰付被召出候。依之御部屋住並之

為御合力御扶持方四人分・御切米銀子壱枚・御小袖壱・御帷子壱・御上下壱具被下置候。拙者儀数年神妙に御奉公仕段従要山様

義山様へ被仰上候処、従

義山様寛永廿一年四月十日古内主膳を以拙者に御知行弐拾貫文被下置之由被仰進候。依之要山様於御前右御知行被下置之由御直に被仰出致拝領、右御切米・御扶持方御仕着被召上候。延宝二年十一月朔日

屋形様於御前被仰出候は、御幼少より御懐守被仰付数年引続定詰仕首尾能御奉公勤仕之段神妙に被思食、

美濃守様へ被遊御内談、為御加増御知行三拾貫文被下置之旨御直に被仰出拝領仕候。延宝四年十二月廿五日数年首尾能御奉公仕候由被仰出、為御加増御知行弐拾貫文御直に被下置候。延宝五年三月廿一日先年申請候海新田起目高壱貫七百拾文柴田中務を以知行高に被結下、当時拙者知行高都合七拾壱貫七百拾文に御座候。先祖委細之儀は同氏左太夫方より可申上候。以上

延宝七年四月十一日

19　豊島長左衛門

一　拙父豊島縫殿儀滝川壱岐守殿へ奉公仕候処、

貞山様御代に壱岐守殿より御所望被遊、御仕着御扶持方被下置被召仕、其以後右御仕着御扶持方御知行に直被下、段々御加増之地致拝領、五拾六貫六百六拾六文之高に被成下候由承伝候。乍去何年に被召出御知行被下何様之品にて何年に誰を以御加増之地被下置候哉、右之品々年号不承伝候。

義山様御代惣御検地之節二割出拾壱貫三百三拾四文之所、寛永二十一年八月十四日に被下置、六拾八貫文之御知行高に被成下候。

御当代に御知行所切添起目百拾九文、寛永元年四月廿二日に奥山大炊を以被下置候。右縫殿隠居願之儀、寛文二年五月右大炊を以申上候処、縫殿願之通隠居被仰付、跡式無御相違拙者に被下置旨同年七月柴田外記・大条監物・冨塚内蔵丞を以被仰渡六拾八貫百拾九文之御黒印頂戴仕候。以上

延宝五年六月三日

20 佐々布五郎右衛門

一 私先祖は越前之者に御座候。先祖に従源頼家公・尊氏公被下置候御感状両通所持仕候。然処に天正元年に曽祖父佐々布久右衛門・同人弟佐々布淡路兄弟共に牢人仕奥州へ罷下候。貞山様御代会津御討入之刻会津にて原田左馬助を以両人共に被召出、佐々布久右衛門御知行高弐拾七貫三百文被下置候処、右久右衛門儀元和元年に中風仕御奉公相勤兼申候付、私親五郎右衛門儀は右淡路嫡子に御座候て久右衛門為には甥に御座候得共、久右衛門実子幼少に御座候付久右衛門に被下置候御知行高、私親五郎右衛門に右原田甲斐を以元和二年に被下置御小性に被召仕、元和八年に為御加増御知行四貫百七拾文右甲斐を以被下置、三拾壱貫四百七拾文之御知行高に被成下之由承伝候。

義山様御代寛永十八年に右御知行之内六貫三百七拾九文右久右衛門実子佐々布六蔵に久右衛門申置之段故、古内主

膳を以申上分ヶ被下置、相残弐拾五貫九拾壱文之御知行高に被成下候。

御同代寛永十八年御検地二割出之御加増拝領仕、同二十一年八月十四日に三拾貫百文之御知行高に被成下御黒印頂戴仕候。

御同代明暦三年極月廿八日に親五郎右衛門病死仕候。同四年三月十五日に右御知行高無御相違私に被下置、其上親五郎右衛門存生之中取立申候新田起目弐貫百弐文之所継目に為御加増被下置之旨山口内記を以被仰付、三拾弐貫弐百弐文之御知行高に被成下候。

御同代明暦二年野谷地申請手前開発仕、起高三貫八百九拾三文
綱宗様御代万治三年二月十日に茂庭故周防を以被下置、都合三拾六貫九拾五文に被成下、
御当代御黒印寛文元年十一月十六日に頂戴仕候。

御当代寛文四年に野谷地申請手前開発仕、同八年八月十九日に起高拾五貫百三拾七文柴田外記を以被下置候。寛文十二年正月廿五日に畑返出目弐貫六拾文古内志摩を以被下置、都合五拾三貫弐百九拾弐文に被成下御黒印頂戴仕候。延宝二年二月十日に切副起高九百三拾文大条監物を以被下置候。寛文十三年に野谷地申請手前開発仕、延宝三年十一月廿三日に起高拾弐貫弐百五拾四文柴田中務を以被下置候。右同年に野谷地申請手前開発仕、起高九百六拾文延宝五年二月十日に柴田中務を以被下置候。

御当代に被下置候御知行高五ロ合三拾壱貫三百四拾壱文、都合六拾七貫四百三拾六文之御知行高に被成下候。以上

延宝五年四月晦日

21 市川郷左衛門

一 拙者先祖伊達御譜代御座候。
誰様御代被召出候哉其段不承伝候。曽祖父市川因幡儀御知行弐拾四貫文被下、
貞山様御代御国替之節岩出山へ御供仕御奉公相勤申候。嫡子甚左衛門に引続跡式被下置、高城外記同役金山支配被
仰付御奉公仕、拙者親惣右衛門は甚左衛門二男故江戸へ相詰、
義山様御部屋にて別て御奉公相勤処、惣右衛門兄新七病死仕、以後惣右衛門に父甚左衛門家督弐拾四貫文被下置、
其後五十人衆被預下、寛永十一年御上洛御供仕、
義山様御代に罷成、寛永年中御加増六貫文被下置三拾貫文に被成下、以後御下中並を以二割出拝領仕三拾六貫文に
罷成処に、慶安三年二月十四日に従
義山様山口内記を以、数年無間断御奉公仕御部屋住之刻は小進にて数年御物頭首尾能相勤申候条、為御加増拾四貫
文被下置旨被仰出、五拾貫文に被成下候。其外野谷地致拝領自分造作を以開発之地拾七貫三百五拾弐文、明暦元
年六月十二日に山口内記を以拝領仕、都合六拾七貫三百五拾弐文御黒印頂戴仕候。其比親惣右衛門儀歳も寄、其
上跡々より御兵具方御用壱人にて相務弥辛労仕候条、五十人衆は拙者に被預下之旨山口内記を以被仰付、惣右衛
門は御兵具御用相務、父子面々御奉公仕、以後及老衰隠居仕度旨寛文二年七月奥山大学遂披露、願之通被仰付、
跡式拙者に引続知行高六拾七貫三百五拾弐文、寛文二年十月六日奥山大学を以被下置御黒印頂戴仕候。以上
延宝五年二月廿五日

22　岡本吉太夫

一　拙者親岡本竹庵儀

貞山様御代半井驢庵老より細川紹高老を以御所望被遊被召出、其節御黒印には如兼約之為堪忍分弐千石被下置候御文言に御座候。御知行百貫文拝領仕、寛永二十一年御国惣御検地之時分二割出弐拾貫文之所被下置、右百貫文合百弐拾貫文に被成下、

義山様御代迄引続江戸壱年詰仕、御着座も被仰付御奉公相務、慶安三年十月於江戸病死仕候。其節拙者十二歳に罷成候。御小性に可被召仕由

義山様為御意、成田木工・戸田喜太夫を以被仰付、右百弐拾貫文之内七拾貫文同年十一月拙者に被下置、十三歳より御小性御奉公仕候。残五拾貫文先以被召上候。拙者実弟二男次郎助を竹庵代に可被召仕由

義山様為御意宗竹に被成置、幼少之内は高屋快庵に被預置候間医師も仕程に罷成候は、右五拾貫文宗竹に返被下、竹庵同前に可被召使之由、右之木工・喜大夫を以被仰付候。拙者儀

御当代に野谷地新田起目弐貫文之所寛文八年二月朔日古内志摩を以被下置、本地合七拾弐貫文に被下置候。然処に拙者実弟三男正兵衛無進退に罷在候付、拙者知行高七拾弐貫文之内五貫文分遣御奉公為仕度旨、延宝三年願申上候付、願之通同年九月朔日柴田中務を以被仰付候。拙者儀は残六拾七貫文にて御奉公仕候。以上

延宝四年十二月廿五日

23　真山杢兵衛

一　拙者祖父真山越中嫡子惣右衛門早世仕付て、私は惣右衛門嫡子に候故、祖父越中家督相続仕候。先祖仕大崎に玉造郡真山村に住居仕候。大崎家没落以後牢人仕処、

貞山様岩出山へ御移之刻先年氏家弾正御味方仕砌、越中父式部御使仕段被思召出候条、式部儀可被召仕旨被仰出、屋代勘解由を以御知行拾貫文被下之被召出、京伏見御国中御用等被仰付相勤、嫡子越中は別て御知行四貫文御扶持方五人分馬之喰壱疋分被下各別に御物本役相勤、慶長十七年七月奥山出羽を以御腰物奉行被仰付、元和元年に曽祖父式部病死仕付、跡式拾貫文并越中に別て被下候御知行四貫文御扶持方五人分馬之喰一疋分取合弐拾貫文に不足之地壱貫八百文余御加増被成、弐拾貫文之知（行）高被成下、以後元和年中より寛永年中迄荒所并野谷地新田等取立候処、其比は開発以後御積を以減少被成下候得共、越中事数年之勤功、其上先年福嶋表御出張之砌於御社景勝之所従北川伝右衛門を討捕、且又先祖より所持之肩衝指上、当時堪忍と被名付御家之御重宝に罷成候間、内々一廉《カド》御加増可被成下と被思召候処、自力を以荒所可取立旨申上候条、幸之儀に候間、超過共に三拾貫文御加増被成下旨、上郡山内匠を以被仰出由にて元和五年十月廿四日

貞山様御黒印之写所持仕候。

御同代野谷地新田寛永九年に申請闢之、五貫文余并二割出取合六拾六貫五百文之知高に罷成、寛永二十一年八月十四日

義山様御代御黒印頂戴仕、

御同代御目付役相務、其後給主衆被預下、七拾六歳迄御物頭職相務、到

御当代古内主膳を以遂言上、万治三年十二月廿六日越中隠居仕、跡式不相更拙者に被下置、以後切副之地四拾文寛

文元年八月奥山大学・冨塚内蔵丞を以被下置、且又知行之内新田申請闢之、起過共に四百拾九文之所同八年七月柴田外記被申渡致拝領、都合六拾六貫九百五拾九文、寛文八年八月廿九日御黒印頂戴仕候。
貞山様御代祖父越中に永荒又は新田等度々被下候御黒印并書付等は何も並に
義山様御代始に御蔵へ指上、且又拙者未生以前之儀に御座候故弥年号等委細不存候付て写有之分計右之趣申上候。
以上

延宝五年六月三日

24　笹町七郎右衛門

一　貞山様御代先祖亡祖父笹町隼人葛西牢人に御座候を被召出、御知行弐貫文程被下置候由承伝候得共、然とは不存候。右隼人嫡子笹町但馬二男同七郎右衛門大坂御陣之節但馬は隼人為名代罷登候砌、亡父笹町七郎右衛門は御歩小性組に被召出組付之御合力を以御供仕、御退陣以後於江戸但馬には弐拾五貫文御知行被下置、其以後寛永三年之比右隼人に被下置候御知行拙者親七郎右衛門に被下置度旨願申上、願之通相叶、其上御加増拝領拾弐貫文に被成下、組御赦免御代官役仕候由承伝候得共、勿論分明には覚不申候。然処亡父七郎右衛門儀、
義山様御代始則御加増拝領三拾貫文に被成下御役目等相勤候内、大御検地之時分二割出六貫文桃生郡三輪田村にて拝領、其外於同所に亡伯父笹町但馬野谷地拝領開発之新田起目拾五貫九百文弟七郎右衛門に被下度旨依奉願、従
義山様奥山古大学を以願之通被仰付、寛永二十一年之御黒印に五拾壱貫九百文に被成下候。承応元年宮城郡高城之内小泉村・桃生郡馬鞍村両所知行地尻にて野谷地拝領開発新田、起目四貫五百拾壱文明暦二年に拝領仕、高五拾

六貫四百拾壱文に被成下候。同年桃生郡深谷之内須江村・赤井村にて野谷地拝領開発以後、新田起目四貫四百五拾壱文万治三年二月

綱宗様御代茂庭周防・冨塚内蔵丞を以被下置、本地五拾六貫四百拾壱文右新田に取合六拾貫八百六拾弐文に被成下候。亡父歳老依申に、寛文元年隠居之願申上候処、同年四月十六日願之通拙者家督無御相違奥山大学を以被仰付候。且又

義山様へ御小性御奉公仕候付て、拙者に被下置候御切米六両御扶持方四人分は其節之御政法両進退御取合不被下候由にて、右御合力は被召上候。寛文八年拙者弟久七武内利左衛門聟苗跡に被成下度旨申上候砌、右知行高之内三貫文被分下利左衛門進退へ御取合被仰付度趣奉願、同年十二月廿五日に茂庭主水を以願之通被仰付候。以後拙者知行高五拾七貫八百六拾弐文に御座候処、桃生郡三輪田村知行地尻にて寛文八年野谷地拝領、同十一年開発御竿入、同十二年正月廿五日に起過共に弐貫五百四拾七文柴田中務を以拝領、只今被下置候御知行高六拾貫四百九文に御座候。以上

延宝五年正月十三日

25　高屋松安

一　拙者親高屋宗慶儀同名快庵甥に御座候而、快庵処に付居療治仕候段、

貞山様相達御耳に可被召仕由中嶋監物を以快庵に被仰付、幸其年快庵江戸に相詰申候故、宗慶十八歳元和三年五月廿日に被召出、翌日より御相伴被仰付、上之御仕着並に拝領仕、廿七歳寛永三年

行幸之御上洛御供仕罷登、御下向以後御仕着御知行五拾貫文に被直下由、佐々若狭を以拝領仕候。御知行被下置年号は何年に御座候哉覚不申候。右御仕着何程に御座候哉失念仕候。寛永十一年御上洛御供相勤罷下候。貞山様へ宗慶十八歳より三十七歳迄十九年御遠行被遊候迄江戸・仙台定詰御奉公仕候。引続義山様へ三拾八歳より六拾壱歳迄三十三年御遠行被遊候迄江戸・仙台御奉公相勤申候。寛永十八年御検地御竿之時分二割出目拾貫文右五拾貫文へ合六拾貫文拝領仕候。桃生郡牛田村・永井村両村野原にて新田取立寛永十八年惣御検地之時分御竿相入、起高六貫三百弐拾五貫文被下置候。誰を以被下候と申儀無御座候。御黒印頂戴仕候。綱宗様御国元に被為成御座候内御奉公仕候。六拾六歳古内源太郎を以隠居願申上候処、願之通隠居被仰付、家督無御相違拙者に被下置之旨寛文五年五月十五日右源太郎を以被仰付、六拾六貫三百弐拾五文之御黒印頂戴仕候。寛文五年六月十五日於江戸古内志摩を以家督之御目見仕候。寛文拾年七月七日柴田外記を以江戸御番被仰付、延宝三年三月廿七日迄六年相勤申候。以上

延宝五年四月廿八日

26　川村孫右衛門

一　私継父川村孫兵衛儀中国長門之者御座候。慶長年中、貞山様御代奥山出羽を以被召出、御知行五拾貫文可被下置旨御意に御座候由申伝候。其節申上候は被召出段難有仕合奉存候。御領内野谷地大分御座候条、御本知拝領仕儀に無御座候。自分取立を以何程成共新田起次第に拝領仕度由奉願候処御尤に被召置、苗代田に可仕由にて、御本知拾貫文被下置由申伝候。元和二年より野谷地申請新田

起立申候内、孫兵衛甥同苗勘兵衛に野谷地拾町歩為分取高に被成下御奉公為仕度由、佐々若狭を以申上候処、如願被仰付、右野谷地開発御竿入、高拾壱貫弐百弐拾六文之所元和七年に右若狭を以被下置御奉公相勤申候。其以後も孫兵衛段々野谷地申請起立百拾貫七百弐拾文之所、寛永十二年四月十四日佐々若狭を以拝領仕、御分領中堰堤取立御本地定水に罷成、其上大分之御蔵新田開発并御堰場取立御臨時過分御座候付奇特に被召置旨、奥山古大学所へ御直書被成下于今所持仕候。拙者儀加藤喜右衛門三男に御座候処、孫兵衛聟苗跡に仕、右御知行百拾貫七百弐拾文之内拙者に五拾貫文・日野長門次男川村善太夫に三拾五貫文・横山甚蔵次男川村伊兵衛に弐拾五貫七百弐拾文被分下度段、寛永十二年に佐々若狭を以申上候処、則三人一同に如願被仰付候。右加藤喜右衛門・日野長門・横山甚蔵何も孫兵衛に因は無御座候得共懇意に御座候故、名々子供聟養子に奉願候。

義山様御代寛永十五年古内前主膳を以孫兵衛隠居之願申上、則隠居被仰付候故、拙者・善大夫・伊兵衛三人共に御奉公仕候。孫兵衛隠居仕候共同十五年より正保元年迄別て御奉公相勤罷在候。其砌御新田被下置儀御法度被仰出候得共、孫兵衛各別之御奉公仕儀候間隠居分に野谷地弐拾町歩被下置由、右主膳を以被仰出、正保二年に右野谷地拝領仕御竿相入不申内孫兵衛相果、以後御竿入起目高六貫五百拾壱文之所後家分に被下置候条、喜多目先彦右衛門三男半十郎に川村伊兵衛娘取合聟苗跡に仕、慶安四年右主膳を以奉願候処に、無御相違同年五月九日右川村半十郎に後家跡式被立下候。彦右衛門・伊兵衛・拙者因は無御座候得共、兼て懇意之首尾を以右之通申上候。勿論起残谷地之内三町歩、承応元年に右主膳を以拙者拝領仕開発御竿入、高三貫百五拾文孫兵衛位牌所に普誓寺取立差置申候寺領に奉願候処、明暦二年に右主膳を以如願被仰付候。

義山様御代御検地二割出共に拙者御知行高六拾貫文に被成下御黒印奉頂戴候。

御当代延宝元年十月廿九日切副之地四貫弐百八拾九文柴田中務・大条監物を以被下置、当時拙者知行高六拾四貫弐百八拾九文に御座候。切副之地高に被成下候御黒印于今頂戴不仕候。以上

延宝五年四月五日

27　渡辺助左衛門

一　拙者先祖奥州会津若松盛氏譜代御座候。私高祖父渡辺道閑儀盛氏代進退切米沢へ罷越候処に、性山様御代右道閑被召出、御知行三拾貫文被下置御奉公仕候。右道閑実嫡子助左衛門儀盛氏代に会津へ帰参仕盛氏へ奉公仕候由承伝候。

貞山様御代右道閑米沢にて病死仕、道閑実次男兵衛に家督無御相違被下置候。後に右兵衛病死仕子共無御座候付、苗跡相禿申由承伝候。

貞山様若松御手に入申候時分、祖父助左衛門儀右道閑御首尾を以被召出、御知行三拾貫文原田休節を以被下置候由承伝候。年号は不承伝候。後に御加増三拾貫文被下置六拾貫文に被成下、其後四拾貫文御加増被下置百貫文に被成下、其上御評定御役目被仰付伊予に改名被成下相勤申由承伝候。右両度之御加増被下置候品年号・御申次衆は不承伝候。伊予嫡子半三郎従若年御小性組御奉公仕、其上御小性頭御役目被仰付、別て部屋住料に御切米・御扶持方被下置相勤申由承伝候。年月は不奉存候。半三郎後に助左衛門と改名仕候。右伊予元和三年七月十三日に病死仕、伊予苗跡無御相違同年に茂庭石見を以右助左衛門に被下置、御切米・御扶持方被召上由承伝候。其以後知行所之内野谷地申請自分開発仕、高四貫六百四拾四文拝領仕、高百四貫六百四拾四文に罷成候。右四貫六百四拾

四文拝領仕候。御申次・年号不承伝候。

義山様御代右助左衛門儀御国御番頭御役目被仰付相勤申候。右助左衛門儀寛永二十一年正月廿五日に病死仕候。同年三月八日に津田豊前・奥山大学を以拙者に家督被仰付候時分、御知行百四貫六百四拾四文之内五拾五貫五百文被下置之由被仰付、其外品不被仰渡候。同年八月十四日之御黒印頂戴仕候。拙者知行所之内野谷地自分開起、高六貫五百四拾四文明暦元年に山口内記を以拝領仕、六拾弐貫四拾四文之高に被成下候。同二年正月廿二日之御黒印頂戴仕候。

御当代寛文元年十一月十六日之御黒印頂戴仕候。拙者知行所切添起目四貫弐百六拾五文延宝元年十月廿九日に大条監物を以被下置候。御黒印于今頂戴不仕候。当知行高六拾六貫三百九文に御座候。以上

延宝七年六月廿一日

28 大河内源大夫

一 拙者曽祖父大河内大炊左衛門儀御当家へ被召出度由、貞山様へ片倉古備中を以仙道御発向之御時代申上候処、重て進退可被下由被成御意、先以右備中に御預ヶ被指置御先手へ被相加候由、其以後可被召出之旨被仰出候処、右備中申上候は大炊左衛門杯被召出候ては御先手旁不罷成候条、当分御預ヶ被下度由申上候由、且又拙者祖父同氏又助儀後は大炊左衛門と申候、若年之節伏見御時代以前より貞山様へ被召出、御切米御扶持方被下置御奉公相勤申候。其以後従

貞山様慶長六年に御知行五貫百拾九文被下置候。右如何様之品誰を以拝領仕候哉不承伝候。大坂御陣之節も片倉小十郎手へ被相付両度共御先手馬上にて相勤申候。
貞山様御代寛永七年に被仰は、数年之御奉公相勤大坂御陣之節鵜飼藤蔵・鈴木理右衛門に太刀為討候儀迄被遊御覚候。依之御鉄炮御足軽被仰付之由、
貞山様江戸に被為成御座片倉備中方へ御奉書被相下之由にて、右備中を以被仰渡候由承伝候。寛永十三年
貞山様江戸へ被遊御登候砌、於白石被仰立は年久御奉公相勤御物頭役被仰付候ても小進にて江戸御番等数度相勤申候。依之御加増可被成下と被思召候処に、唯今迄御延引被遊候。此度御加増之地弐拾五貫文被下置候之旨、中島監物・奥山大学を以拝領仕、右本高合三拾貫百拾九文に被成下候。其後
義山様御代御検地二割出目拝領仕、高三拾六貫弐百文に被成下候。
御同代拙者親同氏源大夫儀正保元年右祖父大炊左衛門病死に付御番代被仰付、組之衆召連江戸へ罷登御番相勤申候。右大炊左衛門儀同二年三月廿三日に病死仕候処、古内主膳を以同年四月家督無御相違右源太夫に被下置、其上直々御鉄炮御足軽組被預置候。右源太夫儀明暦元年六月廿四日病死仕候処、従
義山様同年八月廿八日に拙者に家督無御相違古内主膳を以被下置候。
御当代延宝五年十二月十五日に御前へ被召出候て、御直に御加増之地三拾貫文被下置候。右本高合当時拙者知行高六拾六貫弐百文御座候。以上
延宝七年三月九日

29　鹿又五郎右衛門

一　拙者曽祖父鹿又彦右衛門儀御家御譜代、稙宗様御時御家老之連座に被成下候段御書於于今所持仕候。御知行高之儀不承伝候。彦右衛門儀壱岐と改名、輝宗様御時元亀二年に励御忠節候上、御知行六貫文田六百苅・畑六貫地被下置候段御書所持仕候。祖父土佐親五郎右衛門迄引続御奉公仕、貞山様御代親五郎右衛門御加増拝領三拾貫文に被成下、寛永四年に御買新田壱貫百六拾三文被下置、義山様御代寛永十四年に親病死仕、跡式同年十月鴇田駿河を以無御相違拙者に被下置、三拾七貫六百文に被成下、慶安五年に野谷地拝領開発仕、弐拾八貫五百九拾文為御加増明暦三年六月廿七日山口内記を以被下置、都合六拾六貫百九拾文之御黒印頂戴仕候。以上

延宝五年二月九日

30　松坂甚左衛門

一　拙者先祖花園左大将源有仁より四代之孫松坂大膳五位侍従源定政儀、所生伊勢国松坂に御座候。正応之年中、亀山院三ノ宮様奥州黒川郡へ御下向之節御供仕罷下由承伝候。拙者曽祖父松坂周防定信迄拾二代黒川郡に住居仕由に御座候。然処天正之年中黒川郡は、貞山様御領地に罷成由、其節従米沢名取郡北目村へ貞山様御出馬之刻右之松坂周防北目村御陣所へ被召出被仰出候は、黒川郡相川村館主八森相模儀最前逆心仕候。彼

類族于今有之候哉と被相尋候。追罸被仰付無之段申上候。追て茂庭石見を以此度加美郡宮崎之城御攻被成候間、周防嫡子次郎右衛門親子共に黒川人数引連御案内可仕旨御意を以致御供、周防儀は宮崎にて討死仕候。同所落城以後次郎右衛門儀黒川人数引連佐沼へ御案内可仕旨石見を以被仰付致御供、佐沼落城以後、

貞山様岩出山へ御帰陣被成置次郎右衛門被召出、御知行弐拾貫文被下置旨茂庭石見を以被仰出候。年月は不奉存候。其以後御買野谷地申請自分取立を以開発候て高五貫弐百四拾九文慶長十九年二月二日に奥山出羽・山岡志摩を以拝領仕、本地取合弐拾五貫弐百四拾九文に被成下候。元和年中御分領中御竿被相通候節、御検地御牒仕立申御用右次郎右衛門被仰付、首尾能相調、

貞山様京都に被相詰節持参指上申候処、為御褒美御知行弐拾貫文被下置之旨、元和六年三月八日奥山出羽を以被仰付候。其上為御意日向に名を改申候。日向嫡子拙者親同氏甚左衛門儀は別て御切米弐両御扶持方五人分被下置、御小性衆並に御奉公仕候。其後久荒地申請自分開発仕、弐貫弐百七拾四文慶長三年九月廿一日奥山出羽・鈴木和泉を以拝領仕候。寛永三年に右甚左衛門儀、

義山様御部屋へ御奉公被仰付、祖父日向に被下置候御知行四拾五貫弐百四拾九文と甚左衛門知行弐貫弐百七拾四文取合高四拾七貫五百弐拾三文被成置、祖父日向には寛永三年六月十一日に茂庭佐月を以別て御知行弐拾貫文被下置、其上御分領中諸役金代取納御用被仰付御奉公相勤申候。右日向儀御買野谷地申請自分開発仕、高七貫文之所寛永六年八月二日に茂庭佐月を以致拝領、本地取合弐拾七貫文之高に被成下候。日向儀同年九月廿日に病死仕候。右御知行之内拾貫文は日向次男井上九郎兵衛、拾七貫文は三男松坂弥吉に被下置度旨存生之内願置申に付、其段茂庭佐月を以披露仕候処、願之通被成下由に御座候。且又親同氏甚左衛門儀御買野谷地申請取立開発、高七貫八

百五拾八文之所寛永十一年霜月十日茂庭佐月を以拝領仕、本地取合五拾五貫三百八拾壱文に被成下候。其後、義山様御代惣御検地之砌二割出目寛永二十一年に拝領仕、高六拾三貫七百文に被成下候。慶安三年霜月甚左衛門儀日向に名を相改申候。拙者儀野谷地申請自分取立を以開発仕、高弐貫百五拾七文古内古主膳を以正保三年六月廿三日に拝領仕、御黒印奉頂戴候。親同氏日向儀承応元年七月十九日に病死仕候。日向跡式御知行六拾三貫七百文并拙者に被下置候御知行弐貫百五拾七文取合、高六拾五貫八百五拾七文之所無御相違拙者に被下置旨、同年八月十三日に茂庭古周防を以被仰付御黒印頂戴仕候。以上

延宝七年三月七日

31　中地半右衛門

一　拙者親中地半右衛門儀慶長年中七歳にて於京都貞山様へ被召出由御座候。如何様之品を以誰御取次にて被召出候哉承伝無御座候。右半右衛門被召出幼少内は上々御仕着並被下置、其以後御知行三拾貫文之高に被直下由御座候。誰を以被仰渡候哉年号等迄承伝無御座候。且又無間も御加増之地拝領四拾貫文之高に被成下候由に御座候。御加増被下置候品并年号等迄相知不申候。義山様御代惣御検地之砌二割出目之分被下置、四拾八貫文之高被成下候。然処正保三年六月野谷地拝領仕、起高七貫四百七拾六文被下置、取合五拾五貫四百七拾六文被成下候。右新田誰を以被下置候哉承伝無御座候。御同代右半右衛門儀御納戸頭役被仰付二十ヶ年程相勤、明暦二年三月五十一歳にて病死仕候。其節拙者事七歳に罷成候処、亡父半右衛門跡式御知行高無御相違拙者に被下由、古内故主膳を以同年同月廿四日被仰渡候。右御黒印

は

御当代致頂戴候。仍拙者儀十五歳より古内志摩御番組御国御番一度相勤申候処、寛永五年御小性組被召出候。然処拙者知行所に切添起目御座候付拝領仕度由申上候処、願之通壱貫百六拾八文之所高に結被下由、延宝二年十月大條監物被申渡候。且又黒川郡大谷山崎村知行続にて渋川助太夫・拙者両人にて野谷地弐拾町拝領仕、起目八貫弐百五拾四文之所拙者知行高に被成下由、延宝三年九月小梁川修理被申渡候。然処右弐拾町之野谷地拝領仕度由申立候砌、右助太夫拙者内々にて申合候は、起目之分高に結被下候は過不足無之様に起目相分可申由申合候処、右起目高助太夫方へ百弐拾壱文過に御座候付て、内々にて右之通申合候品々助太夫願申上候。依之右百弐拾壱文之所拙者に被下置由、延宝五年正月小梁川修理被申渡、拙者知行高都合六拾五貫拾九文に御座候。右弐口之御黒印は于今頂戴不仕候。以上

延宝七年九月十五日

侍衆

御知行被下置御帳（八）

六拾四貫七百七拾六文より六拾貫文迄

1 荒井九兵衛

一　拙者曽祖父荒井左京儀会津盛氏一家に御座候処、会津没落
貞山様御手に入申候付
貞山様へ右左京訴訟申上候故、本領之通無御相違被下置候処、会津は
大閤様へ御上ケ地に被遊候付、左京儀亦以浪人に罷成候。依之
貞山様伏見に被成御座候節、右左京儀伏見へ罷登片倉備中を以申上候は被召抱被下置度由申上候処、則御知行六拾貫文右備中を以被下置、伏見にて御番頭御弓頭両役被仰付被召仕候由承伝候。其後元和年中惣御検地被相入候節、右六拾貫文之内拾貫文御用地に被召上替地可被下由被仰渡候得共、以後替地不被下置候。私祖父同氏弥次右衛門儀元和弐年七月病死仕候。曽祖父左京儀は同九年十月病死仕候。跡式無御相違親同氏三郎右衛門に被下置旨右備中を以被仰渡候。

義山様御代に罷成惣御検地被相入二割出被下置候に付、六拾貫百文之高に被成下候。御当代に罷成延宝元年十月廿九日、大条監物を以切添起目五貫五百九拾八文之所、親三郎右衛門拝領仕取合六拾五貫六百九拾八文之高に被成下候。右三郎右衛門儀延宝三年十二月廿三日隠居被仰付、拙者に家督無御相違柴田中務を以被下置候。然処拙者実弟佐藤勘兵衛に右高之内九百弐拾弐文之所、為分取申度由奉願候処、延宝四年十一月九日小梁川修理を以右願之通被成下候。当時拙者知行高六拾四貫七百七拾六文に御座候。以上

延宝四年十二月十七日

2　小関吉兵衛

一　拙者曽祖父小関加賀儀、従米沢貞山様御供仕罷越御知行五貫文被下置御奉公相務申候由承及候。右御知行米沢に被成御座候時分より、引続被下置候哉、勿論曽祖父以前之儀誰様御代に被召出候哉、不承伝候。右加賀嫡子又左衛門次男加左衛門と申候て子共二人御座候。右加左衛門は拙者親、同氏甚五左衛門実父御座候処、加左衛門にも御知行五貫文貞山様より被下置御奉公相務申候。又左衛門病死仕子共無之に付て願申上候哉、加左衛門嫡子又蔵に家督無御相違貞山様より被下置、又蔵も病死仕候故、跡式次男甚五左衛門に被下置、其外御仕着を以御奥小性に被召使候。其後御仕着十五貫文に被直下、取合弐拾貫文に被成下義山様御部屋へ被相付由に御座候。右加左衛門儀従

貞山様新田拝領仕、本地五貫文へ取合拾五貫百七十五文之高に被成下候付、加左衛門存命之内甚五左衛門儀本高上仕度由にて右知行高之内十貫八拾七文甚五左衛門に被分下度旨願申上、

義山様より古内主膳を以願之通被仰付候。其上大御検地之時分二割出六貫文其外壱貫弐百拾三文は如何様之品を以拝領仕候哉、寛永廿一年之御黒印に三拾七貫三百文に被成下候。慶安三年に桃生郡矢本村にて久荒新田に申立弐貫六百七拾壱文従

義山様被下置其後矢本村御蔵入罷成候付、甚五左衛門下中屋敷三・四軒御座由申候。此所へも御竿被相入高に被結下候と相見へ右之替地牡鹿郡大爪村にて三貫七百卅文被下置、寛文元年之御黒印に四拾壱貫三拾文に被直下、甚五左衛門拝領仕候。甚五左衛門男子無之に付て、私儀葦名刑部次男に御座候処、聟苗跡に仕度段寛文五年に申上候処、願之通被仰付候。然処寛文六年に右甚五左衛門病死仕、引続無御相違同年八月十六日に古内志摩を以

御当代に拙者拝領仕候。寛文四年桃生郡三輪田村甚五左衛門知行地尻にて野谷地拝領仕切起御竿相通申候処に、起過共拾貫六百六拾三文寛文八年七月廿三日於江戸以柴田外記拙者に被下置候付、本地取合五拾壱貫六百九拾三文之高に被成下候。且又甚五左衛門弟小関加左衛門儀小身にて罷在候付、右知行高之内五貫文加左衛門に被分下度旨申上候処、同九年二月廿五日柴田外記を以願之通被仰付、残知行高四拾六貫六百九拾三文之所にて於于今御奉公相務申候。以上

延宝四年十二月十三日

3　里見勘五郎

一　拙者祖父里見勘四郎儀
貞山様御代小島左馬丞を以御召出御知行千五百石程之御積に被下置候由候得共、貫高は相知不申候。大坂両度之御陣之節は惣御鑓奉行被仰付候由、其後品御座候て御家を立退紀州大納言様へ被召抱候由承伝候。委細之儀は相知不申候。実父同氏十左衛門儀右勘四郎嫡子に御座候処に
義山様御代古内先主膳を以被召出、御切米御扶持方被下置御奉公仕候。御切米御扶持方之員数并年号不承伝候。正保弐年十月廿八日に御知行三拾六貫文被下置候。
御同代慶安弐年二月五日に御知行廿四貫文為御加増被下置候。其後野谷地申請開発仕候新田四貫六百八拾七文
御当代寛文元年十一月十一日に拝領仕候。都合六拾四貫六百八拾七文に被成下候。右段々御知行拝領仕候品々御取次不承伝候。且又親十左衛門儀寛文八年十一月晦日に病死仕候に付、親類共家督願田村隠岐殿・伊達兵部殿御後見之時分申上候処に兎角之義不被仰渡、兵部殿御改易以後寛文十一年霜月廿八日に親迹式無御相違拙者に被下置旨、柴田中務を以被仰渡其上十左衛門死去以後之御知行物成之分一宇被差添被下置候。御黒印頂戴仕候。拙者知行高今以六拾四貫六百八十七文に御座候。以上
延宝七年九月七日

4　内馬場蔵人

一　拙者先祖伊達御譜代御座候。亡父内馬場伊予跡式は兄同氏清十郎に被下置候。拙者儀は次男に御座候。先祖進退等之儀惣領筋目に御座候間、右清十郎嫡子同氏孫右衛門可申上候。拙者儀無進退にて十三歳より

貞山様へ被召出御仕着色々被下置御小性之間にて御奉公仕候
義山様御代に罷成寛永十七年に御切米金子十五両御扶持方拾人分山口内記を以被下置候。
御同代寛永廿一年二月三日に御知行三拾六貫百文久敷神妙に御奉公仕候付被下置之旨、御意之由古内故主膳を以被仰渡候。御切米は被召上御扶持方は不相替被下置候。
御同代正保三年三月七日に為御加増御知行弐拾四貫文被下置六拾貫百文之高被成下、其節御扶持方被召上候。小進にて江戸御国共に神妙に御奉公仕候。段々御取立可被下候間左様に相心得可申由右古主膳を以被仰渡候。
御当代に罷成右知行地付に切添起目八百四文御座候を、寛文三年三月七日に冨塚内蔵丞を以被下置之由被仰渡、御黒印頂載仕候。
御同代又以右知行切添之所御改三貫七百四拾九文在之候処、延宝三年九月朔日柴田中務を以被下置之旨被仰渡、都合六拾四貫六百五拾三文之高に被成下候。右切添之御黒印于今頂戴不仕候。以上
延宝五年四月廿五日

5　久世瀬兵衛

一　拙者祖父久世民部儀、大阪籠城仕落城以後致浪人紀州に罷在候処、大坂にての働之様子貞山様相達御耳、寛永三年に被召出御知行五拾貫文被下置、九左衛門に改名被仰付、翌年三月御国へ罷下奉公相務申候。
貞山様御代寛永十年に江戸

御公儀御用被仰付、引続

義山様御代迄無懈怠相勉候付、同十六年に為御加増於竜ヶ崎御知行三百石被下置候。其節致頂戴候御黒印于今所持仕候。寛永年中大御検地之節、祖父九左衛門儀二割出拾貫文拝領六拾貫文と竜ヶ崎三百石と一紙に御黒印致頂戴、于今所持仕候。祖父九左衛門儀正保元年迄引続

御公義御用相務申候処、相煩罷下其以後役目御免被成、御国御番仕候。

綱宗様御代万治三年二月隠居被仰付、家督無御相違亡父九左衛門に被下置候由、茂庭周防を以被仰渡候。同年三月廿日右同人を以被仰渡は竜ヶ崎御知行之儀は諸士衆給分に不被下候処、祖父九左衛門に斗被下置候儀、御不審に被思召候。亡父九左衛門知行高過分にて被召上には無之候。脇へ之引懸にも罷成候間、竜ヶ崎三百石之所此度被召上由被仰付候。亡父九左衛門儀寛文九年極月廿二日に病死仕、家督無御相違拙者に被下置候由、翌年三月廿三日に原田甲斐を以被仰渡候。

御当代寛文八年二月十五日亡父九左衛門野谷地拾八町拝領開発仕、御竿相入候代高四貫六百弐拾四文延宝三年九月朔日柴田中務を以拙者に被下置、当知行高六拾四貫六百弐拾四文被成下候。先祖より御知行被下置候品々拙者幼少之時分親相果候故、前々之儀承伝之通申上候。以上

延宝五年正月廿三日

6　片山源兵衛

一　拙者祖父片山伊勢賀州浪人に御座候処、貞山様御代於江戸金森出雲殿御指南を以御下中へ被召出、五拾人御扶持

方被下置由承伝候得共、年号等不奉存候。其以後御国へ罷下鈴木和泉を以御知行五拾貫文拝領仕、右御扶持方は被召上由御座候。何用之品を以右御知行被下置候哉、勿論年号等も不承伝候。寛永十三年右伊勢病死仕、拙父五郎兵衛に跡式無御相違茂庭佐月を以同年被下置候由承伝候。且又寛永十八年惣御検地之時分二割出目被下置、知行高六拾弐貫五百文被成下候。其後知行所地続野谷地申受、起目高壱貫三百九拾文寛文元年柴田外記を以被下置、知行高都合六拾三貫八百九拾文之御黒印、御当代に頂戴仕候。然処父五郎兵衛隠居願申上、延宝五年六月三日柴田中務を以右知行高無御相違拙者に被下置候。御黒印は于今頂戴不仕候。以上

延宝七年三月十七日

7　古内勘丞

一　拙者先祖国分能州盛氏一家之由承伝候。私祖父古内主殿儀貞山様御代御知行拾貫文被下置被召出伏見へも相詰御奉公仕候処、其後義山様御小座へ被相付致勤仕候。其後御加増三拾貫文致拝領、知行高四拾貫文に被成下旨寛永十七年被仰付候。誰を以被下置候哉不承伝候。然処同十九年に致病死家督嫡子勘丞に右同年津田近江を以被仰付候。寛永二十一年惣御検地二割増之上御加増拾貫文被下置都合五拾貫文之高に被成下、五十人頭被仰付致勤仕、其以後宮城郡国分古内村知行地続にて切添起目壱貫九百六拾三文、同郡上谷苅村にて野谷地申請自分開発高拾弐貫八百五拾三文、登米郡上沼村にて野谷地申請、開起高六貫七百四拾七文右三ヶ所新田正保弐年八月五日山口内記を以被下置、都合

七拾壱貫五百六拾三文に被成下御黒印頂戴仕候。且又宮城郡上谷苅村知行地続切添新田五貫百五拾壱文、慶安三年四月五日山口内記を以被下置候。都合七拾六貫七百拾四文被成下御黒印頂戴仕候。其後宮城郡国分小岳村知行地続切添弐百三拾三文、并牡鹿郡遠島針之浜にて野谷地申請起高六百三拾四文寛文元年十一月十六日奥山大学を以被下置、知行高都合七拾七貫五百八拾壱文之御黒印親勘丞頂戴仕候。然処拙者実弟弥惣右衛門宮河四郎左衛門養子に申合候時分、右知行高之内拾五貫文分為取申度由、親勘丞願上申候処、寛文九年九月廿日古内志摩を以願之通被仰渡候。依之本地六拾弐貫五百八拾壱文之高に被成下御黒印親奉頂戴候。寛文十三年宮城郡国分古内村下中除屋敷へ御竿被相入高壱貫弐百九拾九文同年六月十八日小梁川修理を以拝領仕、知行高六拾三貫八百八拾文に被成下、右除屋敷知行高被成下候。御黒印は于今頂戴不仕候。御書替は取持仕候。親勘丞改名仕主殿に罷成、延宝弐年五月廿九日病死仕、苗跡無御相違拙者に被下置旨、同年八月廿八日大條監物を以被仰渡候。以上

延宝五年四月廿八日

8　関金之丞

一　拙者先祖養曽祖父関勘兵衛儀

貞山様御代に南部より浪人仕、御当地へ罷越候。其刻乗参候六とうと申馬被召上当座之御合力被下置被召出、其以後遠島御山狩之時分於彼地御知行被下置由承伝申候。何年誰を以其節何程被下置候哉、其段不承伝候。右勘兵衛儀寛永廿一年七月病死仕候以後、実子同氏加兵衛に無御相違家督被仰付候。加兵衛儀男子持不申候付て、小梁川中務次男勘兵衛聟名跡申上如願被仰付候。加兵衛儀承応四年四月病死仕候以後、右中務次男勘兵衛に家督無御相

違被下置候。勘兵衛儀小梁川修理次男に御座候を養子に申上如願被仰付候。勘兵衛儀延宝三年五月病死仕候。跡式同年九月九日に無御相違被下置由柴田中務を以被仰渡候。寛永廿一年より御当代迄御黒印三通頂戴仕候。其節より知行高六拾三貫七百文御座候。引続於于今右之高に御座候。以上

延宝五年二月廿九日

9 山口権八

一 拙者親山口内記

義山様御代に被召出御切米御扶持方被下置候由承申候。拙者二歳之時親内記相果申候故先祖之様子は不承候得共、内記代より所持仕候

義隆公より山口三郎方へ御感状壱つ

信長公より山口軍兵衛方へ御隠密之御書一つ従

秀吉公山口玄蕃方へ壱万石之御朱印一つ右之通唯今に取持仕候。内記儀は

義山様御代御切米御扶持方御知行に被成下、段々御加増拝領本地にて弐百拾貫文程に罷成候由承及候。御黒印は百九拾六貫百文迄頂戴仕候。其外は新田苗代目に被下置候に付、御黒印相調不申候。

御同代野谷地六百町拝領仕内記代に起立御竿相入候得共、

大殿様御代に罷成御目見も不仕病死仕候故、本地新田共に一字被召上、新田之内五拾貫文深谷之内鹿股村にて被下置、内記迹式に被成下御奉公相勤申候。尤従

大殿様御黒印頂戴仕候。

御当代に罷成寛文四年に野谷地五町拝領仕、同八年に開起御竿相入高六貫八百九拾四文内壱貫六文起過共拙者親類小野太右衛門に被下置、御番等をも被仰付被下度旨御訴訟申上候得ば、願之通に被成下、寛文八年十二月十六日に柴田外記・原田甲斐を以太右衛門被召出起過共に六貫八百九拾四文之所、右太右衛門に被下置御黒印迄頂戴御広間御番相務申候。小野太右衛門儀は拙者に無他事因御座候に付、親山口内記相果申候時分拙者弐歳に罷成候故、守立申度と古内中主膳を以御訴訟申上、御給主之進退差上万治二年より拙者を守立申候故、右之通野谷地を拙者拝領仕如斯御座候。以上

延宝五年二月廿九日

10　溝江伝左衛門

一　拙者実父溝江伝左衛門儀元和七年貞山様御代中島監物を以被召出、御知行五拾貫文被下置候。如何様之品を以被召出候哉不奉存候。義山様御代惣御検地之砌二割出目拾貫文拝領仕六拾貫文に被成下候。品川様御代万治元年十二月右伝左衛門病死仕候。同二年二月廿日奥山大炊を以親跡式無御相違拙者被下置候。其以後磐井郡東山浜横沢村之内拙者知行所之内切添起目九百壱文、万治三年二月十日に富塚内蔵丞茂庭中周防を以被下置候。其以後栗原郡二之迫鶯沢村之内袋拙者知行所之内切添起目百九拾六文御当代寛文元年四月廿二日に柴田外記を以被下置、六拾壱貫九拾七文之御黒印頂戴仕候。以上

11　今泉正左衛門

延宝五年四月晦日

一　拙者曽祖父今泉治部田村御譜代御座候。貞山様御代に被召出御知行弐拾貫文奥山出羽を以被下置、江戸御番相勤申候。其以後御歩小性衆仕立可申由、牧野大蔵右治部両人に被仰付、御歩小性衆百人仕立申候て、大坂御陣へ召連罷登罷下候。以後御加増之地三拾貫七百文右出羽を以拝領仕、御知行高五拾貫七百文に罷成、御町奉行被仰付候。其砌山城に改名仕相務申候。両度御知行拝領仕候年号不承伝候。祖父同氏覚左衛門儀も江戸御番馬上相務、父子共御奉公仕候。右山城隠居願申上候得ば、願之通に奥山大学を以寛永五年に嫡子右覚左衛門に無御相違被仰付、山城は隠居仕候得共、寛永十三年迄御町奉行相務申候。同十四年右覚左衛門に御町御足軽衆被預置候。同十五年に従義山様山城には隠居分弐拾人御扶持方馬之喰壱疋分、右大学を以被下置候。山城儀同十五年に相果申に付、次男同氏市右衛門に隠居跡式被下置候様願申上候得ば、五人御扶持方御切米五両同年に古内主膳を以被下置候。同廿一年立花好雪様奥様へ右覚左衛門被相付被遣候に付て、依嫡子に実父正左衛門に右知行高之通被下置、御物頭共に被仰付候由則被仰渡候。御申次は不承伝候。同年に二割出目拾貫文被下置都合六拾貫七百文罷成候。右正左衛門儀寛文二年改名治部に罷成候。同九年十二月十三日に古内志摩を以御不断衆差引被仰付候。其以後野谷地申請、開発仕起目新田弐貫百三文之所同十二年正月廿五日に被下置候。誰を以被下置候哉不承置候。右御知行高都合六拾弐貫八百三文に被成下候御黒印頂戴仕候。延宝弐年十一月九日に小梁川修理を以脇御番頭并御歩小性衆差引被仰付候。同年同月十九日に右治部病死仕候に付、同三年三月四日に右修理を以家督無御相違拙者に被下置、同四年二月江戸御番被仰付相務申候。以上
延宝七年九月晦日

12　油井善助

一　拙者先祖伊達御譜代之由承伝候得共、先祖初て誰様御代に被召出候哉、曽祖父以前之儀は相知不申候。拙者曽祖父油井善右衛門儀は輝宗様御代に御奉公仕候由承伝候得共、進退何程に御座候哉其段は相知不申候。右善右衛門病死仕候以後、拙者祖父油井善右衛門に家督被下置
貞山様へ御奉公仕候。其節は善助と申候。高麗御陣之時分は小進にて御供仕候。被遊御帰陣以後御知行三拾貫文被下置、其以後十貫百文御加増之地拝領仕四拾貫百文罷成、大坂御陣之時分は善右衛門と改名仕、拙者親善助親子共に馬上にて御供仕候。右之通曽祖父祖父御知行御加増段々被成下候品々は久敷儀に御座候故、年号御取次等迄相知不申候。祖父善右衛門儀江戸仙台御作事奉行被仰付、親善助儀も江戸御番馬上にて相勤申候。祖父善右衛門儀元和八年霜月廿八日於江戸病死仕、同九年家督無御相違奥山古大学を以親善助に被下置、寛永七年に御物頭被仰付、同拾壱年加役に御勘定頭被仰付、右御物頭役目共に両役相勤申候。寛永十三年
義山様御代始に親善助儀御勘定頭御免被成、加役に御作事奉行被仰付、右御物頭役目共に相勤申候。寛永廿一年惣御検地相済御知行御割之節、二割出八貫文被下置、四拾八貫百文に罷成候。其節親善助善右衛門に改名仕、拙者

善助に罷成候。正保弐年に親善右衛門儀京都御留守居被仰付候節、善右衛門に被預置候御足軽衆拙者に被仰付、親子共に御奉公仕候。善右衛門には於京都江州御知行所より罷出候口米之内四拾石被下置候。親善右衛門儀京都に三ヶ年相詰申内慶安元年に

綱宗様へ被相付、翌年江戸へ罷登候。為御合力金子五拾両御扶持方三拾五人分被下置、拙者儀は善右衛門知行高四拾八貫百文を以右御物頭役目引続相務申候。右知行所之内地続野谷地新田起目弐貫百九拾六文、明暦三年八月十日山口内記・真山刑部を以拝領仕、御知行高五拾貫弐百九拾六文に罷成、親善右衛門儀慶安二年より引続十二ヶ年江戸定詰仕、万治二年に

綱宗様御入国之御供仕罷下、同年六月十一日御加増之地弐十貫文茂庭先周防を以拝領仕、都合七拾貫弐百九拾六文に罷成候。

綱宗様御代万治三年三月親善右衛門奥山大炊を以隠居願申上候節、右御加増之地弐拾貫文之内五貫文石田十郎左衛門に被分下度由奉願候処、同年三月十四日に右大炊を以願之通拙者に家督被仰付、五貫文右十郎左衛門に被分下拙者当知行高六十五貫弐百九拾六文に罷成御黒印頂戴仕候。

綱宗様御代万治元年拙者儀茂庭先周防・古内中主膳を以御名掛差引被仰付候。

御当代寛文元年御屋敷奉行加役被仰付、同十年極月柴田外記を以御不断衆差引被仰付、同十一年十月柴田中務を以御小性頭被仰付相務申候処、病気故訴訟申上延宝四年二月十日に御免被成下候。以上

延宝五年二月廿五日

13　長沼九左衛門

一　拙者養祖父長沼九左衛門儀会津譜代に御座候。
貞山様御代被召出、御知行高五拾壱貫文被下置由承伝候。誰を以被召出候哉、年号不承伝候。右九左衛門儀寛永廿年九月六日に病死仕、実嫡子同氏惣太左衛門に
義山様御代右家督被仰付、跡式無御相違被下置候。誰を以被仰付候哉、右年号覚不申候。惣御検地之時分二割出目拾貫弐百文致拝領、都合六十貫弐百文に被成下、御黒印致頂戴候。
御当代東山母体村知行所之内地付新田起目弐貫五百四拾五文於江戸に寛文拾弐年正月廿五日片倉小十郎・茂庭主水を以致拝領候。拙者儀は八乙女古長大夫次男に御座候処、右惣太左衛門実子無御座候付、聟苗跡に仕度由、承応三年三月古内故主膳を以奉願、願之通被仰付候。然処に右惣太左衛門儀寛文十三年五月十五日に病死仕、跡式無御相違右高六拾弐貫七百四拾五文柴田中務を以同年八月六日に拙者に被下置、御奉公相勤申候。以上
延宝五年四月十三日

14　佐伯小兵衛

一　拙者曽祖父佐伯佐渡儀
貞山様御代被召出御知行八拾貫文余被下置御奉公仕候処、実男子三人御座候に付隠居仕候節、嫡子金右衛門に三拾貫文、次男与右衛門に弐十七貫文余、三男利助に弐十三貫文為分取申由承伝候。右三男拙者祖父佐伯利助儀男子持不申候に付、拙父鉄斉儀

貞山様御代に久野休三郎と申十二歳之時奥山出羽を以御小性組に被召出御奉公仕候処、右利助病死仕男子無之女子御座候付、為御意御取合佐伯之名跡被仰付、御知行高弐拾三貫文元和三年に休三郎に被下置、名を改佐伯左京に被成下候。寛永七年正月廿三日に

貞山様御鷹野へ御出馬之節左京儀御供仕候処に御前へ被召出、小進にて馬等宜相嗜其上御奉公神妙に致勤仕候間、御加増十貫文被下置三拾三貫文に被成下旨、御直に被仰付候。其以後名を改修理に被成下候。寛永廿年霜月十二日に

義山様修理宅へ被為成候節、御前へ被召出

貞山様御代より曳続段々御奉公之存入御覚被遊候間、為御加増御知行拾七貫文被下置五十貫文之地高に被成候由、御直に被仰付候。

義山様御代正保年中に野谷地申受自分開発之高四貫六百五拾文、慶安四年八月山口内記・真山刑部を以被下置候。

御同代承応弐年に修理儀法体被仰付、鉄斉と改名、御直被仰付、法体にて御目付役相勤申候。

御同代右拝領仕候新田之切添地高六百五十五文、明暦四年二月十日に真山刑部・山口内記を以被下置、都合五拾五貫三百五文に被成下候。

御当代寛文元年に鉄斉儀隠居之願申上候処、願之通隠居被仰付、御知行高五拾五貫三百五文并明暦年中に知行地続野谷地申受此開発之地高弐貫三百五文被添下、都合五拾七貫五百七拾四文之所無御相違拙者に被下置候由、同年九月十一日に奥山大学を以被仰渡、同霜月十六日之御日付之御黒印奉頂戴候。

御当代に知行切添之地高四貫三百弐拾六文延宝元年十月廿八日大條監物を以被下置、都合六拾壱貫九百文之地高に

被成下候。右切添知行高に被成下候御黒印は于今頂戴不仕候。以上
延宝五年三月廿一日

15　片平壱岐

一　拙者先祖御家御譜代御座候由承伝候。誰様御代に先祖被召出候哉高祖父以前之儀不奉存候。高祖父片平和泉儀、従稙宗様御知行三貫九百文被下置候御黒印所持仕候。右和泉嫡子曽祖父同氏六郎兵衛と申し後に名改加賀と申之由承伝候。加賀嫡子祖父同子五郎兵衛父子共に従晴宗様被下置候御判物三通所持仕候。従輝宗様於梁川御奉公走廻申付て、以前大塚将監所より御恩之地、一・東根白川田之内堀越孫左衛門分田弐千弐百五十苅畑六貫地、一・梁川之内畑六貫地、一・小梁川八幡之前畑五百地、今度為御加恩、西根増田之内柴田屋敷、一・梁川之内遠藤長門守分畑弐貫地被下置候。御黒印所持仕候。祖父五郎兵衛嫡子亡父五郎兵衛迄引続御奉公仕、政宗様御代五郎兵衛御加増拝領仕六十貫三百六拾六文之高被成下候。右御知行如何様之品を以何度誰を以拝領仕候哉、且又先祖より段々家督被仰付候年号・御申次は不承伝候。右御知行高之内五拾貫弐百文拙者被下置、家督被仰付残御知行高拾貫百六十六文之所、五貫八拾三文宛拙者弟遠藤三丞・桑折甚右衛門に被分下度由、右両様寛永十年亡父五郎兵衛存生に中島監物を以奉願候処に、如願之被仰付之由同年四月右同人を以被仰渡候。其後大御検地二割出目被下置六拾貫弐百文に被成下候。御黒印寛永廿一年八月十四日に奉頂戴候。

忠宗様御代拙者御知行地付之内にて、野谷地新田に申請自分開発仕此起目弐貫八百九拾四文明暦弐年正月廿二日に山口内記を以被下置、都合六拾三貫九十四文に御座候。然処に御当代拙者次男六郎兵衛松岡権左衛門親類に御座候付て、壻養子願申上候砌右拙者知行高之内五貫文被分下、右権左衛門知行高に被成下度段、古内志摩を以奉願候処、寛文十一年八月十五日如願被分下之旨片倉小十郎を以被仰渡候。其以後拙者知行切添起目壱貫三百九拾六文之所大條監物を以延宝弐年十月廿九日に被下置、当時拙者知行高五十九貫四百五拾八文に御座候。以上

延宝五年四月十六日

16 小国七右衛門

一誰様御代先祖誰を初て被召出候哉不承伝候。拙者養祖父小国蔵人儀貞山様御代御奉公申上米沢之内最上御境目中山に右蔵人被差置、御仕置等被仰付候。依之貞山様御朱印二通被下置、拙者于今所持仕候。貫高は相知不申候。貞山様御代御国替之節御当地にては蔵人御知行高四拾貫文被下置候。御取次は誰に御座候哉不承伝候。実子無御座候付て、親久大夫養子に仕候。慶長十六年九月廿日右蔵人病死仕候名跡御知行高四拾貫文津田古豊前を以休大夫に被下置候。年号不承伝候。久大夫実曽祖父湯目内膳祖父湯目雅楽丞と申候て、性山様へ御奉公申上、米沢之内須之島被下置罷在候由申伝候。御知行高之儀も不承伝候。米沢にて原刺原へ山神新斉御敵申上候付、

性山様御馬被相出、何とそ被為討度被思召候処に、湯目雅楽允右新斉討捕申候御忠節申上候為御褒美、従性山様雅楽丞御太刀拝領仕候由申伝、右御太刀拙者所持仕候。

性山様御代右雅楽丞実子湯目半内に家督被下置候処、蒙御勘気相果進退被召上候。右半内実子拙者親久大夫其節二歳に罷成候を伯父後藤肥前養育仕差置申候。

義山様御代拙者親久大夫嫡子四兵衛為御番代江戸御番相勤申候処、寛永年中に不慮之儀にて相果申に付、進退被召上、別て拾人御扶持方親久大夫に津田中豊前を以被下置、其以後右十人御扶持方拙者弟小国半兵衛に津田中豊前を以被下置候。拙者儀寛永九年十五歳にて御小性組に御召出、津田中豊前を以御切米六両四人御扶持方被下置御奉公仕候処、

御同代寛永廿一年三月七日冨塚内蔵允・津田中豊前・奥山古大学・古内古主膳右四人を以其身神妙に御奉公申上候付て、御取立被成置御知行四拾貫文被下置候旨被仰渡、御黒印奉頂戴候。右御切米六両四人御扶持方は其節被召上候。

御当代野谷地拝領、新田起目七貫三百拾六文寛文元年十一月十六日奥山大学を以被下置、本地高合四十七貫三百十六文に被成下御黒印奉頂戴候。

御同代野谷地拝領新田起目拾四貫四百八拾六文寛文十一年五月八日古内志摩を以被下置、本地高合六拾壱貫八百弐文に被成下御黒印奉頂戴候。以上

延宝七年四月廿七日

17　木幡源七

一　拙者祖父木幡木工助次男木幡源七儀寛永三年に義山様御小座へ古内古主膳を以被召出、御切米金壱枚十人御扶持方被下置御小性に被召仕候。御切米御扶持方御加増を以右之高に被成下候哉不承伝候。其後御腰物奉行被仰付、数年御奉公相勤候付て、慶安三年三月十日に御知行弐拾貫文被下置候由、戸田喜大夫を以被仰付、右御切米御扶持方は則其節より被召上候。同年二月十四日に御黒印奉頂戴候。明暦三年三月二日に義山様御前へ被召出先年江戸大火事之節御蔵は焼失仕候処に、御腰物御蔵に入置危御座候段、前廉致思慮御屋敷より外へ取出申候故御道具相残候付て、首尾能被思召之旨御諚之上御加増之地拾弐貫文被下置都合三拾弐貫文之高に被成下候。寛文元年十一月十六日に御黒印頂戴仕候。右源七儀万治元年霜月品川様御代、御小人頭被仰付、寛文弐年十二月病死仕、同三年三月十八日に以奥山大学迹式無御相違拙者に被下置、同年三月廿五日に御黒印奉頂戴候。則御国御番相勤其後江戸大御番組被仰付、同十年三月御小人頭被仰付、延宝二年十二月新御名掛頭被仰付、同五年九月御不断組頭被仰出、段々御奉公致勤仕候。同年極月十五日に御前へ被召出御加増之地三拾貫文被下置、都合六拾弐貫文之高に被成下候。御加増被下置候以後之御黒印は于今不奉頂戴候。以上

延宝七年四月廿七日

18　鈴木主税

一　拙者祖父岩城浪人俗名鈴木靭負法躰仕、林斉と申候由承伝候。
貞山様御代被召出御知行被下置御奉公仕候由、御知行高は何程被下置候哉不承伝候。其後隠居仕迹式無御相違拙父作右衛門に被下置御奉公仕候。作右衛門知行高は拾七貫文に御座候。祖父林斉何年に誰を以被召出候哉、如何様之品にて御知行被下置候哉、且又親作右衛門に家督被下置候年号・御申次不承伝候。其後寛永年中惣御検地之節二割出目被下置、弐拾貫四百文被成下候。拙者儀は作右衛門嫡子に御座候処、
貞山様へ御小性組に被召出、御仕着にて被召仕候。従夫
義山様へ被相附御仕着并御切米弐十両御扶持方十人分被下置御奉公仕候。首尾能相勤申候付、御知行三十貫文寛永十三年霜月朔日に古内故主膳を以被下置候。右御仕着御切米御扶持方は被召上候。寛永年中惣御検地之節二割出目共に三拾六貫百文に被成下候。正保二年親作右衛門隠居願申上候処、願之通被成下家督無御相違拙者に被下置、拙者知行高へ御取合五拾六貫五百文に被成下旨、古内古主膳を以被仰渡候。其節拙者願申上候は、作右衛門次男拙者弟同苗覚兵衛に親作右衛門に被下置候弐拾貫四百文之所為分取申度段奉願候処に、願之通被成下拙者儀は三拾六貫百文にて御奉公仕候。
御同代為御加増弐拾四貫文正保三年六月廿三日に右主膳を以被下置候。取合六拾貫百文に被成下候。
御同代加美郡小野田村にて野谷地弐十町拝領仕開起百拾文に罷成候処
御当代に右起目百拾文寛文元年十一月十六日奥山大学を以被下置、残る野谷地は御用地に被召上候。且又知行地続切添起目壱貫五百廿六文之所、延宝元年小梁川修理を以被下置、都合六拾壱貫七百三拾六文に御座候。以上
延宝五年四月九日

19 成田権之助

一　拙者親成田木工慶長十壱年
義山様御部屋住之時分被召出、御知行拾五貫文被下置之由、御代始に御加増共に五十貫文追て九拾貫文より百五拾貫文迄度々御加増拝領并野谷地新田拝領、本地共に合百九十四貫三百弐拾三文に被成下候段、明暦三年江戸大火事に御黒印焼失仕候故、委細に承知不仕、寛文元年十一月十六日
御当代御黒印奉頂載候。同二年木工隠居願奥山大学を以申上、於江戸に兵部殿・右京殿へ柴田外記・冨塚内蔵允披露を以相済、嫡子権之丞に願之通跡式御知行高百九拾四貫三百弐十三文被下置之由、同年六月奥山大学を以被仰渡、
御当代御黒印頂戴仕候。其後権之丞願申上候は其身知行高之内拾五貫文、弟同名三郎兵衛同六貫文同弟同氏彦七に被分下、彦七儀は宮城与右衛門家督に被成下度旨寛文八年に御訴訟申上候付、願之通被成下由同年十一月十五日に古内志摩を以被仰付、残る権之丞知行高百七拾三貫三百廿三文被下置之由、同年同日之
御当代御黒印頂戴仕候。然処延宝元年に権之丞病死跡式御知行高嫡子万太郎に無御相違被下置之由、同年極月廿六日に大條監物を以被仰下候処に、同三年万太郎病死仕候。右万太郎幼少にて相果申候故、拙者儀権之丞には弟、万太郎伯父に御座候故、拙者に家督相続被成下度旨親類共願申上候処に、右御知行高之内三分一を以五拾七貫七百七十五文被下置之由、同三年四月廿二日に柴田中務を以被仰渡、未御黒印は頂載は不仕候。親木工代に御加増并起目新田何度に誰を以拝領仕候哉、勿論年号不承置候。以上

延宝五年三月十六日

20　上野権大夫

一　拙者祖父上野大隅事、従
秀吉公筑前中納言殿へ被相付、中納言殿立退、元和元年金森出雲守殿御取次を以
貞山様被召抱御知行四拾貫文拝領。同五年為御加増本地拾貫文被下置、五拾貫文之知高被成下候。何様之品にて誰を以被下候哉不承伝候。其以後二割出拝領六十貫弐百文に被成下候。祖父寛永十七年正月病死、同三月迹式無御相違拙者親権大夫に被下置候。誰を以被仰渡候哉不承伝候。寛文七年迄御奉公相勤隠居依奉願、同年六月廿日柴田外記を以如願被仰付、跡式無御相違拙者に被下置、御黒印頂戴仕候。寛文十一年知行所切添起目へ御竿入被下高壱貫弐百五拾壱文延宝元年十月廿九日大條監物を以拝領、只今之知行高六拾壱貫四百五十壱文に御座候。右起目知行高に被成下、御黒印は于今頂戴不仕候。以上
延宝五年二月八日

21　堀越甚兵衛

一　拙者先祖代々御宿老職相勤、高祖父堀越能登代迄伊達郡八丁目城致居住候処、蒙御勘気蟄居之内能登同氏右衛門父子共病死仕候。右衛門子祖父越中儀
貞山様御代慶長十一年に鈴木和泉を以被召出、知行四拾貫文奥山出羽を以被下置候。

貞山様御代に佐々若狭を以隠居被仰付、親甚兵衛に家督引続被下置候。右隠居家督被仰付年号等不承伝候。

義山様御代正保元年惣御検地之砌弐割出目八貫文惣御下中並を以被下置、四拾八貫文之高被成下候。其以後御割奉

行被仰付首尾能相務段被仰渡、明暦元年十二月廿八日山口内記を以御蔵起目新田拾三貫弐百文御加増に被下置、取合六十壱貫弐百文高に被成下候。右甚兵衛男子無御座候付、拙者儀石母田筑後次男甚兵衛親類に御座候付、聟養子に仕度段願申上候処、願之通慶安元年以山口内記被仰付候。

御当代寛文十一年十一月十八日親甚兵衛隠居願申上候処、願之通隠居被仰付、迹式無御相違拙者に被下置旨、右同月柴田中務を以被仰付候。

御当代延宝元年十月廿九日大条監物を以切添起目百八拾八文被下置、都合六拾壱貫三百八拾八文之高に御座候。

御当代延宝四年十二月十日柴田中務を以御重代に御座候故、三端頂御幕之御紋御赦免被成下候付、御書奉頂載候。

以上

延宝五年五月朔日

22 伊木半右衛門

一 拙者養父伊木半右衛門儀、寛永三年貞山様御代佐々若狭を以被召出、御知行五拾貫文被下置候。義山様御代惣御検地被相入候節、二割出目拾貫百文被下置都合六拾貫百文に被成下候処、承応三年七月三日病死仕候。迹式同年七月廿日故古内主膳を以無御相違被下置、御当時も六拾貫百文之高に御座候。拙者養父半右衛門儀伯父御座候。実父は赤坂右馬丞に御座候。右之通書上可申由被仰付候付、如期御座候。以上

延宝五年二月朔日

一　義山様御代慶安五年八月朔日山田如成相達御耳、拙者儀成田木工を以被召出、御切米弐拾両御扶持方拾五人分被下置、御近習御奉公被仰付、同年霜月六日古内主膳を以御知行六拾貫文拝領仕候。右之御切米御扶持方は被召上候。且又知行地付新田八百拾弐文之所寛文七年五月廿九日古内志摩を以拝領仕、都合六拾貫八百拾弐文之御黒印頂戴仕候。以上
延宝五年正月十五日

23　本多伊織

24　布施孫右衛門

一　拙者先祖伊達御家御譜代
御代々御奉公仕候由承伝申候得共、
誰様御代先祖被召出候哉承伝無御座候。拙者祖父同名備後、従
性山様御代貞山様御代迄御奉公仕候。右備後知行高何程被下置候哉承伝無御座候。右備後隠居仕候節拙者親同苗備後に御知行五拾貫文被下置候。誰を以被下置候哉尤年号不奉存候。
義山様御代寛永年中惣御検地之節二割出目拾貫弐百文亡父備後被下置、都合六拾貫弐百文之高被成下、御奉公相務
承応二年四月十日に病死仕候。
義山様御代承応二年六月廿三日古内主膳を以亡父備後迹職無御相違六拾貫弐百文拙者に被下置候。
御当代寛文元年知行所之内にて地続切添之新田三百七拾七文被下置、右本地合六拾貫五百七拾七文之高に被成下御

奉公相勤申候。尤御黒印頂戴仕候。以上
延宝五年四月廿五日

25 駒井甚右衛門

一 拙者親駒井甚右衛門儀生国近江駒井郷之者に御座候。
貞山様御代寛永十二年四月五日金森出雲守殿御指南を以千石之御約束にて五拾貫文被下置
義山様御代寛永年中惣御検地之節、二割出目拾貫五百文亡父甚右衛門に被下置、都合六拾貫五百文之高に被成下御
奉公相勤、正保三年十月十八日病死仕候。正保三年極月十二日亡父迹式無御相違古内主膳を以拙者に被下置、御
奉公十八歳より只今迄無懈怠相勤尤御黒印頂戴仕候。以上
延宝五年四月二日

26 吉田長大夫

一 私実父吉田長大夫儀、祖父吉田伊予七男寛永十三年に石田故将監を以
貞山様へ御目見仕、御小性組に可被召仕旨被仰出、無間も
貞山様御他界に付古将監殉死之刻、古内故主膳方へ以遺書右之旨趣申置付、
義山様へ右之趣古主膳遂披露寛永十七年に要山様へ被相付御小性之間に被召仕、同十九年に御切米金三両四人御扶
持方古主膳・後藤上野を以被下之、要山様正保二年御他界以後御番所虎之間に被仰付、勤仕之後御蔵入之内荒所

三拾三貫文之所拝領仕度之旨、古主膳を以申上候処、要山様御末期迄御奉公相務候条、如願之被下置之旨被仰出、致拝領并御切米御扶持方地形に被相直三貫九百文、兄山崎平太左衛門知行高之内三貫百文分与申度之旨、平太左衛門申上彼是取合四拾貫文知高に被結下旨古主膳を以被仰付候。年号不承伝候。明暦二年三月廿五日義山様御黒印頂戴自分開発、其後知行山野新田に申請、鬮之壱貫九百三拾四文之所寛文九年九月廿五日に古内志摩被申渡致拝領、同知行所野谷地新田に申請開之、起過共に十八貫五百六拾三文之地延宝三年九月朔日柴田中務被申渡致拝領、都合六拾貫四百九拾七文之知行高に被成下候。亡父長大夫儀延宝五年二月十九日に病死仕、同年六月三日私家督并御番所無御相違被仰付旨柴田中務被申渡相続仕候。祖父伊予儀は佐々木家所従、久徳六左衛門三男御座候。江州没落に付六左衛門属

信長公為中国騒動押、明智日向守に池田伊予守・阿閇淡路守父子・後藤喜三郎・多賀新左衛門・久徳六左衛門・小川土佐守・江州士七人副備に被遣候処に、日向守企叛逆、

信長公御生害、雖然被附遣士

秀吉公へ被召出、六左衛門儀再三雖召之、依有難黙止品、浪人にて病死故、伊予儀は親戚因有之付、吉田印西為養子関白秀次公へ帰復後に仕越前中納言秀康へ、慶長六年松平右衛門大夫殿より今井宗薫を以被相頼、貞山様へ御小性組に被召出候。委細之儀は伊予家督孫吉田勘右衛門申上候。且又先祖仕佐々木家勤仕之品等は、諸記禄にも載て有之御儀御座候。以上

延宝七年六月十八日

27　飯淵三郎右衛門

一　拙者先祖

誰様之御代被召出、何代御奉公仕候哉、曽祖父以前之儀不承伝候。曽祖父飯淵尾張儀は貞山様御代に知行四拾貫文被下置、御物頭御役相務、右尾張嫡子同氏正右衛門は無進退にて義山様御部屋住之時分江戸大番相務親子共御奉公仕候処、尾張より先に右正右衛門寛永十年に病死仕候。然処尾張儀も寛永十二年に病死仕右正右衛門嫡子同氏弥次郎嫡孫に候故、幼少に候得共御知行四拾貫文無御相違被下置家督被仰付候処に右弥次郎四歳に罷成御奉公可仕様無之候付、土地拝領仕儀恐多奉存、弐拾貫文は差上申、末々弥次郎成長仕御奉公相勤候時分、返上地は被返下候様に尾張妻奉願候処、願之通弐拾貫文右弥二郎に被下置候。右被仰付年号、御申次并先祖何様之品を以御知行何時被下置候哉、不承伝候。右弥二郎事正右衛門と改名申候。且又寛永二十一年二割出目被下置御知行高弐拾四貫文に被成下候。右正右衛門事男子持不申候付て、私儀は白石出雲実四男之子に御座候。親類に付て、正右衛門娘に取合聟名跡に仕度段、綱宗様御代申上願之通、茂庭中周防を以被仰付候。養父正右衛門儀病人に付て御奉公不罷成、隠居之願申上候処、万治四年四月奥山大学を以願之通被仰付、家督無御相違右御知行高弐拾四貫文拙者に被下置候。其後野谷地申請開発仕、高六貫四百五拾五文之所寛文四年十二月右周防を以拝領仕、都合三拾貫四百五拾五文地高被成下、江戸御番相務、其以後御足軽奉行被仰付候。其後拙者実弟五島五郎左衛門先年野谷地申請開発仕候。新田高五貫九百八拾文拝領仕候を直々私に被下置候様、右五郎左衛門願差上申候処、寛文十二年正月廿五日拙者に願之通被下置候之旨、柴田中務右五郎左衛門に被申渡候付知行高三拾六貫四百三拾五文に罷成候。且又実弟白石七十郎小進に御座候に付、右五郎左衛門相譲候五貫九百八拾文之所、右七十郎に被分下度旨私奉願候処、延宝五年二月願之通被成下之旨大条監物を以被仰付候。残知行高三拾貫四百五拾五文之高にて新御名懸差引并御川奉行被仰付相務申候処に、同年極月十五日御前へ被召出、御直に御加増之地三拾貫文被下置、都合六拾貫四百五拾五文之知行高被成下、其後右御名掛差引并御兵具奉行被仰付候。以上

延宝七年八月七日

28　甲田甚兵衛

一　拙者祖父甲田新右衛門儀

貞山様御代被召出御知行五拾貫文被下置御奉公仕候処、右新右衛門寛永六年十一月廿二日に病死仕、嫡子拙者親伊兵衛に跡式無御相違被下置、其以後新右衛門と名改被仰付御奉公仕候。

義山様御代寛永十七年八月廿五日親新右衛門儀病死仕、跡式無御相違同年十月古内伊賀を以拙者被下置候。

御同代大検地之節二割出目共に被下置六拾貫文被成下候。且又

御当代知行所之内三迫末野村にて切添之地弐百九拾五文、延宝元年十月廿九日に大條監物を以被下置、都合六拾貫弐百九拾五文之高に被成下候。右六拾貫文之御黒印頂戴仕候。切副之地弐百九拾五文之御黒印は于今相直不申候。

以上

延宝五年二月二日

29　小梁川市左衛門

一　貞山様御代元和七年に拙者亡父同氏市左衛門儀十六歳にて御小性組に被召出、御切米御扶持方并御仕着被下置、十五ヶ年於御近習御奉公仕候に付、寛永十三年三月十七日に右進退御知行に直被下、高三拾三貫百十八文和田主水を以致拝領候。
義山様御代大御検地二割出何も並に寛永弐拾壱年八月十四日に被下置、高三拾九貫七百文に被成下候。
義山様御代野谷地弐拾町分致拝領、起目代高拾七貫弐百廿九文
綱宗様御代万治三年二月十日茂庭周防を以被下置取合五拾六貫九百弐十九文に被成下候。右市左衛門病死迹式無御相違
御当代延宝二年三月六日に大條監物を以拙者に被下置候。亡父市左衛門代、野谷地五町分拝領開発、寛文八年御竿入起目代高三貫弐百九拾三文、其節拙者父子逼塞被仰付候砌故被召上、其後御割地罷成候。然処拙者逼塞御赦免被召出候間、右新田起目代高之通被下置度由願差上申候付、御蔵新田之内にて今度被下置旨、去月六日柴田中務を以被仰渡取合当時知行高六十貫弐百弐拾弐文に御座候。以上
延宝五年三月廿一日

30　大條伊之助

一　拙者先祖大條参河次男大條越前と申候。会津へ御奉公仕罷在候処、
貞山様へ会津より御使者に被遣候節、御譜代之品々被為聞召被召返、天正十六年御知行四拾五貫弐百文拝領仕候。

其節薩摩と改名被仰付之由承伝候。慶長三年御加増致拝領百貫文之高に被成下、其以後嫡子拙者高祖父修理に御知行百貫文無御相違被下置、薩摩儀致隠居候処追て被召出御知行七拾貫文被下置、御家老職被仰付候。元和十年八月九日薩摩相果候以後、右七拾貫文之御知行被召上候之由及承候。修理に百貫文薩摩七十貫文之御黒印紛失仕、当時所持不仕候。尤誰を以何時被仰付候段相知不申候。慶長十九年正月四日に修理相果嫡子左馬助に百貫文之御知行無御相違被下置候。正保元年正月四日に左馬助相果、嫡子玄蕃に右御知行高無御相違被下置、寛永廿一年に二割出目共に百弐拾三貫文之御黒印致頂戴候。内三貫文は何様之品にて二割出之外拝領仕候哉、其品々相知不申候。慶安四年十月七日玄蕃相果実子無之に付て、弟藤左衛門に跡式五拾貫文被下置、残七拾三貫文被召上候。御当代寛文元年切添新田起目四拾六文被下置、其後野谷地拝領開発高拾貫百弐拾八文同十年に拝領仕候。右両度之新田被下置候御取次は相知不申候。当時都合知行高六十貫百七拾四文之高に被成下候。右御黒印何茂頂戴仕候。右段々跡式被下置候儀、年号・御申次承知不仕候。藤左衛門儀延宝弐年四月七日に相果候付、同年六月廿九日に大条監物を以藤左衛門跡式御知行高無御相違拙者に被下置候。拙者儀佐藤右衛門次男に御座候処、実子無之付先年養子に願上候処、願之通に被仰付右之通跡式被下置候。以上

延宝五年三月十日

31　一迫長大夫

一　拙者曽祖父一迫刑部儀

貞山様御代大崎落城之砌被召出、御知行五拾貫文拝領仕御奉公申上候由承伝候。其以後右刑部病死仕実子同苗又三

郎に跡式無御相違被下置候。右御知行如何様之品を以被下置候哉、且又家督相続仕候年号・御申次不承伝候。寛永八年三月廿五日右又三郎病死仕、男子無之女子計御座候付て五箇年跡式立不被下候。然処拙者親長左衛門は只野伊賀六男に御座候を

貞山様御小性組に被召出御仕着被下置御奉公仕候処に右又三郎娘に御取合、且又又三郎知行拾貫文并其節右伊賀願申上知行高之内にて拾貫文分被下、其上親長左衛門に被下置候御仕着物直被下、都合五拾貫文之高にて一迫又三郎名跡被立下候旨、寛永十三年二月十七日佐々若狭を以被仰付候。

義山様御代寛永廿一年御検地二割出目被下置六拾貫文之高に被成下候。御黒印頂戴仕候。

御当代寛文元年右知行之内宮城郡沢乙《さわおと》村にて切添起目五拾七文奥山大炊を以拝領、都合六拾貫五拾七文之高に被成下、御黒印頂載、同七年五月十六日親長左衛門病死仕、迹職無御相違同年九月十一日拙者柴田外記を以被下置候。延宝元年十月廿九日に右知行所之内東山中川村にて切添起目高三貫百拾四文大条監物を以被下置、当時拙者知行高都合六十三貫百七拾壱文に御座候。以上

延宝五年三月廿日

32 山本三郎兵衛

一 私兄山本勘兵衛儀桑島孫六殿御取次にて

義山様相達御耳寛永九年被召出、同十一年御上洛之節御供仕、勘兵衛罷登候処、於京都

義山様御内意之由にて、古内故主膳拙者母に被申聞候は、勘兵衛儀御念比に被召仕候得共、御国に親類も無之候得ば、勘兵衛為にも候条勘兵衛弟有之様に被及聞召候。御部屋住に御座候得は進退望申者は不被召抱候。差て望之

儀無之候はば被召使末々御取立可被下候間、尤に存候は勘兵衛に差副相下候様にと御意之段被申候に付、難有奉存、御下に勘兵衛同道仕罷下候処に、江戸へ御下着被成則右主膳を以被召出、御仕着并遣金弐両四人御扶持方被下御小性に被召使、正保元年七月主膳を以藤田但馬孫娘と縁組被仰付、御知行六拾貫百弐拾五文被下置候。寛永十一年より四十三年御奉公申上候。以上

延宝四年十二月十日

33　軽部次郎兵衛

一　拙者養父軽部隠岐従加賀浪人仕、貞山様御代慶長十年古田伊豆を以被召出、御知行五拾貫文被下置、虎之間御番被仰付、其上御役目色々相勤申由承伝候。右隠岐事実子無御座候付て、拙者儀茂庭了庵末子に御座候処、養子に仕度由貞山様御代に申上候得ば、願之通被仰付候。拙者幼少之時分に候故、御取次衆は覚不申候。隠岐事義山様御代寛永十八年正月病死仕候。迹式無御相違同年八月十日拙者に被下置旨、先古内主膳を以被仰渡候。同十八年惣御検地二割出拾貫百文御加増に被下置、都合六十貫百文之御黒印頂戴仕候。以上

延宝五年二月十五日

34　大浪太兵衛

一　拙者養父同苗十大夫今村蔵人弟に御座候。貞山様御代被召出、上之御四季施にて御奉公相務、其以後大浪右京名跡被仰付御知行百貫文被下置候。右京より前

之儀不及承候。
義山様御代十大夫儀御呵相請右高之内七拾貫文被召上、三拾貫文にて御奉公仕候処、無間も為御加増三拾貫文致拝領、都合六拾貫文之高に被成下之由承及候。実子無之付拙者儀今村蔵人五男に御座候養子に仕度段
義山様御代先古内主膳を以願上、願之通被成下寛文八年十月廿九日に右十大夫隠居被仰付、拙者に家督無御相違被下置之旨於江戸古内志摩・古内造酒祐遂披露、
御前相済申候由、原田甲斐を以被仰付候。以上
延宝五年三月十三日

35 白石孫太郎

一 拙者より六代先之先祖白石弥平兵衛と申者
晴宗様御代被召出、御知行被下置候由承伝候。何程被下置候哉其段は不承伝候。右弥平兵衛相果、嫡子駿河に家督被仰付、
貞山様御代御奉行職相勤申候。御知行は何程被下置候哉実正不承伝候。右駿河相果男子無御座女子一人御座候処に、駿河事数年御奉公申候者之由被仰立、右駿河息女に御知行六拾貫文被下置、芳賀対馬子共久太郎と申者駿河息女に取合家督被仰付旨
貞山様御代佐々若狭を以被仰付候。年号は不承伝候。右久太郎相果男子一人女子一人御座候。右男子は幼少より病人にて罷在候故、家督無御座相禿申候処に、右久太郎妻は駿河娘御座候に付て、駿河儀数年御奉公申上候者に候

間、家督被相立候由にて右駿河娘に御知行弐拾貫文被下置、舟山越後と申者右駿河息女に取合、家督被仰付旨
貞山様御代に佐々若狭を以被仰渡候。年号は覚不申候。其後越後度々御知行拝領并新田拝領仕、知行高五拾五貫七百五拾三文に被成下候。右御加増新田何度拝領仕候哉、其段は不存候。右越後子共持不申候に付、弟拙者祖父同出雲に右休（久）太郎女子御座候に取合家督に仕度旨、
貞山様御代に申上願之通佐々若狭を以被仰付候。右越後知行高之内五貫七百五拾三文之所、右久太郎男子病人にて盲に罷成、後円也と申候者之子共白石清兵衛被分下置度旨、
義山様御代に願申上、願之通古内故主膳を以被仰付候。右越後寛永廿年相果同年六月十三日に家督出雲に無御相違被下置之旨古内古主膳を以被仰渡候。寛永廿一年二割出目被下置知行高六十貫文罷成候。其後知行所之内にて野谷地申請起目新田四貫百弐拾六文之所、寛文元年十一月十六日奥山大炊を以拝領仕、知行高六拾四貫百弐拾六文に被成下候。然処出雲嫡子拙者親太郎兵衛儀病人に御座候て、御奉公不罷成候に付、拙者を出雲家督に願上差申度旨申上候処に、願之通被仰付候旨、寛文七年古内志摩を以被仰渡候。其以後出雲知行高之内四貫百廿六文之所、出雲末子白石七十郎に被分下置度旨願申上候処、願之通被仰付旨寛文十三年五月廿六日に柴田中務を以被仰渡候。其後出雲老後之上病人御座候付て隠居仕度段願申上、拙者に家督無御相違被仰付旨、願之通延宝三年十月六日に柴田中務・小梁川修理・大條監物を以被仰渡候。拙者知行高六拾貫文に御座候。従
御先祖様私先祖に被下置候御判物御書等も数度之火事に焼失仕、残る
貞山様より右駿河に被下置候御書一通于今取持仕候。且又出雲儀老後大病にて罷在候故、先祖承伝候通有増申上候。
以上

36　冨田二左衛門

延宝五年三月廿九日

一　拙者養父富田壱岐事

貞山様御代会津より浪人仕、御家へ罷越御知行高弐十貫文被下、伏見に被成御座候時分御奉公申上候。被召出候節之年号・御取次は不承伝候。其身病人に罷成壻養子同性三郎右衛門に御番代為仕候。然処自分に御奉公相退候段、不届被思召之由にて、伊達治部殿御幼少之節被相付、三年相務候以後、御知行十貫文被下置之申承伝候。寛永年中惣御検地之節二割出被下之拾弐貫文に罷成候。壱岐老衰之後耳一切聞へ不申候故、務不罷成引籠罷在、拙者十四歳にて養子に申合寛永十九年五月拙者十六歳にて壱岐病死仕候。被相付候以御首尾、治部殿より古内古主膳へ被相頼被下、家督無御相違右同年主膳を以被下置、虎之間御番所被仰付候。其外委細之儀は若年之時分故不承覚候。拙者三十五歳にて万治三年霜月十日に茂庭周防を以御抱守役被仰付候。延宝二年霜月朔日於江戸御座之間へ被召出、数年御奉公相務候段御直之仰立を以御知行三拾貫文拝領、同四年十二月廿五日江戸於御座之間御入国以後不被遊御心付由以御意弐拾貫文御加増被下置、取合六拾弐貫文被成下候。右之内弐貫文拙者妻之弟武田玄通・朽木玄的弟子候間医師にて御奉公為仕度候条、被分下度旨延宝五年に品々申上候処、如願被成下之由右同年六月廿三日中務・修理被申渡、拙者知行高六拾貫文に御座候。以上

延宝七年六月十九日

37　中山新十郎

一　義山様御代拙者儀桑島孫六殿以御取持相達御耳に、明暦弐年閏四月十六日に被召出御近習御奉公被仰付、御賄にて罷在同年七月廿九日に御切米弐拾両十五人御扶持方被下置、同八月十一日古内主膳を以御知行六拾貫文拝領仕、右御切米御扶持方は其節被召上候。以上

延宝五年六月二日

38　平賀源蔵

一　平賀蔵人儀成、本国信濃之者御座候処、尚宗様御代被召出、伊達之内馬場山口東在家と申所にて高は相知不申候得共、御知行被下置、馬場氏相改可申被仰付之由承伝候。天文元年右蔵人病死仕候。嫡子拙者高祖父三河実成に迹式被下置、残御一字被下置実名宗成と相改申候。
稙宗様御代軍功有之由にて為御加増名取郡飯田、伊達之内南在家・北在家と申所にて高は相知不申候得共、御知行被下置、大番頭仕候由承伝候。永禄八年九月三河隠居仕、嫡子拙者曽祖父丹後元成に跡式被下置、
晴宗様・輝宗様へ御奉公仕御不断頭被仰付候。
輝宗様御代に故有て知行四ヶ所被召上、馬場山口計被下置候。天正十三年丹後隠居仕嫡子拙者祖父出雲親成に迹式被下置、
貞山様御代に武功有之由にて百弐貫七百文之知行高に被成下、出入司被仰付候。寛永八年二月二日出雲病死仕候。

病中に嫡子拙者親斉兵衛常成に七拾弐貫七百文次男馬場彦兵衛良成に三拾貫文相分申度旨、茂庭周防・奥山大学を以

貞山様へ申上候処、如願之被分下候。其以後惣御検地之時分二割出目被下置、知行高八拾六貫七百文罷成候由承伝候。御黒印于今所持仕候。

義山様御代右斉兵衛儀慶安元年二月廿九日病死仕候。其節拙者五歳に罷成幼少故先以弐拾貫文被下置候由

義山様御意之品々委細、伯父馬場彦兵衛に古内主膳・茂庭周防を以被仰渡候。残知行は被召上候。

御当代に拙者儀寛文四年に御小納戸役被仰付、延宝三年迄十弐箇年江戸致定詰御奉公申上候付て、為御加増遠田郡大嶺村をゐて拾貫文被下置之旨、延宝三年二月廿九日に大條監物を以被仰渡候。同年六月廿一日御目付役被仰付、同四年二月廿三日御近習御目付被仰付、同極月十八日本苗平賀氏に被仰付、同五年四月廿五日御加増三拾貫文被下置、都合六拾貫文之高に被成下、御小性組御番頭被仰付旨於御前御直々被仰付候。先祖より段々迹式被下置候御申次等、拙者幼少之節、親相果申候故委細に不承伝候。以上

延宝五年六月廿三日

39 田村図書

一 拙者儀田村御譜代に御座候。私親田村長門本所田村に徘徊仕罷在候処、

貞山様山城国伏見に被成御座候時分、母召連長門に可罷登之由御意にて、長門十一歳にて母子共に罷登右長門御小性組に被召仕候由、其以後御知行被下置之由承伝候。誰を以何年之比何程被下置候哉、其段は不奉存候。右之通

御奉公申上候処、当座之行当を以進退被召放、御城下に被差置候。何年之比御勘気被仰付候哉、一円覚不申候。
寛永十弐年前之茂庭故周防を以御勘気御免被成下候。
陽徳院様被仰上候由にて、寛永十三年十二月十三日為御合力金十両十人御扶持方於江戸前之古内古主膳を以被下置、
御老中之間にて御目見申上候。其以後慶安元年四月十日御知行三拾貫文右主膳を以拝領仕、御二之丸於御座之間
父子共に御礼御目見被仰付候。承応二年長門隠居願申上、同年八月二日山口内記を以隠居被仰付、拙者に家督無
御相違被下置候。寛文四年栗原郡一迫之内照越村にて野谷地弐十町致拝領新田開発高六貫八百七拾三文之所、寛
文九年十月廿六日に古内志摩を以被下置本進退取合三拾六貫八百七拾三文に罷成候。右高之内新田六貫八百七拾
三文之所次男平八に分ヶ被下川村伊兵衛埒苗跡に被仰付被下置度由、寛文十一年八月十三日奉願候処、無御相違
同年九月十五日に柴田中務・大條監物・富塚内蔵丞を以被仰付候。延宝四年三月六日に御加増之地三拾貫文柴田
中務・小梁川修理を以被下置、都合六拾貫文被成下、御二之丸於御焼火之間御礼之御目見大町備前を以申上候。
以上
延宝五年三月七日

侍衆

御知行被下置御牒（九）

五拾九貫八百壱文より
五拾貫六拾七文迄

1　加藤十三郎

一　拙者伯父加藤十三郎儀松平新太郎様御家中に罷在候処、遺恨之子細御座候て傍輩を討申候。従新太郎様品々御尋之上、道理御座候に付、御家老中御内々を以右御家中浪人仕、伊達遠江守様へ参御奉公仕罷在候。然処、寛永十年貞山様にて遠江守様へ御振舞に被為出候砌、十三郎儀御近習に相詰罷在候刻、腕杯手疵数ヶ所御座候を被遊御覧、其品々被相尋御用にも相立可申者と、御意被成其後桑島孫六殿を以、遠江守様より御乞被成、年十八にて寛永十一年に御家へ被召出、上之御仕着被下置、御近習御奉公三ヶ年相勤罷在候処、同十三年五月貞山様於江戸御病気御大切之砌、右十三郎申上候は、拙者儀遠江守様より御乞被成候時分、御用にも可罷立者と被遊御意候得共、不幸にて御奉公之間も無御座候故、指て御用に罷立候御奉公も不申上残念に奉存候間、若此度御遠行被遊候は、二世之御供申上度旨五月十八日に申上候処、有難御直書被下置、于今所持仕候。誰を以申上候哉、不承伝候。

貞山様御遠行被遊候処、十三郎儀桑島孫六殿を以、義山様へ申上候ば、拙者事浪人者に御座候得ば、御国元に親類にても無御座候。加藤之名字相残申度奉願候。新太郎様御家中に弟御座候。名跡に立被下候様に仕度由申上候得ば、願之通可被成下由、於江戸被仰渡候。伊達左京様へも其段申上候処、御書被下于今所持仕候。右十三郎儀、

貞山様御死骸之御供仕罷下、六月廿日於覚範寺追腹仕候。其後拙父十三郎、桑島孫六殿御取持を以新太郎様より御乞被成、寛永十三年極月御国元へ十一歳にて罷下候処、茂庭佐月を以被仰渡候は、当分為続三拾貫文之積に御足目にて被下置候。末々成長御奉公於仕は、兄十三郎に被下置候御仕着之通、御知行に可被直下之由御意にて、金石被下置、

義山様へ御近習御奉公仕候。何程被下置候哉、員数は不承伝候。其後要山様へ御乞被成、御部屋にて御奉公仕候。

寛永十六年御知行割被下三拾貫文拝領仕候。御申次は不承伝候。

義山様御代御国中御検地之節二割出六貫文拝領、都合三拾六貫文に被成下候。

御当代寛文三年於江戸、桑島孫六殿先十三郎名跡之品々被仰立に付て、野谷地弐拾五町茂庭周防被申渡、拝領仕候処、同四年四月於江戸に病死仕候故、右新田開発不仕候。家督無御相違拙者に被下置之旨、同年七月十日茂庭周防申渡候。野谷地同七年に弐拾五町拝領開発仕、同十二年秋御検地相入起目代高弐拾三貫八百壱文之所、延宝元年十月廿九日柴田中務被申渡拝領仕、当時拙者知行高五拾九貫八百壱文に御座候。以上

延宝七年二月廿七日

2　青木長三郎

一貞山様御代私四代先之先祖青木意卜次男新太郎御小性に被召出、天正十四年霜月八日六拾四貫文被下置、御朱印所持仕、其後掃部に改名被仰付、元和六年正月十六日御加増六貫三百文被下置、御黒印所持仕候。其外御加増被成下、百貫文にて御小性頭被仰付候由承伝申候。右掃部病死仕、子共無御座候に付、同氏源七郎儀掃部為には甥に御座候付、右源七郎女子に戸田忠五郎御取合掃部名跡に被仰付、五拾六貫文被下置候趣、馬場出雲・野坂善兵衛を以被仰付候。御直書并寛永四年十月廿四日之御黒印所持仕候。寛永九年に弐拾四貫文御加増被下置、合八拾貫文に被成下候由承伝申候。

貞山様御他界之節、右忠五郎殉死之御供仕、実子持不申候に付、

義山様御代右源七郎実子弥惣左衛門に四拾貫文にて跡式被仰付候。惣御検地之砌二割出目被下、四拾八貫文に被成下候。寛永廿一年八月十四日之御黒印所持仕候。右

御代弥惣左衛門知行高之内四貫文弟浜尾次郎兵衛に被下置度旨、右弥惣左衛門願申上候に付、明暦元年山口内記を以被分下候。寛永九年七月二日柴田外記御取次を以知行地尻新田起目拾三貫四百弐拾四文被下置、合五拾七貫七百弐拾四文之御黒印取持仕候。弥惣左衛門儀延宝四年正月病死仕候に付、跡式無御相違延宝四年四月六日小梁川修理を以拙者に被下置候。都合拙者知行高五拾七貫七百弐拾四文に御座候。先祖段々家督被仰付年号、御申次不承伝候。以上

延宝五年二月廿一日

3　松林仲左衛門

一　拙者養父同氏蝙也伊奈半次郎殿伝覚語罷在候処、義山様御代寛永二十一年十月半十郎殿へ被遊御所望、古内先主膳御取次を以兵法之芸にて被召出、御知行三拾貫文右同人を以被下置、寛永年中惣御検地之時分二割出六貫文致拝領、合三拾六貫文之進退に被成下、御奉公相勤申候。蝙也儀男子持不申女子御座候付、拙者儀は横尾伊勢三男に御座候処、聟苗跡に申合、後嗣に被成下度願義山様御代申上候処、願之通被成下旨、正保二年八月山口内記を以被仰付、其以後蝙也儀隠居之願申上候処、願之通被成下、拙者に右御知行三拾六貫文被下置旨、明暦元年四月山口内記を以被仰付、御黒印頂戴家督相続御奉公相勤申候処、延宝五年閏十二月十五日御前へ被召出、御意被遊候は、神妙御奉公仕候間、御加増之地弐拾貫文被下置、其上江戸出入司御役目御直々被仰付候。且又野谷地拝領、新田起目弐貫五百拾八文之所被下置旨、延宝六年五月柴田中務を以被仰付、当時拙者知行高五拾八貫五百拾八文に御座候。以上

延宝七年十月十九日

4　長沼五郎右衛門

一　拙者祖父同氏外記儀
貞山様御代於伏見御歩行御奉公に被召出致勤仕候内、御手水番被仰付、御知行拾貫文被下置、其以後野谷地拝領開発起目段々知行高に被成下、并寛永年中惣御検地之時分二割出之地、亡父同氏善兵衛致拝領、都合五拾八貫百文之高被成下之旨承及候。亡父善兵衛儀倅より御小性御奉公相勤、壮年之比祖父外記病死跡式無御相違被下置候由

承伝候得共、年号・御申次并段々新田起目二割出等知行高に被成下候品々、委細之儀不承伝候。亡父善兵衛儀承応元年七月病死、則江戸へ飛脚を以寄親奥山大学方より致披露候処、跡式無御相違拙者に被下置由御意之旨、同年八月右大学を以被仰渡候。私儀寛文九年六月進退被召放候処、延宝二年三月被召返、本知行高五拾八貫百文之所被返下之旨、柴田中務・大條監物を以被仰渡候。以上

延宝七年七月廿五日

5 村田吉助

一 拙者祖父同氏吉助儀浪人にて罷在候処、於駿河土御門左衛門殿御口入にて、貞山様被召抱度旨依御意御目見仕、御国元へ罷下候処、御扶持方拾五人分被下置一両月過、御知行三拾貫文被下置、右御扶持方は被召上候。御同代御加増拾貫文被下、四拾貫文に被成下候。右吉助何年に誰を以被召出御知行被下置候哉、且又御加増之御知行拝領仕候年号・御申次不承伝候。義山様御代寛永十八年御検地二割出目八貫文并新田九貫五百文拝領、五拾七貫五百文被成下候。右新田野谷地にて拝領仕候哉、又起目にて拝領仕候哉、勿論年号・御申次も不承伝候。右吉助嫡子喜左衛門儀は別て御切米御扶持方被下置、義山様御小性に被召使候。右御切米御扶持方之員数不承伝候。御同代右吉助隠居願申上候節、右知行高五拾七貫五百文之内、五拾貫文嫡子喜左衛門に被下置、残七貫五百文并喜

左衛門御奉公仕候節、御切米御扶持方地形六貫文直被下候と、外新田弐貫九百九拾六文三口合拾六貫四百九拾六文と、寛永十七年に久荒野谷地拾町申受置候を、隠居分に拝領仕度段奉願候処、願之通吉助に右知行久荒野谷地共に被下置、隠居にて御奉公相勤申候。喜左衛門には五拾貫文被下置旨、富塚内蔵丞・奥山大学を以寛永廿一年八月十四日に被仰付候。吉助に被下置候隠居分久荒野谷地、誰を以拝領仕候哉、并右弐貫九百九拾六文之新田拝領仕候年号御申次共に不承伝候。久荒野谷地は自分開発仕、拾壱貫五百四文正保二年極月被下置、右隠居分弐拾八貫文に罷成候。御申次は不承伝候。慶安二年二月十四日吉助病死仕候付、次男村田十郎左衛門に隠居分之知行無御相違被下置候。吉助に隠居分被下置候御申次旁右十郎左衛門可申上候。

御当代拙父喜左衛門に知行所之内野谷地申受、起目四貫七百七拾七文寛文元年に拝領仕候。誰を以被下置候哉御申次不承伝候。右喜左衛門寛文二年五月廿三日病死仕候付、知行五拾四貫七百七拾七文無御相違拙者に被下置旨、同年七月廿五日に大条監物・柴田外記申渡候。同八年八月廿九日知行所之内切添起目三貫九文、為御加増被下置旨、原田甲斐申渡候。合五拾七貫七百八拾六文之御当代御黒印頂戴奉所持候。以上

延宝五年五月廿八日

6　吉田勘右衛門

一　拙者祖父吉田伊予生国近江、曽祖父久徳六左衛門三男、先祖仕佐々木家勤仕之処、江州没落以後、属織田信長公・池田伊予守・阿閇淡路守・同孫五郎・後藤喜三郎・多賀新左衛門・久徳六左衛門・小川土佐守彼是近

江士七人同然勤仕之内、
信長公依御生害浪人に罷成、其節祖父伊予幼少故、同国吉田印西依親戚之因養之後嗣に仕、印西は
関白秀次公に帰復以後、越前中納言秀康公関東結城御在城之刻、父子共に被召抱越前へ御入国以後、伊予事は不慮
に立除、山崎勘右衛門と苗字を改、慶長六年
貞山様へ松平右衛門大夫殿より右之旨趣今井宗薫を以被仰達被相頼付て、先祖之品々被聞召届候之条、御小性に可
被召使旨被仰出、則知行四拾五貫文奥山出羽を以被下之、数年勤仕以後、養父印西に幼少之内得養育候得共、不
慮に家督苗字相続不仕候之条、印西方へ為報恩、苗字吉田に相改申度之旨、元和九年に
貞山様へ遂言上、苗字吉田に罷成其以後図書と名を改
貞山様御代に御武頭被仰付之寛永十五年伊予と名を改
義山様御代迄致勤仕、寛永十八年惣御検地之砌二割出共に五拾五貫文に被成下、慶安二年十二月十三日に病死仕、
嫡子吉田勘右衛門に跡式五拾五貫文并御武頭職共に同三年三月廿二日奥山大学を以
義山様御代被仰付、則御黒印頂載仕、明暦二年に図書と名を改、野谷地新田申受闢之、弐貫七百七拾三文之所寛文
八年八月廿九日原田甲斐を以致拝領、本地取合五拾七貫七百七拾三文に被成下、御黒印頂載仕候。然処図書男子
無之に付、拙者儀は養父図書弟山崎平太左衛門次男にて、図書には甥に御座候に付、家督養子に仕度之旨遂言上、
願之通奥山大学を以寛文元年十一月廿八日に被仰付候。同九年閏十月十二日図書病死仕候付て、跡式五拾七貫七
百七拾三文同十年二月廿三日不相替被仰付旨、原田甲斐申渡、御黒印致頂戴家督相続仕候。以上
延宝五年三月廿六日

7　中条五郎助

一　拙者曽祖父中条帯刀儀慶長年中
貞山様へ被召出、御知行五拾貫文被下置、御奉公仕候。誰を以被召出候哉、尤年月年久儀に御座候故不承伝候。且又大坂冬之御陣に、城中へ忍入絵図等仕指上申に付、為御加増三拾貫文被下置之由承伝候。
義山様御代御下中惣御検地之砌、右五拾貫文之二割出拾貫百六拾六文被下置、合九拾貫百六拾六文に罷成候処、右帯刀宗門之出入に付、寛永年中江戸へ被召登候節、御加増三拾貫文被召上候。年月久儀に御座候故不承伝候。右御減少に付六拾貫百六拾六文に罷成候。右帯刀儀寛永廿一年八月廿四日隠居願之通被仰付、同氏五左衛門に家督被下置之由、奥山大学・冨塚内蔵丞を以被仰付候。祖父中条五左衛門儀母方之名字吉江に相改申度由、
義山様御代願申上候処、願之通被仰付、吉江に相改申候。右五左衛門儀寛文十一年三月十六日病死仕、同年六月十九日亡父五郎左衛門に家督被下置由、片倉小十郎を以被仰付候。将又志田郡斉田村知行所之内切添起目之通五百八拾三文之所被下置之由、延宝元年十月廿九日柴田中務を以被仰付、知行高六拾貫七百四拾九文に罷成候。亡父五郎左衛門延宝二年五月廿六日病死仕、同年八月廿八日拙者に家督被下置之由、大条監物を以被仰付候。且又叔父吉江権三郎儀斎藤権左衛門方へ聟苗跡に申合、拙者知行高之内三貫文為分取申度由申上候処、願之通被成下之由、延宝三年二月二日柴田中務を以被仰付候。依之拙者進退高五拾七貫七百四拾九文に御座候。且又拙者儀父方之本名中条に相改申度奉存候由、延宝五年十月願申上候処、願之通本名に被成下之由、同年十二月十八日柴田中務を以被仰付、本名中条に相改申候。以上

延宝七年六月十八日

8　秋保半右衛門

一　拙者先祖代々秋保之内馬場壱ヶ村所務仕罷在候処、貞山様従伊達御当地へ御移被遊候節、拙者曽祖父秋保摂津守被召出、秋保之内二口最上御境目被仰付罷在候処、天正十五年永井月鑑斎、貞山様へ逆心之儀顕申に付、最上へ御引除被成候を、摂津守父子罷出漸城内へ引入、右之段貞山様へ申上候処、奇特被思食由にて、右月鑑斎内室家来共三年摂津守に被預置候上、同七年極月十二日に右月鑑斎為成生害可申由、細谷甚兵衛為御検使被指遣候に付、摂津守嫡子長門一人にて、月鑑斎并内之者迄首尾能討申に付、貞山様より摂津守に有難御直書二通被下置、于今所持仕候。同年三月廿一日為御加増柴田庄瀬塚之郡内にて、三千七百五拾刈、切田五貫百地、畑在家立石右同人に被下置候。御朱印所持仕候。其以後最上より人数を出し御国境二口を越、滝之原迄働入申候処、摂津守長門親子小勢にて早速罷出敵を追討仕、首共貞山様相入御上覧申に付て、秋保之内御知行所持仕候侍衆数多御書立、右之衆知行之、百姓何も摂津守下知次第に馬場城に心を付、自然之時は此城に可打寄候。尤城之普請以下於有之は可申付旨、慶長四年八月十九日従貞山様右摂津守に被下置候。御黒印于今所持仕候。其節嫡子長門に苅田之内にて御知行弐拾貫又別て被下置、御給主支配被仰付候。慶長十九年大坂御陣之節、摂津守・同嫡子長門・同二男甚左衛門・長門嫡子善大夫・同二男甚平五騎にて御供仕候処、摂津守儀伊達遠江守様へ被相付、大坂より予州へ直々被指遣候。翌年元和元年五月六日祖父長門・同二男甚平親子共に討死仕候付、嫡子善大夫於御戦場に御直々に家督無御相違被下置、長門に被預置候組指引被仰付候。且又寛永八年御加増之地拾貫文被下置、其以後自分開発之新田起目八貫八百三拾七文拝領仕、三拾八貫八百三拾七文之高に被成下候。右拝領仕候年号・御申次等不承伝候。然処善大夫実弟拙者親同苗刑部儀、義山様御部屋住之節、被召出御奉公仕候処、右善大夫病人にて御奉公可仕様無御座故、右刑部を苗跡に仕度旨、義山様御代申上候処、寛永十五年に奥山大学を以願之通家督無御相違被仰付、右御知行高三拾八貫八百三拾七文之所被下置、引続御奉公仕候。同十九年惣御検地之砌二割出目并知行所にて切添起目被下置、取合五拾貫四百文之高に被成下候。且又知行地続にて自分開発仕候新田起目三百六拾七文、明暦二年真山刑部を以拝領仕候。其以後自分開発仕候新田起目六貫五百四拾六文寛文元年五月廿五日奥山大学を以被下置、都合五拾七貫三百拾三文之高に被成下、御黒印頂戴仕候。親刑部儀寛文十一年三月病死仕候付、同六月十九日片倉小十郎を以家督無御相違拙者に被仰付、右御知行高五拾七貫三百拾三文之所被下置御黒印奉頂戴候。以上

延宝五年三月廿二日

9　高屋宗怡

一　拙者儀高屋快安次男に御座候処、

義山様御代亡父快安願申上、知行高百四拾四貫八百文之内、四拾四貫八百文拙者被分下置、御奉公為仕度段申上候処、承応元年八月九日古内故主膳を以、願之通被成下、其上御相伴医師被仰付候。御黒印は明暦二年頂戴仕候。其後延宝三年七月三之迫之内石越村野谷地六町歩、柴田中務・大条監物・各務釆女書付を以致拝領、自分開発仕新田六貫弐拾七文、延宝五年二月十日柴田中務を以拝領仕、知行高に被成下候。且又寛文十年四月加美郡王城寺

村野谷地拾町歩柴田外記・原田甲斐・鴇田信濃・内馬場蔵人・田村図書書付を以致拝領、自分開発高壱貫三百八拾六文同十二年閏六月本良郡柳津村野谷地四町四反壱畝歩、鴇田淡路・和田半之助・田村図書書付を以致拝領、自分開発高弐貫八百八拾四文同十三年七月伊沢郡宇和野村野谷地五町歩柴田中務・小梁川修理・鴇田淡路・和田半之助書付を以致拝領、自分開発高弐貫百三文右三口合六貫三百七拾三文、延宝六年四月廿三日黒木上野を以拝領仕知行高に被成下候。当時本地新田都合五拾七貫弐百文御座候。拙者先祖之儀同苗喜安申上候通御座候。以上

延宝七年八月晦日

10 大浪十郎右衛門

一 拙者父大浪対馬儀永倉美作実子に御座候処、右美作宮代次郎兵衛と申者喧嘩仕、進退被召上に付、対馬儀は大浪因幡養子に罷成候。因幡儀は懸田三郎俊宗様へ御奉公仕者に御座候。俊宗様御苗跡無之御跡式相禿、御下中大形伊達へ御奉公に罷出候由承及候。其砌因幡も伊達へ参候得共、御知行は不被下、浪人にて相果候。因幡儀は大浪大膳弟に御座候。永倉先祖之儀永倉六郎右衛門可申上候。対馬儀は貞山様伏見被成御座候時分、御奉公に罷出度奉存、若年之時分従弟に御座候大浪仲次郎同道罷登候処、久相煩延引仕候。御下向之砌御歩行衆明間有之被召出御供仕罷下、何年誰を以進退何程被下置候哉、其段不承伝候。且又其砌御不断衆御給主衆六・七人不義有之御成敗被成候節、右之者共一家に取籠申付御不断頭大和田佐渡・佐々岡与兵衛・御給主頭大町駿河・草刈源内御代官に被遣候。対馬事兄駿河に相付参、伊藤善内・吉川和泉と申者両人討留申候。家内へ一人押込候付、数ヶ所之手負、其場にて切被倒残命仕候得共不行歩に罷成、御村御用抔相勤罷在

候内、一之迫之内にて悪党共御成敗被成候に、大町駿河・平図書御代官に被遣候砌、対馬も罷越候。悪人七・八人一同仕働申候内、一人対馬討留申候。其後御歩行組御免被成下、御国虎之間御番致勤仕候。何年に誰を以御歩行組御免被成下候哉不承伝候。御村御用相勤候内、国分之内新浜にて、野谷地申請自分開発新田七貫文被下置候。是又何年誰を以被下置候哉、不承伝候。其後奥山出羽・同大学を以両度御加増被下置、三拾三貫三百三拾五文之高に罷成、御勘定頭被仰付候。御切米御扶持方高に被成下候哉、本地御加増分明に相知不申候。寛永十二年佐々若狭を以拾貫文御加増拝領四拾三貫三百三拾五文之高に罷成候。高城伊与・加藤喜右衛門御下書所持仕候。被仰渡候品は其身事少之首尾も合申者に御座候。御組をも可被相預之処不行歩を御存被遊候間、不被仰付候。陰之御奉公に候得共神妙に相勤候由、被聞食届御加増被下由被仰渡由承申候。

義山様御代二割出被下置、五拾弐貫文之高に罷成、寛永廿一年之御黒印頂戴所持仕候。

御同代始に御給主御町奉行被仰付、十七箇年勤仕、慶安四年病死仕、跡式五拾弐貫文無御相違同年六月奥山大学を以拙者に被下置、同年七月廿一日に御黒印奉頂戴候。其後知行付に野谷地申請、自分開発之高四貫八百文之所、明暦二年山口内記を以為御加増拝領仕、同年四月十日之御黒印頂戴所持仕候。当時御知行高五拾六貫八百壱文之高に罷成候。対馬代拙者代共に数度之火事に合、跡々御知行拝領仕候御下書等焼失分明に不申上候。以上

延宝七年十月十日

11　渡辺七兵衛

一　拙者養祖父佐瀬伯耆儀天正年中会津盛重没落之時分、

貞山様御代御当家へ被召出、御知行百弐拾貫文被下置、御小性頭腋に被召使候由承伝候。右伯耆被召出候時分、誰を以御知行被下置候哉、其段は相知不申候。右伯耆嫡子同氏清右衛門娘に拙者実父同氏七兵衛取合、聟苗跡被仰付、伯耆知行高之内弐拾貫八拾弐文之所被下置度由、慶長拾四年極月奥山出羽を以申上候処、如願被仰付旨、右出羽を以被仰渡、御奉公相勤申候処、寛永二年之比

義山様御部屋住之時分被相付、御奉公仕候処、不届之儀有之、同四年皆川将監と一同に進退被召放、翌年霜月帰参被仰付、本知無御相違被返下段、津田近江を以被仰渡、右御奉公不相替相勤申候。同十四年に御小人奉行被仰付、同十六年に古内故主膳を以御加増之地九貫九百拾八文致拝領、取合三拾貫文之高に被成下候。且又寛永十七年

義山様へ奥山故大学・古内故主膳を以本苗渡辺に被成下度旨願申上候処、被聞食届、渡辺名乗可申由被仰付候。同廿一年御検地之刻二割出目六貫文被下置、三拾六貫文之高に被成下候。且又東山之内鳥海村にて野谷地拾町申請致開発、起目弐貫文知行高に被結下旨、寛永廿年右主膳を以被仰渡、都て三拾八貫文之高に被成下候。慶安三年牡鹿郡門脇村に野谷地五町右主膳を以被下置、新田起目三貫九拾四文明暦三年極月成田木工を以致拝領、四拾壱貫九拾四文之高に被成下、御黒印頂戴仕候。同三年八月二日親七兵衛病死仕、跡式御知行高之通無御相違拙者に被下置之旨、同年十月廿八日右主膳を以被仰付候。知行所切添新田五貫弐百拾壱文、延宝元年十月廿五日於江戸小梁川修理を以被下置、取合四拾六貫三百文之高罷成候処、寛永十一年古内志摩を以、上胆沢之内相去村にて野谷地拾町歩致拝領、開発之新田拾貫弐拾八文、延宝六年十月十九日黒木上野を以被下置、都合五拾六貫三百三拾三文之高に被成下候。右御黒印は于今頂戴不仕候。以上

延宝七年六月十五日

一貞山様御代拙者養父豊島勘之丞儀柳生但馬殿御取持にて被召出、中島監物を以、則御知行三拾貫文被下置、江戸御国共に御奉公相勤申候由承伝候。右被召出候年号不承伝候。

貞山様御代私実父蔵田宇右衛門儀・向井将監殿・桑島孫六殿御取持にて被召出、則其砌中島監物を以御知行四拾貫文被下置、江戸御国共に御奉公仕候処、寛永十一年御上洛之刻御供仕於京都病死仕候。其砌私幼少故右知行高之内拾五貫文同年中島監物を以拙者に被下置、残弐拾五貫文被召上候。

義山様御代養父勘之丞娘に拙者取合聟苗跡に被成下候様に申上候処、願之通私持来知行拾五貫文勘之丞知行三拾貫文被結下四拾五貫文に被成下、豊島之家督に被仰付之由、寛永二十年中島監物を以被仰渡候。其後大御検地を以二割出九貫百文拝領仕、右勘之丞知行高五拾四貫百文被成下御黒印頂戴所持仕候。慶安三年三月勘之丞病死仕、跡式無御相違同年七月古内故主膳を以拙者に被下置、引続江戸御番相勤申候。

義山様御代知行地続之野谷地拝領起目新田弐貫六百弐拾四文之所山口内記を以明暦四年に被下置、五拾六貫七百弐拾四文之高に被成下御黒印頂戴所持仕候。私弟同氏弥五右衛門儀浪人にて罷在候付、右知行高之内壱貫文被分下御番等も為仕度由、
御当代古内志摩を以申上候処、願之通右壱貫文寛文十二年十月廿八日に右志摩を以弥五右衛門に被分下、私知行高五拾五貫七百弐拾四文に罷成候。右御黒印は頂戴不仕候。

御当代知行切添五百六拾弐文延宝三年九月朔日柴田中務を以被下置、都合五拾六貫弐百八拾六文之高に被成下候。右切添知高に被成下候御黒印は頂戴不仕候。右儀は私然と覚不申候故承伝之通申上候。以上

12　豊島久大夫

延宝五年四月廿七日

13　横沢伝左衛門

一　拙者親幸島助左衛門と申、

稲葉美濃守様へ御奉公仕候。拙者儀助左衛門次男浪人にて於江戸寛永十八年九月廿日に要山様へ御小性に後藤上野御取次にて被召出、御切米拾五両御扶持方拾人分被下置候。然処横沢将監嫡子左平次病死仕子共無御座、義山様御代に禿申由に御座候。依之古内伊賀は将監聟に御座候。将監姪聟舟山善左衛門娘四・五歳より伊賀養子に仕、拙者に取合右将監苗跡に相立申度旨

義山様へ古内故主膳を以願申上候得ば、拙者に立被下候に、上納拾四貫百五拾七文起目新田三拾五貫八百四拾三文合五拾貫文右御扶持方引続拾人分、正保二年六月三日従御表拝領仕候。

御当代御知行之上へ御扶持方被下置候者之分、寛文元年十一月十六日に右拾人御扶持方惣並に手前より願不申上、奥山大学を以四貫五百文に被直下、都合五拾四貫五百文拝領仕候。且又拙者三男吉三郎斉藤安右衛門聟苗跡に仕、其上拙者知行高之内にて弐貫文右安右衛門に為分取申度由願指上候処、寛文九年十一月廿三日に柴田外記を以願之通被仰付、弐貫文之所安右衛門に被分下候。相残拙者知行高五拾弐貫五百文致拝領御黒印頂戴仕候。以上

延宝五年二月十三日

14　高橋覚左衛門

一　拙者先祖伊達御譜代之由承伝候。祖父以前誰様御代被召出、御知行何程被下置候哉、委細不承伝候。祖父高橋但馬に御知行高弐拾七貫文余被下候由承伝申候。
貞山様御代元和六年に祖父但馬病死仕、跡式実子親右馬丞に被下置候。年号・御申次は不承伝候。右馬丞御奉公仕内
義山様御代弐貫文余御加増拝領仕、三拾貫文に被成下候。其外御買新田申請候起目、知行廻切添之起目、寛永年中
惣御検地二割出共に御知行高に被結下、高四拾三貫七百文之所寛永廿一年八月十四日之御黒印
義山様御代に親右馬丞奉頂戴候。右御加増并新田拝領仕候御申次・年号不存候。
義山様御代正保二年野谷地拝領起目高六貫六百五拾三文、正保三年三月十一日に山口内記を以被下置候。高五拾貫
三百五拾三文之所同三年六月廿三日之御黒印
義山様御代親右馬丞奉頂戴候。
義山様御代正保二年右馬丞知行之内野山新田に申請、起目高九百八拾弐文慶安二年十二月廿九日に山口内記を以被
下置候。高五拾壱貫三百三拾五文之所同二年十二月廿九日之御黒印
義山様御代右馬丞奉頂戴候。右馬丞儀承応元年八月病死仕候。同八月十四日跡式拙者に無御相違被下置旨、古内故
主膳を以被仰付候。同八月十五日之御黒印
義山様御代拙者奉頂戴候。
義山様御代承応三年に拙者知行之内野山新田に申請、万治元年に御竿被相入、起目高九百八拾弐文万治三年二月十
日に
綱宗様御代茂庭中周防、富塚内蔵丞を以被下置、高五拾弐貫三百拾七文之所寛文元年十一月十六日之御黒印

御当代に拙者奉頂戴候。
御当代寛文九年に拙者願申上候は、祖父親代より知行之内拙者在郷屋敷一軒内之者屋敷共に三拾壱軒被除下、于今内之者指置申候得共、御竿被相人御知行高に被成下度奉存候。乍少分知行高に罷成御奉公仕度由申上候処、同九年に御竿被相入、右屋敷高三貫四百五拾七文之所於江戸に兵部殿・隠岐殿へ原田甲斐・田村図書相伺御知行高に被結下由、寛文十一年三月十九日に片倉小十郎を以被仰渡候。都合五拾五貫七百七拾四文之所寛文十一年五月八日之御黒印
御当代に奉頂載候。以上
延宝五年七月三日

15 矢野内記

一 養父外舅甚左衛門被召出候儀、
貞山様伏見に被成御座候時分、上臈衆指引仕様成女房御抱被成度思召、右甚左衛門伯母土御門左衛門佐姪佐分利玄蕃頭娘被聞食及、
陽徳院様へ御雇分にて被召出客人と御呼被成候。然処御西館様上総介様へ御祝言之刻右之客人を御局に御頼被成被遣候。
権現様へも従
貞山様御用被仰付御使抔仕候。

貞山様御意には男に候は御取立不被成不叶首尾之者に被思食候得共、女之事候間其身取立度者有之候は申上候得可被召使旨御意被成候故、右局申上候は甥に佐分利長次郎と申者有之由申上候得ば、右長次郎被召出御合力を以馬上並に御奉公仕候。然処不慮之儀候て相果申候故、其後
貞山様御意被成候は年も寄便も有之間敷候間、望次第申上候得可被召使由御意被成候故、局申上候は私妹聟矢野伊左衛門と申者長谷川式部少輔首尾御座候付て、被頼候て罷在候由申上候得ば、内々は其方より伊左衛門に申候得、表むきは鈴木和泉を以可被仰下旨御意被成、右伊左衛門可被召出由御意を以和泉方より申越候処、伊左衛門申上候は久敷式部少輔介抱を受罷在立身仕候。迚立除候も無拠奉存候。御意を背候様に御座候得共、拙者をば御免被成子共被召使被下候様に申上候得ば、奇特被思食候由にて私養父外舅甚左衛門十二歳にて被召出七人御扶持方馬之喰被下、馬上にて御小性組と被仰出御側にて被召使、無間も御知行三拾貫文鈴木和泉を以被下置候。年号不承伝候。七人御扶持方馬之喰可被召上候得共、御心入有之候間被召上間敷由被仰出候。
貞山様御遠行後右之品々従御西館様、
義山様へ被仰上、御扶持方馬之喰為御加増御知行五貫六百文奥山故大学を以被直下、御検地二割出共四拾壱貫六百文之高に被成下候。其後御聞番役被仰付十八年江戸定詰仕候。家督無之段
義山様御存被成、其身姉妹有之候キ。姉は上方にて三好と申者妻と御覚被成候。妹は誰の妻に成候哉と御尋被成候。甚左衛門申上候は姉は三好家政妻に御西館様御取立被成被下候。妹は石田但馬妻に是も従御西館様御取立被成下候。三好家政
貞山様御前様へも御目見仕候。改名仕宗信罷成候由申上候。左候は両人之内子共候は家督に仕可然由御意被成候。

但馬方には男子無御座に付娘に油井善右衛門次男取合聟苗跡に仕候。私姉方には子共御座候由申上候得ば、呼下可申由古内故主膳を以被仰付、拙者十歳にて家督に被仰付則可被召使由御意にて別て御切米六両御扶持方四人分被下置、
義山様御一代御小性組御奉公仕候。拙者実父三好宗政儀三好一家に御座候。養父甚左衛門儀万治元年閏極月九日於江戸病死仕、跡式無御相違万治二年正月十一日奥山大学を以拙者に被下置候。勿論右之御切米御扶持方は被召上候。進退高に罷成候儀は古内故主膳私知行所地尻之野谷地拝領仕候内廿町、
義山様へ申上分ヶくれ申候内、半分開発仕高拾貫四百五拾三文之所奥山大学を以、寛文元年十一月十六日に拝領仕候。
御当代に罷成私知行地続に野谷地御座候故申上、切起七貫三百四拾文之所寛文十二年正月廿五日柴田中務を以被下置候。其後切添之起目四貫三百六拾八文之所大条監物を以延宝元年十月廿九日に被下置、取合六拾三貫七百六拾壱文之高に罷成候。右之内星長兵衛実子持不申候に付、拙者次男伊大夫聟苗跡に申合候刻、八貫文右伊大夫に分為取度由申上候処、延宝三年霜月十九日願之通被成下旨大条監物を以被仰渡、残る百五拾五貫七百六拾壱文之知行高に御座候。右儀は拙者未生以前之儀候故不存候得共、承伝成共無遠慮可申上由御触御座候間如此御座候。以上

延宝七年二月廿一日

16 入江左太夫

一 拙者親入江筑後儀

孝勝院様御局之子に御座候て備前之宮内様に罷在候を、
孝勝院様御乳兄弟之由
貞山様にて被聞食、御祝言二年同親十歳之時被為呼、御切米金壱枚拾五人御扶持方御四季施被下被指置罷在候処、
十四歳に罷成候時、
義山様にて可被召使由御意被成、御部屋にて御児性御奉公仕候。寛永十二年に古内主膳を以右御切米御扶持方知行弐拾貫文馬之喰壱匹分に被直下御黒印被下置候。寛永十七年に右主膳を以為御加増弐拾貫文被下置四拾貫文に被成下、其節馬之喰被召上候。御黒印不被下、寛永廿一年に二割出被下置四拾八貫百文に罷成候。其砌御黒印被直下候。寛永十九年柴田之内上名生村・中名生村・下名生村・富塚村右四ヶ村之内久荒野谷地申請起申度由、鴇田駿河を申立候処、鍬先次第に起可申由に付、正保二年右起目御竿申請新田高五貫五百六拾九文致拝領、五拾三貫六百七拾三文に罷成候。御黒印被下置候。延宝三年に親筑後儀隠居之願申上候処、同年七月四日柴田中務を以願之通被仰付、拙者に家督被下置候。以後拙者知行所之内切添起目寛文七年に御竿入申候所高、壱貫六百四拾九文同年八月於江戸小梁川修理・古内造酒祐御披露被相遂、十一月廿三日右中務を以知行高に被成下旨被仰渡、五拾五貫三百弐拾弐文に罷成候。御書替被下候御黒印は未頂戴仕候。以上
延宝五年二月三日

17　茂庭権平

一　拙者先祖代々御奉公仕候由承伝候得共、高祖父茂庭駿河以前之儀は相知不申候。右駿河は名取郡茂庭村館に被指

置候。知行高は相知不申候。
政宗様御代に駿河儀田村之内胆沢へ警固被指遣候処、胆沢にて討死仕候。駿河儀は進退高にも御座候処、駿河実子曽祖父同氏利兵衛儀其比幼少に御座候由、御知行御減少四拾六貫文之所茂庭了庵を以被下置候。年号不承伝候。曽祖父利兵衛病死仕候付実子祖父利兵衛に四拾六貫文之所無御相違被下置候由、茂庭左月を以被仰渡候。年号相知不申候。祖父利兵衛寛永十一年九月病死仕付、親利兵衛に四拾六貫文之御知行高無御相違被下置由、古内故主膳を以被仰渡候。寛永十八年御検地二割出九貫弐百文之所親利兵衛代に拝領五拾五貫弐百文に被成下候。寛永廿一年に
忠宗様御黒印頂戴仕候。親利兵衛延宝二年霜月病死仕付て、右御知行高五拾五貫弐百文之所無御相違拙者に被下置候由、柴田中務を以同三年二月二日被仰渡候に付て、則江戸へ罷登大条監物を以御目見仕候。以上
延宝七年六月十一日

18　甲田弥左衛門

一　拙者祖父甲田弥左衛門儀
貞山様御代被召出、御知行高五拾壱貫壱文被下置御奉公仕候。右御知行何品を以何年に誰を以被下置候哉不承伝候。右弥左衛門儀寛永八年十月十日病死仕、嫡子十右衛門に跡式無御相違被下置候。右家督被仰付候年号・御申次不承伝候。

義山様御代御検地相通申節二割出被下置六拾壱貫四百文之高に被成下候。然処

御当代寛文十一年九月親十右衛門隠居之願申上候節、右被下置候御知行高之内五拾五貫文は拙者被下置、六貫四百文は拙者弟同氏勘之丞に被分下置度旨願申上候処、同年十一月十八日如願六貫四百文は右勘之丞に分被下残五拾五貫文は拙者に被下置、家督に被仰付旨、柴田中務を以被仰付、拙者御知行高五拾五貫文に御座候。以上

延宝五年三月二十六日

19　斉藤九郎兵衛

一　拙者養父斉藤与惣右衛門儀同性勘右衛門次男に御座候処、元和三年貞山様御代御小性之間にて被召使、御物置御番被仰付候。誰を以被召出候哉不承伝候。御切米拾弐両六人御扶持方被下置打続御奉公仕候。

義山様御代野谷地拝領仕、右開発新田起目三拾弐貫三百文寛永廿一年奥山大学を以被下置候。其節右之御切米御扶持方被召上候。先祖之儀は同氏半之丞惣領筋目御座候間可申上候。其以後御同代野谷地拝領仕新田起目拾四貫弐百五拾八文明暦二年山口内記を以被下置旨被仰渡、本地合四拾六貫五百五拾八文に被成下候。右与惣右衛門儀男子無之付拙者儀与惣右衛門小舅に御座候付、養子に仕度段奉願候処、願之通寛永十九年山口内記を以被仰付候。然処

御同代正保三年成田木工を以拙者儀御小性之間にて可被召使旨被仰付候。嫡子に御座候得共、従御前被召出儀に候間、御合力被下置旨山口内記・成田木工を以被仰渡、御切米六両四人御扶持方被下置、江戸御国共御奉公相勤申候。且又与惣右衛門儀隠居仕度候由申上候処、

綱宗様御代万治三年正月十三日古内主膳を以願之通無御相違拙者に跡式被下置旨被仰渡候。其節右之御切米御扶持方被召上候。

義山様御代拝領仕候野谷地開発新田高三貫四百八拾七文、万治三年茂庭周防・富塚内蔵丞を以被下置旨被仰渡、本地合五拾貫四拾五文

御当代寛文元年十一月十六日御黒印頂戴仕候。同九年宮城郡塩釜浦之内入海新田に拝領仕、古之起目四貫九百拾五文延宝五年二月十日柴田中務を以被下置旨被仰渡候。拙者知行高本地共都合五拾四貫九百六拾文御座候。以上

延宝七年三月十五日

20 古内木工兵衛

一 拙者儀古内伊賀実次男に御座候処、先之古内主膳取立候新田起目之内五拾貫文之所

義山様御代山口内記を以明暦四年四月十七日被下置御黒印頂戴仕候。然処先年右伊賀抱置候新田野谷地、横沢伝左衛門年久相抱置申候処、

御当代罷成拙者所望仕、寛文四年閏五月廿五日奉願候処、同年十月十七日茂庭周防・富塚内蔵丞を以拝領仕候。右起目壱貫百弐拾六文之所寛文九年十二月十日古内志摩を以被下置、五拾壱貫百弐拾六文之高に被成下御黒印頂戴仕候。且又知行地尻野原拝領仕度由、寛文七年閏二月三日申上候処、同八年二月十五日柴田外記・古内志摩を以願之通被仰渡候。右起目弐貫四百三拾九文同起過壱貫百五拾五文之所寛文十三年六月十八日小梁川修理を以被下置、都合五拾四貫七百弐拾文之高に被成下候得共、干今御黒印頂戴不仕候。以上

21　只野権八

延宝五年二月十四日

一　拙者先祖仙道譜代曽祖父只野刑部儀

貞山様御代如何様之品御座候哉相知不申候得共、慶長元年被召寄御知行高拾七貫五百文当座御扶持方分に被下置候由承伝候。誰を以拝領仕候哉年久儀にて相知不申候。所々御軍役勤仕其上慶長八年御給主組之衆被預置御奉公相勤申候処、刑部儀男子持不申候に付、片倉主水次男勘三郎儀

貞山様へ御奥小性に被召使候を刑部実娘取合聟苗跡に仕度之旨、慶長九年奥山出羽を以申上候処に如願被仰付候。然処刑部儀慶長十年病死仕候付、同年跡式御知行高拾七貫五百文無御相違右出羽を以勘三郎に被下置、引続御小性組之御奉公相勤大坂両度之御陣に御供罷登候。幼少より数年御奉公相勤且又於大坂も首尾合申に付、元和元年御知行拾弐貫五百文御加増被成下、本地合三拾貫文被成下之由御座候。誰を以御加増被下置候哉相知不申候。其以後長兵衛と改名仕御近習御奉公御免被成表江戸御番数年相勤申候処、

義山様御代寛永十五年より御足軽組之衆被預置相勤申之由承伝候。寛永十六年御売野谷地申受自分開発仕四貫文致拝領、本地合三拾四貫文に成下候由承伝候。誰を以被下置候哉覚無御座候。寛永年中惣御検地二割出目六貫文被下置、本地合四拾貫文被成下且又明暦三年野谷地申受自分開発仕、七貫弐百四拾六文寛文元年十一月六日奥山大学を以被下置、本地合四拾七貫弐百四拾六文被成下候。御黒印頂戴仕候。然処長兵衛儀藤兵衛と改名仕、年罷寄付て同二年に隠居願申上、実子拙父長兵衛に家督無御相違同年奥山大学を以被下置、御足軽組之衆共引続被仰付

相勤申候。

御当代寛文五年野谷地申受自分開発仕七貫弐百三拾七文同八年八月廿九日柴田外記を以拝領仕、本地合五拾四貫四百八拾三文被成下、御黒印頂戴所持仕候。実父長兵衛儀延宝三年病死仕候付、跡式無御相違拙者に被下置之旨、同年六月柴田中務を以被仰付候。以上

延宝七年四月廿三日

22 中村弥五左衛門

一 拙者高祖父中村但馬儀越前之内中村と申小城住所仕候由承伝候。右嫡子同氏出雲越前一乱以後米沢へ罷越景勝へ奉公仕馬上百騎之組頭役仕候処、組子之内出入御座候付暇申受罷出候。然処貞山様御代奥山出羽を以被召出御知行弐拾八貫文被下置御奉公仕、其以後御加増拾貫文被下置都合三拾八貫文程之地高に被成下由承伝候。拙者より四代以前之儀に御座候故、右御加増如何様之品を以何年に拝領仕候哉、且又被召出候年号等不承伝候。右出雲儀隠居被仰付実子正兵衛家督無御相違被下置候。年号御申次不承伝候。義山様御代寛永廿一年二割出拝領取合四拾五貫四百文之地高に被成下候。其以後出雲と改名被仰付由承伝候。御当代寛文三年右出雲隠居之願申上候付願之通拙者親源太左衛門家督無御相違被下置候旨、寛文三年四月六日柴田外記・大條監物を以被仰付、同年十二月十九日御黒印頂戴仕候。御同代寛文年中に知行地続之野谷地拝領仕開起之地高八貫八百七拾壱文寛文十二年正月廿五日於江戸片倉小十郎を以被下置本地取合五拾四貫弐百七拾壱文之地高に被成下、同年十二月十九日御黒印奉頂戴候。然処に延宝三年七

月十九日に拙父源太左衛門病死仕跡式無御相違拙者に被下置之旨同年十一月十九日柴田中務を以被仰渡候。且又知行所地続之野谷地拝領開起之地五拾文右家督被仰付候同日に柴田中務を以被下置、当時拙者知行高五拾四貫三百弐拾壱文被成下候。右家督被仰付候以後之御黒印は于今頂戴不仕候。以上

延宝七年三月廿三日

23 黒沢久左衛門

一 私祖父黒沢久左衛門儀

貞山様へ被召出御奉公申上御知行拾六貫文被下置、大坂御陣之節御供相勤罷下候。以後段々御加増被下置四拾八貫九百文之高に被成下候。右久左衛門事何様之品を以被召出段々御加増誰を以何年被下置候哉不承伝候。

貞山様御代寛永十年十一月三日右久左衛門病死跡式無御相違親久左衛門に被下置候。年号・御申次不承置候。且又親久左衛門野谷地拝領開発高四貫九百七拾八文之所明暦二年四月十日真山刑部・山口内記を以被下置、取合五拾三貫八百七拾八文に被成下御黒印頂戴仕候。親久左衛門寛文六年二月十九日病死、跡式無御相違拙者に被下置候旨、同年八月廿二日古内志摩を以被仰渡、右御知行高之御黒印頂戴奉所持候。以上

延宝七年二月廿七日

24 氏家新兵衛

一 先祖美濃国大柿之氏家に御座候由承伝候。祖父氏家新兵衛儀仙道之内本宮中館に住居仕候。

貞山様御代被召出天正十四年八月廿四日御知行三拾壱貫三百文并田地九千苅本宮杉田之内にて被下置候。御朱印所持仕候。其後二本松へ成実就被指置候、御知行替被仰付天正十五年三月十日に右為御替地立子山春田之内にて御知行弐拾三貫九百文と田地壱万弐千七百三拾苅陳夫馬共に被下置御朱印二通右合三通于今所持仕候。

貞山様米沢より御当地へ御国替被成置候以後には、牡鹿・桃生・松山にて慶長四年四月廿日御知行五拾貫七文被下置候。右高之内六貫三百三拾三文地損御座候。其節は御替地不被下置候故、残高四拾三貫六百七拾四文に罷成候由承伝候。同苗惣内儀右新兵衛実嫡子に御座候。新兵衛跡式御知行四拾三貫六百七拾四文慶長十三年九月六日鈴木和泉・奥山出羽を以被下置、右御知行高之内弐百八拾六文地損御座候。御替地は不被下置候付残高四拾三貫三百八拾八文に罷成候。惣内儀元和五年病死仕候由承伝候。同苗清左衛門儀右惣内実弟に御座候。実子持不申候に付右清左衛門跡式御知行四拾三貫三百八拾八文

貞山様より被下置候。中島監物書状所持仕候。年号は覚不申候。右清左衛門儀寛永十二年極月廿三日病死仕候。拙者儀右清左衛門実嫡子に御座候。清左衛門跡式御知行四拾三貫三百八拾八文従

貞山様寛永十三年三月廿四日中島監物を以被下置候。

義山様御代惣御検地之砌二割出之地八貫六百拾弐文被下置候。

御当代寛文十一年三月六日拙者知行之内切添起目壱貫四百六文大条監物を以被下置候。都合五拾三貫四百六文に御座候。以上

延宝七年四月十六日

一貞山様御代寛永八年九月廿三日兄富塚弥兵次病死仕、子共三右衛門五歳に罷成幼少故茂庭佐月を以被召出拙者番代に被仰付、

義山様御代慶安元年右弥兵次知行高三拾七貫弐百文之所右佐月を以致披露三右衛門に相渡申候。

義山様御代寛永廿年三迫之内石越村にて野谷地申受、起高四拾三貫弐百五拾五文正保三年六月廿三日山口内記を以致拝領候。慶安四年に右同所にて野谷地申受起高五貫三百四拾壱文承応三年三月十二日に右内記を以被下置、都合四拾八貫五百九拾六文之高に被成下候。

25　富塚三郎兵衛

御当代寛文元年奥山大炊を以訴訟申上候は、拙者儀正保四年御足軽奉行被仰付十四、五年も相勤申候。随て拙者知行一宇新田にて物成不仕、致困窮相続御奉公可仕様無御座候間、悪地には御座候得共御憐愍を以右高之内何程成共上納に替被下御奉公相続候様に仕度由奉願候処、桃生郡之内長面浜・尾崎浜両所に拾弐貫六百弐拾三文御蔵入御座候に替被下之旨右大炊を以被仰渡、石越村にて拾弐貫六百弐拾三文之所御蔵へ被召上候。然共拙者不仕合にて右両浜物成存様に不罷出候付、兄同氏内蔵丞知行高之内一迫真坂村にて六貫文、宇田郡駒ヶ嶺村にて六貫六百弐拾三文合拾弐貫六百弐拾三文可然地形を拙者に為取、両浜を内蔵丞知行に仕度由、同人奉願、同年十一月十六日に右大炊を以願之通被成下候。其以後寛文七年に桃生郡之内釜谷浜にて野谷地申受、起高四貫七百弐文寛文十年七月廿九日古内志摩を以致拝領、都合五拾三貫弐百九拾八文之高に被成下御黒印頂戴仕候。以上

延宝五年二月廿六日

一 養父真山庄兵衛儀真山式部二男慶長十二年に
貞山様御代御勘定衆に被召出、同十三年奥山出羽・鈴木和泉を以御知行弐貫弐百文拝領仕候。同十五年佐々若狭を
以御扶持方四人分御加増被成下、同十六年御右筆に被召加、同十七年御扶持方壱人分御加増五人分に被成下候。
元和元年七月御小道具御書物役被仰付相勤候。同六年山岡志摩を以妻子養育可仕由御加増拝領、都合拾貫文に被
成下候。尤御扶持方は被召上候。其後黒川之内大谷羽生村之内野谷地有之付て其節野谷地奉行清野半右衛門・伊
場野外記方へ御礼金相済野谷地四町請取、開発高四貫五百文寛永五年に拝領仕候。御申次は知不申候。同八年六
月四日久御奉公相勤候由御意を以、御加増拾弐貫文茂庭周防を以拝領仕弐拾六貫五百文之高に罷成候。
義山様御代御評定所御記録役被仰付相勤、寛永年中惣御検地之上二割出五貫三百文被下置都合三拾壱貫八百文に被
成下候。拙者儀木崎主計次男
義山様御代承応二年成田木工を以被召出、御切米四両御扶持方四人分被下置、御右筆相勤候処、右庄兵衛老衰仕付
て私儀甥に候間苗跡に被仰付被下度由奉願候処、如願明暦二年富塚内蔵丞を以被仰付候。御切米御扶持方は被召
上、親庄兵衛久御奉公仕候間其身一代隠居分に被下置候。私儀
御当代迄引続御右筆相勤候処、延宝元年十二月十日小梁川修理を以御目付役被仰付、同四年二月廿三日柴田中務を
以御近習御目付被仰付候。同五年十二月廿三日於御前御加増弐拾貫文拝領仕御小性組番頭被仰付候。知行高都合
五拾壱貫八百文に被成下候。以上
延宝七年八月十五日

27 馬淵二左衛門

一　亡父馬淵隼人儀浪人にて罷在候処に、元和九年御上洛於京都松倉豊後殿・津田好庵老・桑山左近殿御取持
貞山様へ被仰上候処被召出、御知行高四拾弐貫五百三拾文被成下候。
義山様御代惣御検地二割出高に直被下五拾壱貫文之御黒印寛永二十一年八月十四日に頂載仕候。隠居願富塚内蔵丞
を以江戸へ申上候処、寛文元年閏八月廿二日柴田外記を以被仰出家督無御相違拙者に被成下候。以上
延宝四年極月廿七日

28 伊藤弥兵衛

一　拙者祖父伊藤甚左衛門本国勢州浪人に御座候。
貞山様伏見に御詰被遊候砌、茂庭故石見を以被召出其後江戸迄御供仕勤仕申候処、慶長十七年於江戸
貞山様御勘気相蒙、御家罷除、肥後国於熊本寛永九年十二月十日に病死仕候。右甚左衛門御家へ被召出候年月并御
知行高御役目之品等不承伝候。右甚左衛門嫡子拙者には亡父同氏弥兵衛は七歳より
義山様御部屋にて御小姓御奉公相勤申候処、右甚左衛門
貞山様御勘気相蒙申候に付弥兵衛儀も被召使候儀
貞山様御前御遠慮に被思召候旨、
義山様御意に御座候て弥兵衛儀も御暇被下置及二十箇年浪人仕他国に罷在候処に、
義山様御代に被為成、二・三箇年過古内故主膳を以被召返、御知行拾三貫文被下置御腰物奉行役被仰付候。其後御

加増之地三拾五貫文拝領仕、都合御知行高四拾八貫文に被成下御目付役被仰付候。右弥兵衛被召返候年月并誰を以如何様之品にて御加増之地拝領仕候哉不承伝候。其後御役目替被仰付御名懸衆頭御町奉行兼役に三・四年致勤仕、明暦元年五月廿九日五拾九歳にて病死仕候に付て、跡式無御相違拙者に被下置候旨、同年八月六日に古内故主膳申渡候。其以後拙者知行所加美之郡之内下多田川村にて野谷年申請開発、高弐貫九百五拾七文之所明暦三年六月廿九日に山口内記を以拝領仕、御知行高五拾貫九百五拾七文に被成下候。以上

延宝七年二月廿三日

29 吉田仲兵衛

一 拙者亡父吉田仲兵衛儀十七歳にて

貞山様御代慶長十一年於京都古田内匠御申次にて被召出候。何様之品を以何奉公に被召出候哉不承伝候。同十九年に御知行弐拾五貫文拝領仕、又元和七年に為御加増御知行弐拾八貫七百弐拾六文被下置合五拾三貫七百弐拾六文に被成下候。両度共に何品を以誰御申次にて被下置候哉不承伝候。

義山様御代寛永十八年於江戸為御加増三拾貫文古内故主膳を以被下置候品は、

御二代様へ江戸御国共に無懈怠御奉公仕候由にて被下置候由承伝候。都合八拾三貫七百弐拾六文之高に被成下候。同廿一年三月六日に病死仕、嫡子権六に右御知行高無御相違右主膳を以被下置候。其以後御検地二割之倍目被直下御知行高百貫五百文に被成下候。然処権六儀正保二年正月十日病死仕候付、拙者儀権六弟に御座候条、右御知行高半分被召上、五拾貫五百文右主膳を以同年三月拙者に被下置、右五拾貫五百文之御黒印頂戴仕候。以上

延宝五年正月十八日

30　甲田市兵衛

一　拙者親甲田覚右衛門被召出候儀、近江浪人者に御座候処、貞山様御代元和元年に御国へ罷下御奉公申上度段奉願候付て則被召出、御知行弐拾貫百文被下置、江戸御番被仰付由に御座候。誰を以被召出右御知行被下置候哉、拙者未生以前之儀に御座候故承伝不申候。其以後惣御検地之砌二割出目を以弐拾四貫百文に被成下候。御黒印頂戴仕候。然処右高之通にては江戸御番難勤被思食由にて御加増之地拾貫文正保三年三月朔日

義山様御代古内故主膳を以被下置、三拾四貫百文之高に被結下御黒印頂戴仕候。且又野谷地新田申請起目壱貫八百九拾七文

義山様御代慶安四年十月三日山口内記を以被下置、都合三拾五貫九百九拾七文之御黒印頂戴仕候。其以後野谷地新田申請起目六貫三百拾四文万治三年二月十日茂庭中周防を以被下置、四拾弐貫三百拾壱文に被成下候。御黒印頂戴仕候。右覚右衛門儀寛文三年に病死仕候付、跡式拙者に被下置度旨古内治大夫を以親類共申上候処、無御相違右御知行四拾弐貫三百拾壱文之所

御当代寛文三年五月三日奥山大学を以被下置候。御黒印頂戴仕候。以上

延宝五年四月十三日

31 益田惣左衛門

一貞山様御代拙者祖父益田五助浪人にて罷在候処、毛利伊勢守殿より右五助被召出被下度由貞山様へ被仰上候に付被召出候由承伝候。其節貞山様より右伊勢守殿へ被遣候御書所持仕候。其砌御知行高四拾貫百八拾三文被下置候由承伝候。右被召出候時之年号不承伝候。其以後右五助儀惣左衛門に改名被仰付候。義山様御代御検地之砌正保元年二割出目八貫拾八文被下置、右合四拾八貫弐百文之高に被成下候。右惣左衛門儀承応二年極月十七日に病死仕候処、同三年に実子伝右衛門に跡式無御相違奥山大学を以被下置候由承伝候。義山様御代に知行所地付にて野谷地申請起目弐貫拾八文之所、明暦二年三月山口内記を以拝領仕、都合五拾貫弐百拾八文之高に被成下候。親伝右衛門儀寛文十年十月七日病死仕候処、拙者儀実子に御座候、跡式無御相違同十一年正月十五日に古内志摩を以拙者に被下置候。以上

延宝七年七月廿日

32 成田助之丞

一拙者親成田助之丞

義山様御部屋之時分御小性に被召出候。四人御扶持方御四季施被下置、御奉公に罷出候。誰を以被召出候哉委細不承伝候。寛永廿一年御知行三拾貫文山口内記を以致拝領御黒印頂戴仕候。此節御扶持方御仕着等は被召上候。慶安三年御知行拾貫文山口内記を以御加増致拝領御黒印頂戴仕候。明暦元年御加増拾壱貫七百弐拾八文之所山口内

記を以致拝領御黒印頂戴仕候。都合五拾壱貫七百弐拾八文に被成下候。何様之品を以御知行被下置段、御加増被成下候哉不承伝候。寛文九年十月親助之丞相果申候処、同年十二月廿三日古内志摩を以拙者に右御知行高之通被下置御黒印頂戴仕候。右知行高之内拙者弟七九郎長沼半兵衛家督に申合候時分、壱貫拾四文之所分遣申度由願指上申候処、延宝五年十月三日於御城小梁川修理・柴田中務を以願之通被仰渡候。当時拙者知行高五拾貫七百拾四文に御座候。以上

延宝七年八月廿九日

33　永島七兵衛

一　私祖父永島助兵衛儀大坂に籠城仕落城以後致浪人伊勢に引籠罷在候処、貞山様御代元和八年に被召出、御知行拾五貫文被下置、但馬と改名被仰付候。勿論其節頂戴仕候御黒印致所持候。其以後五貫文御加増拝領仕、弐拾貫文に被成下候。亡父源左衛門事佐藤権右衛門次男にて貞山公様御代御小性組に被召仕候処、寛永十年に但馬聟苗跡に被仰付、但馬元来之知行高弐拾貫文へ御加増弐拾貫文被下置、取合四拾貫文に被成下候。大御検地之節義山公様御代に亡父源左衛門儀二割出八貫文拝領仕、四拾八貫文に被成下其節致頂戴候御黒印所持仕候。義山公様御代亡父源左衛門儀慶安三年に壱貫五百九文新田御加増拝領仕、取合四拾九貫五百九文に被成下、其節致頂戴候御黒印所持仕候。御当代寛文弐年亡父源左衛門儀隠居被仰付、家督無御相違拙者に被下置旨、同年正月十八日奥山大学を以被仰渡候。

大学・織部・久馬連判之御書付其節之御割奉行衆へ罷出候故、堀越甚兵衛・柳生甚右衛門書替于今所持仕候。然処如何様之儀に御座候哉、其節頂戴仕候御黒印并別紙目録には四拾九貫五百文と罷出候。

義山様御代致頂戴候御黒印之高に合申候は九文不足に御座候得共、御黒印頂戴仕候上、小分之事追て願申上候儀如何敷奉存、知行高書出申候節は

御当代被下置候御黒印之高を相守申候。延宝元年十月廿八日大條監物を以知行切添五百六拾七文拝領仕、取合当知行五拾貫六拾七文に被成下候。以上

延宝四年十二月十四日

侍衆　御知行被下置御帳（十）

五拾貫文より四拾三貫百八文迄

1　遠藤九郎兵衛

一　拙者亡父遠藤九郎兵衛儀同苗土佐次男に御座候。然処右土佐知行高之内拾貫文亡父九郎兵衛に被分下度段願申上候処に、願之通に慶長拾六年奥山出羽を以被分下旨被仰付候。亡父九郎兵衛十四歳より義山様御小性に被召使、寛永拾五年古内主膳を以弐拾貫文御加増被下置、惣御検地之節弐割出目共に三拾六貫文に被成下、馬上御目付被仰付、正保三年奥山大学を以拾四貫文御加増被下置、五拾貫文之高に被成下候。其後御名懸頭被仰付

義山様御他界之節御供仕候。

綱宗様御代万治元年閏十二月十九日茂庭周防を以亡父九郎兵衛跡式知行高五拾貫文無御相違拙者に被下置旨被仰付、御黒印頂戴仕候。拙者儀幼少にて親相果申に付跡々之儀委細不承伝候。先祖之儀は惣領遠藤市右衛門申上候。以上

延宝五年三月廿九日

2 芦沢新右衛門

一 義山様御代に拙者儀寛永拾九年六月十五日に成田木工を以御小性に被召出、御切米六両に四人御扶持方被下置候。正保四年十一月六日御切米弐拾両拾五人御扶持方為御加増右木工を以被下置候。慶安弐年十二月廿八日に御知行五拾貫文右御代古内古主膳を以拝領仕候。右之御切米御扶持方は被召上候。拙者知行高五拾貫文之御黒印頂戴仕候。以上

延宝五年正月廿八日

3 五島五郎左衛門

一 拙者先祖従御先代引続代々御奉公申上候由承伝候得共、何代先に被召出候哉、高祖父以前之儀は不承伝候。拙者高祖父五島五郎左衛門儀貞山様御代に御物頭役相勤候様に承及候。然処最上御陣之節為御加勢被指遣候処、右五郎左衛門討死仕嫡子同氏惣吉儀も其節深手負かたわに罷成候得共、右五郎左衛門家督被下置候由承伝候。御知行高等之儀委細不承伝候。拙者養曽祖父五島加賀儀右五郎左衛門次男に候処に、貞山様御代に被召出段々御取立被下置加賀宅へも節々

貞山様・義山様被為成度々御加増被成下知行高五拾三貫文之高罷成候。且又寛永年中に弐割出目拾貫六百文被下置、都合六拾三貫六百文之高に罷成候。右段々被成下候年号・御申次等は不承伝候。右加賀嫡子同氏主計儀年若御座候て相果申に付、右主計嫡子私養父同氏源蔵幼少に候得共嫡孫之儀候間家督被下置之旨、且又右知行高之内十三貫六百文は加賀次男大越勘五郎に被分下度段、
義山様御代に加賀存生之内奉願、慶安四年八月廿六日に病死仕候処に、同年十一月十四日に願之通加賀跡式御知行高六拾三貫六百文之内五拾貫文所右源蔵に被下置、残る十三貫六百文は右勘五郎に被分下之旨、古内古主膳を以被仰渡、引続御奉公仕候処に、右源蔵儀病人に罷成其後嗣持不申候付て、拙者儀は白石出雲五男之実子に候処に親類之事候間、養子に申合家督に仕御奉公をも被為仕度段、
義山様御代奉願候処、明暦四年正月右主膳を以願之通被仰付候。源蔵儀寛文四年六月十一日に病死仕候付、右家督無御相違拙者に被下置旨、同年十月廿二日茂庭中周防を以被仰渡御黒印頂戴仕候。其以後知行所にて野谷地申請開発、高五貫九百八拾文之所拙者実兄飯淵三郎右衛門其比は拙者より小進に候付、右起目之分三郎右衛門に被下置度段奉願候処、寛文十弐年正月廿五日願之通被成下之旨、柴田中務を以被仰付候。当時拙者知行高五拾貫文に御座候。以上

延宝七年七月十一日

4　牧野勘左衛門

一　私先祖父伊達御譜代之由御座候。高祖父牧野弾正・曽祖父同氏美濃於米沢御奉公仕候由、誰を以何年に被召出候

哉、勿論進退高不承伝候。右美濃子共牧野大蔵
貞山様へ御奉公高麗御陣へ致御供御帰陣之節、御知行弐拾貫文被下置、其以後御加増拝領百貫文に被成下、御歩小性頭被仰付大坂御帰陣之後段々御加増を以弐百貫文余に被成下、御番頭被仰付相勤由候。右大蔵誰を以御加増何様之品にて拝領仕候哉、相知不申候。右大蔵儀寛永十三年十月十五日に病死候付て跡式無御相違嫡子大蔵に被下置、着座等引続被仰付候。惣御検地弐割出目被下都合弐百五拾貫文之高被成下正保弐年より御国御番頭相勤申処、其身不届を以慶安三年に進退被召上、同四年十一月十一日病死仕候。大蔵に誰を以家督被下置御役目被仰付候哉不承伝候。右御黒印寛永廿一年八月十四日之御日付にて取持仕候。私儀後牧野大蔵実子御座候。無進退に御座候て伯父古内後主膳養育仕置候処に
義山様にて天麟院様へ御入被成候節拙者十弐歳之時
義山様御前へ被召出御目見被仰付其以後折々御前へ被召出候。
綱宗様へも主膳江戸へ私召連罷登、承応弐年四月於御座之間奥山大学を以御目見被仰付、折々御前へ被召出候。然処後古内主膳知行高之内五拾貫文拙者分ヶ被下置度旨柴田外記を申上候付、願之通五拾貫文分ヶ被下之由寛文元年四月十日柴田外記を以被仰付、同年十一月十六日之御日付之御黒印所持仕候。已上
延宝七年三月十五日

5 松崎十太夫

一 拙者祖父は松崎彦右衛門と申候。佐竹殿譜代にて御座候。御国替之節浪人仕罷在由承伝候。嫡子拙父仲弥儀

義山様御部屋住之節被召出、御扶持方御切米被下置御茶道御奉公被仰付候。何年に誰を以被召出候哉不承伝候。寛永十九年四月親仲弥病死仕候処、拙者儀嫡子にて十五歳迄御目見不為仕候儀不調法に被召置、親跡式は被相禿拙者儀右同年八月

義山様為御意古内古主膳を以

綱宗様御部屋住之時分御奥小性に被召出、御仕着御扶持方四人分被下置、其以後御膳番被仰付相勤申候処、慶安三年に南平兵衛知行三拾六貫三百文之所古内古主膳を以為御番代被預下候。引続

綱宗様御代御奉公仕候処万治弐年御鷹之御申次御役目被仰付、同年三月三日御知行十三貫七百文古内中主膳を以被下置、右御番代之知行へ御取合五拾貫文之地高に被成下候。其以後御小性頭御役目被仰付致勤仕候。然処に南平兵衛儀十五歳に罷成候に付、右御番代に被預置候知行高之通被返下候様願申上候処、寛文弐年春柴田外記・大条監物を以右知行之内弐拾貫文平兵衛に被分下三拾貫文は拙者被下置候。依之平兵衛本知行高之通被返下度旨追て訴訟申上候得ば、同四年二月十四日に原田甲斐を以如願平兵衛知行高拾六貫三百文被返下、拙者儀は右御知行高十三貫七百文へ為御合力金子弐拾五両宛毎年被下置之旨右同人を以被仰渡候。同六年三月廿八日に御加増之地三拾六貫三百文柴田外記を以被下置、都合五拾貫文之地高に被成下候。品は数年御奉公首尾能相勤申候付て

綱宗様為御願被下置之旨外記申渡候。右五拾貫文之御黒印奉頂戴候。已上

延宝七年二月廿四日

6　伊藤忠次郎

一 私曽祖父伊藤肥後儀葛西門類に御座候処
貞山様御代片倉古備中を以被召出、御知行弐拾貫文被下置、御物頭役被仰付、其後十貫文御加増被下置、三拾貫文高に被成下候。右肥後嫡子三右衛門儀虎之間御番被仰付、父子銘々に御奉公仕候由、然処仙台大洪水之時分貞山様御本城御掛作に被成御座、御花壇橋渡候て様子見届可参由就御意則相渡申候処、橋押流水に入死去仕候由、其節右三右衛門嫡子満蔵若輩に御座候。尤祖父肥後御物頭役仕候内御座候。嫡子死去仕候故嫡孫満蔵養育仕候内、肥後病死仕跡式弐拾貫文右満蔵に被立下、江戸御国共御奉公仕候。
義山様御代惣御検地御竿出目取合弐十五貫文高に被成下候。其後改三右衛門に被成下、御物頭役被仰付候節拾貫文御加増被下置、三拾五貫文高被成下由申伝候。右御黒印頂戴仕候。何も
御先代被成下候年月不承伝候。然処三右衛門儀実子無御座に付て柴田外記次男拙者を聟養子に願申上外記知行高之内新田起目十五貫文被分下、三右衛門知行高三拾五貫文に取合五拾貫文高に被成下、如願私儀聟養子に被仰付旨寛文拾年十月十九日古内志摩申渡候。其後養父三右衛門寛文拾弐年霜月病死仕、家督無御相違右知行高之通被下置由、延宝元年正月十八日柴田中務宅にて小梁川修理申渡候。拙者儀未御黒印頂戴仕候。已上
延宝五年三月十三日

7 伊藤新左衛門

一 拙者先祖は浅香を名乗申由承伝候。天文弐拾弐年正月十七日従
晴宗様浅香金四郎と申者に御書判にて知行所被下置候御目録于今所持仕候。拙者曽祖父伊藤古肥前代之比か、名字

伊藤に被成下由申伝候得共、分明之儀相知不申候。右古肥前代に知行高何程に御座候哉不分明候。天正十六年七月四日郡山之窪田と申所にて討死仕、依之跡式無御相違左近に被下置候由、右御取次不承伝候。左近代知行高百五拾貫文余之由、其後改名肥前に被成下候。右年号相知不申候。寛永十八年惣御検地之刻二割出拝領、百八拾弐貫六百文之高に被成下候由、右肥前実子七歳病死仕後嗣無之付早川右馬助子丹後を養子仕、肥前弟同氏利蔵娘に取合家督仕度段寛永十九年に願申上、願之通被仰付候由、右御取次相知不申候。同弐十年十一月十二日肥前病死跡式無御相違丹後に被下置、其後改名新左衛門に被成下候由、右両様之年号等相知不申候。且又野谷地拝領開発仕承応四年に新田三拾七貫四百六拾六文被下置、本地取合弐百弐拾貫六拾六文之高被成下候由、右之御取次不承伝候。拙者父伊藤善右衛門儀古肥前孫に御座候因を以、右新田之内三貫文被分下度旨申上、寛文弐年に願之通被成下候。右新左衛門儀子無之付、古内古主膳子釆女養子仕度旨寛文元年願申上、願之通被仰付候。右御取次相知不申候。同三年九月十六日古新左衛門儀江戸病死、依之跡式知行高弐百拾七貫六拾六文之所、無御相違釆女に被下置候。右御取次不承伝候。御後見御仕置之内、同八年四月釆女儀伊達式部殿へ被相預、同九年七月十六日式部殿於御在所致病死候。伊達安房殿弟右近へ伊藤之苗跡知行高半分を以被立下候。然処延宝三年三月伊藤之苗跡被相除之旨被仰渡候由、依之断絶仕候。拙者父伊藤善右衛門知行高弐拾九貫百文御座候処、寛文七年隠居被仰付跡式右知行高之通無御相違拙者に被下置候。御後見御仕置之内同八年四月右善右衛門不慮之罪被仰付、拙者を始弟友堅・儀右衛門三人共に流罪被仰付候。同十三年二月十八日島御免被成下由古内志摩を以被仰渡、且又延宝三年五月十九日拙者被召出、伊藤右近最前不儀之依訴訟苗跡断絶被仰付候。然処伊藤肥前忠功之筋目被聞召伝、今度其方被召出五拾貫文を以右伊藤嫡伝之名跡被仰付之旨柴田中務を以被仰渡、為御礼江戸へ罷登同年六月十六日に小梁川修理を以御目見仕候。拙者本知行をば弟同氏友堅・儀右衛門被下置候品々右両人委細之儀書上仕候。拙者儀右之通同氏善右衛門家督に御座候故委細之儀不奉存、且又古新左衛門代迄は先祖書立も有之由に候処、釆女代より苗跡度々及断絶候付右書付失申色々承立候得共、分明之儀相知不申委細には不被申上候。当時拙者知行高五拾貫文御座候。已上

延宝七年三月十三日

8 石母田清三郎

一 拙者儀亡父石母田大膳三男に御座候。兄長門御知行高之内五拾貫文分ヶ被下置候様に長門方より延宝五年八月願申上、右願之通被成下、同年九月十三日小梁川修理を以被仰渡候。遠山因幡番組にて虎之間御番所被仰付致勤仕候。先祖之儀は同氏長門方より申上候。已上

延宝七年六月十七日

9 望月庄太夫

一 拙者儀寛永拾壱年八月二日御上洛之刻於京都義山様へ御仕着四人御扶持にて御小性に被召出、其以後御小性衆中並を以御仕着御切米に被相直、小判七両被下置候。慶安弐年極月廿八日於仙台に成田木工を以数年御奉公相勤申候間、小判三両御加増被成下、取合拾両四人御扶持方に被成下候。明暦弐年九月廿二日於江戸に古内古主膳を以成田木工・山本勘兵衛右両人御引添数年無懈怠

神妙に御奉公相勤申候間、御知行三拾貫文被下置由被仰渡候。延宝四年六月十三日於江戸に柴田中務を以御先代より御近習御奉公数年引続相勤候付て、為御加増御知行弐十貫文御下置五拾貫文高に被成下、其上御小性頭役被仰付旨被仰渡候。已上

延宝四年十二月十三日

10 石母田半兵衛

一 拙者儀亡父石母田大膳二男に御座候。兄長門御知行高之内五拾貫文分ヶ被下置候様に、長門方より延宝五年八月願申上右願之通被成下、同年九月十三日小梁川修理を以御仰渡候。石川次郎左衛門御番組にて虎之間御番所被仰付致勤仕候。先祖之儀は同氏長門方より申上候。已上

延宝七年六月十八日

11 湯目長太郎

一 拙者先祖伊達御譜代に御座候。

晴宗様へ湯目丹波御奉公仕御知行被下置永禄三年七月八日之御判物御座候。貫高相知不申候。丹波死去仕嫡子薩摩に家督被下置御奉公相勤申処相果、子共藤八郎に跡式被仰付候。藤八郎病死仕其子藤八郎に跡式被下置段々御奉公仕候。丹波より藤八郎迄に家督被下置候御申次衆誰に御座候哉、且又右四人相果候年月承伝不申候。前之藤八郎を七郎左衛門と申時

晴宗様より天文弐拾弐年正月十七日に被下置候御判物に、屋代庄津くものえた郷南大橋・北大橋不残、北条金山之郷内湯村図書助知行之透不残、同中曆之内中目在家・那知阿弥在家・館之内在家・右京在家并切田畠町屋敷何も半分宛被下置之旨御判物に御座候。四通之御判物於于今奉頂戴候。貫高は相知不申候。後之藤八郎年若病死仕、其比子共七郎左衛門弐歳に罷成候に、跡式無御相違被下置候。幼少に付て伯父湯目勘十郎御番代被仰付候。
貞山様高麗御陣御出馬之御供仕由に御座候。其以後右勘十郎当座御勘当にて罷在内其身浪人仕候。無間も
貞山様御国替に付て右進退中絶仕候。
貞山様岩出山御在城之砌七郎左衛門十弐歳にて罷越、伯母聟浜田治部介抱を請成長仕、先祖之品々申上候に付て、屋代勘解由を以御知行十三貫文七郎左衛門に被下置御奉公仕
義山様御代に罷成寛永拾三年に古内主膳を以御加増十七貫文被下三拾貫文に被成下、御足軽奉行被仰付候。寛永年中惣御地二割出被下置共に三拾六貫文に罷成、其以後野谷地拝領自分造作を以開発之高拾三貫百六拾六文正保弐年に古内古主膳を以被下置、取合四拾九貫百六拾六文に罷成、寛文元年迄弐十六ヶ年御物頭相務、同年六月朔日に病死仕、跡式無御相違嫡子斉三郎に被下置之旨、同年八月廿五日に奥山大学申渡候。七郎左衛門と改名仕御国御番相務申処、寛文三年二月十八日に病死仕候に付て、家督無御相違同年四月九日に奥山大学を以被下置、御黒印頂戴仕候。当時御知行高四拾九貫百六拾六文に御座候。以上

延宝五年二月十一日

12 菅野正左衛門

一　拙者先祖代々伊達御譜代御座候由承伝候。祖父は菅野信濃と申者之弟に菅野太郎兵衛と申者御座候。右両人共に貞山様へ御奉公仕候由に御座候。太郎兵衛儀其砌御扶持方御切米にて御奉公仕候由申候。勿論先祖数代御奉公仕来候故誰様御代に被召出候と申儀は不承伝候。親正左衛門儀は貞山様へ幼少より御奉公仕候。其時分御仕着にて被召使候哉、又御扶持方御切米にて御座候哉も拙者幼少にて親相果申候故、一円様子不承置候。右正左衛門儀長年之時分は御鉄炮御奉公仕候。然処寛永四年五月廿四日に御知行三拾貫六百三拾三文奥山大学を以被下置、同八年六月五日に九貫百八拾弐文御加増湯村勘左衛門を以被下置、合て三十九貫百十五文に被成下候。

貞山様御遠行之砌親正左衛門殉死之御供仕候に付、右跡式御知行高無御相違寛永拾三年六月山口内記を以拙者に被下置候由に御座候。拙者儀其節三歳に罷成候故、日限等は然と不承置候。

義山様御代惣御検地御竿被相通候砌、二割出被下置四拾七貫八百文之御知行高に被成下候。其以後知行切添起目八百三拾八文明暦弐年五月六日に山口内記を以被下置、都合御知行高四拾八貫六百三拾八文に被成下候。尤段々之御黒印頂戴所持仕候。先祖之様子右申上候通拙者幼少之時分親相果申に付委細不奉存候。以上

延宝五年三月十三日

13　中村伊右衛門

一　拙者儀寛永拾三年三月貞山様へ御小性に被召出、同年

貞山様御遠行被遊候以後
義山様にて被召使、御仕着四人御扶持方被下置候。寛永十八年二拾五両に拾人御扶持方に被成下、右之御仕着被召上候。正保三年六月廿三日定詰之御奉公無懈怠仕候に付、古内主膳を以御知行四拾貫文被下置、右之御切米御扶持方被召上候。慶安五年に江戸定詰仕候為御加増、古内主膳を以御扶持方拾人分拝領仕候。其後桃生之内小船越村にて野谷地弐拾町山口内記・真山刑部を以
義山様へ願申上拝領仕、段々四貫百拾弐文之所起申候所に、
当殿様御代寛文元年十一月十六日に奥山大学を以新田起目之分被下置、其外起不申候分は新田御法度之由にて被召上候。惣御下中衆御知行之上に御扶持方拝領仕候者之分御知行に直被下候節、寛文元年十一月十六日に右拾人御扶持方惣並にて奥山大学を以四貫五百文に直被下置候。拙者手前よりは願不申上候。右御知行都合四拾八貫六百拾弐文之所拝領仕、当時御黒印頂戴仕候。已上
延宝四年十二月廿二日

14 白石源右衛門

一晴宗様御代拙者高祖父白石弥四郎と申者御奉公仕、弐十五歳にて討死仕候由承伝候。何方之御陣に御座候哉分明不奉存候。其節右弥四郎妻女懐妊仕罷在候段相達御耳、男子は勿論女子にても致出生候はば弥四郎跡式無御相違可被立下旨
晴宗様被仰出、右弥四郎子出生以後無御相違弥四郎跡式被仰付後信濃と申候。久敷儀に御座候故年月勿論不奉存候。

輝宗様御代迄右信濃御奉公仕候由申伝候。弥四郎より信濃迄引続被下置御知行高五貫文程に御座候由承伝申候。信濃子同氏源兵衛後但馬と申者に御座候。右信濃跡式何時源兵衛に被仰付候哉年月不奉存候。

政宗様御代右源兵衛御奉公申上色々御役目被仰付以後野谷地申請、新田開発高弐拾五貫弐百五拾弐文拝領仕、本地取合三拾貫弐百五拾弐文に罷成、其後御勘定頭御役目首尾能相勤申由にて、奥山大学・佐々若狭を以御加増拾貫文被下置、右本地取合四拾貫弐百五拾弐文之高に被成下候。右両度に新田と御加増拝領仕候由承伝候得共年月不奉存候。

忠宗様御代右但馬隠居仕跡式無御相違亡父源右衛門に被下置候。年月不奉存候。

忠宗様代寛永年中大御検地之節弐割出目を以四拾八貫三百文之高に被成下、其節之御黒印亡父源左衛門頂戴取持仕候。

御当代寛文元年に被下置候御黒印是又亡父源右衛門頂戴所持仕候。

御当代に罷成父源右衛門年罷寄御奉公相勤兼申候付、寛文三年江戸当番之砌拙者を召連罷登隠居之願申上候処、同年六月九日如願隠居被仰付、跡目無御相違柴田外記・大條監物を以拙者に被下置候。寛文三年六月廿一日之御日付にて拙者に被下置候御黒印頂戴所持仕、今以四拾八貫三百文之高に御座候。以上
延宝五年正月十六日

15　里見平吉

一　拙者祖父里見正兵衛儀本国最上譜代に御座候。彼地没落以後土岐山城守殿へ小性奉公に罷出候処、正兵衛拾六歳

に罷成候砌傍輩中島右衛門七と申年令三拾四・五に罷成候者意趣有之付て打果可申段申合、互に小者も召連不申中途へ罷出、右衛門七を正兵衛討留申候。其以後忍申候て御国へ罷下若林於御城に

貞山様御西郭へ被為成候時分右品々書物に相認中途にて直々差上申候処、則可被召使之由和田主水を以被仰付、其節被召出御仕着併御扶持方拾人分被下置、御小性組に御奉公仕候由承伝候。正兵衛被召出候年号は寛永八年之比に御座候と承候。正兵衛江戸等へ被召連候儀は右山城守殿へ御遠慮御座候由にて御国に被指置候処、山城守殿へ大沢右京殿を以御貰被成其以後は江戸等之御供被仰付候。

貞山様御他界被遊候以後

義山様へ引続御小組に被召使、其砌右御仕着を御切米に被直下、六両壱分御扶持方十人分に罷成候。然処寛永十七年四月二日に御知行三拾貫文古内古主膳を以被下置、右御切米御扶持方は被召上候。惣御検地之節弐割出目六貫文被下置、合三拾六貫文之高に被成下、同弐拾壱年八月十四日御日付之御黒印頂戴仕候。知行所地続にて野谷地拝領之新田起目、御竿入高壱貫弐百十九文之所、明暦三年八月十日山口内記・真山刑部を以被下置候。胆沢郡之内にて野谷地申請起目御竿入高六貫弐百九拾七文之所、明暦四年正月廿二日に拝領、同起目御竿入高四貫弐百三拾四文は万治元年霜月廿六日に拝領、右両度共に茂庭古周防・富塚内蔵丞両人御申次に御座候。知行所地続にて切添新田起目御竿入高四百四拾文万治弐年に被下置候。御申次相知不申候。知行地続にて野谷地拝領之新田起目御竿入高八拾四文、寛文元年四月廿二日に柴田外記御申次にて被下置候。都合四拾八貫弐百七拾四文之高に被成下、寛文元年十一月十六日之御日付にて、

御当代に御黒印被下置候。正兵衛儀寛文十二年六月十五日病死仕候処、跡式御知行高之通無御相違拙父同氏弥作に

被下置之旨同年七月十三日に古内志摩を以被仰渡候。右弥作事当番にて罷登於江戸延宝元年霜月廿一日に病死仕候。跡式御知行高之通無御相違拙者に被下置之段、同弐年二月廿八日に大條監物を以被仰渡、当時御知行高四拾八貫弐百七拾四文拝領仕、御黒印は于今頂戴不仕候。祖父正兵衛被召出候以後段々御知行被下置候品、拙者未生以前之儀に御座候故一切不存候得共、親類共に承合申伝之通書上申候。以上

延宝五年四月九日

16　伊木九郎兵衛

一貞山様御代実父伊木安右衛門妹大坂落城之節、従彼地被相下被召使候御首尾を以、安右衛門儀御奉公可仕由被仰下、寛永五年に御当地へ被罷下候付て、則被召出御知行三拾五貫四百四拾文被下置、其後義山様御代惣御検地之時分弐割倍八貫八百六拾文被下置、其上御同代正保三年に為御加増壱貫八百三拾弐文拝領仕候由承伝候。品々委細には不奉存候。右合四拾六貫百三拾弐文之所拙父右安右衛門慶安三年十月十二日死去仕候付て、跡式右知行高之通無御相違拙者に被下置旨、同年閏十月山口内記申渡拝領仕候。其以後御当代に一迫之内小沢村・芋埣村於両所に野谷地新田起目弐貫九拾七文被下置旨延宝元年六月九日小梁川修理申渡拝領仕候。都合四拾八貫弐拾九文之知行高に御座候。以上

延宝四年十二月二十五日

17　五十嵐正之助

一貞山様御代五十嵐信濃儀御一族にて知行高百貫文余拝領仕、御評定役目被仰付候。右信濃病死子共無御座苗跡断絶申由、其後元和三年拙者親蔵人大坂浪人にて罷在候処、岡田将監殿御口入を以被召出、五十嵐信濃苗跡に被仰付、御知行四拾貫文被下置、御小性御奉公相勤、其後江戸御番被仰付義山様御代明暦三年に御免被成下候て御国御番相勤申候。右信濃儀何様之品を以被召出御知行拝領品、断絶之苗跡追て被仰付候故不承伝候。寛永弐拾壱年惣御検地之節御竿出目にて四拾八貫百文に被成下候。寛文三年親蔵人隠居願申上同年三月廿五日奥山大学を以家督四拾八貫百文之所無御相違拙者に被下置候。御黒印頂戴仕候。已上

延宝七年二月廿五日

18　玉虫太郎左衛門

一　拙者祖父玉虫助大夫儀

貞山様・義山様へ数年御出入仕別て被懸御意候。依之義山様へ助太夫直々奉頼候は、次男孫兵衛被召仕被下度由申上候付て、亡父孫兵衛寛永十三年に被召出、同年九月廿三日に御知行之地四拾貫文被下置候。同弐拾一年に弐割出被仰出、四拾八貫文之高に被成下候。且又江戸大番組御奉公致勤仕候処、慶安四年五月病死仕候。拙者儀其砌八歳に罷成候処に家督無御相違同年六月古内古主膳を以被下置候。拙者幼少之時分に御座候故右之通承伝之通申上候。已上

延宝四年十二月七日

19　瀬上又兵衛

一　拙者祖父瀬上丹後儀、従
貞山様知行四拾貫文被下置御奉公仕候。然処天麟院様、越後少将様へ御婚礼被遊候刻、右丹後儀御供被仰付越後へ罷越、従少将様御知行八百石被下置候処、天麟院様御帰被遊候に付、丹後事も御供仕罷帰候。以後右四拾貫文之御知行、従
貞山様被下置候。右之通に被成下候年号・御取次不承伝候。寛永弐拾年三月九日丹後病死仕、私親又兵衛に家督無御相違丹後知行高之通同年五月古内古主膳を以、従
義山様被下置候。寛永弐拾壱年に御竿入弐割出共に四拾八貫文に被成下候。亡父又兵衛儀
御当代に隠居之願申上候処願之通被仰付、拙者に家督無御相違四拾八貫文御知行被下置旨、寛文四年十月十三日茂庭古周防を以被仰付、御黒印致頂戴候。拙者先祖伊達御譜代に御座候由承伝候。先祖に被下置候御黒印丹後所持候処、於越後火事遭焼失仕由に御座候。従少将様被下置候御黒印は于今致所持候。且又拙者先祖中野を名乗申候由に御座候処、丹後嫡子伊勢片平之苗跡、同次男淡路瀬上之苗跡被仰付候。亡父又兵衛儀は三男に御座候得共丹後跡式拝領仕候処、右瀬上は御一家之苗字にも御座候間、瀬上に可罷成由
貞山様丹後に被仰付、瀬上を名乗申候由承伝候。拙者先祖誰様之御代に被召出候哉、祖父以前之儀然と不承伝候。
已上

延宝七年三月六日

20 新田左右衛門

一 拙者儀新田下総三男に御座候処、右下総嫡子善四郎弐拾八にて病死仕、善四郎嫡子帯刀幼少御座候故御番代

義山様御代拙者に被仰付候。右下総知行高百四拾四貫文之所百貫文は帯刀、四拾四貫文は拙者分ヶ被下度旨亡父下

総申上候処、茂庭古周防を以願之通明暦元年極月廿一日に被仰付候。野谷地申請自分開発高六百六拾文之所被下

置由

品川様御代万治二年霜月十五日松林仲左衛門指紙申渡、拝領仕高に被結下候。

御当代延宝元年十月廿九日知行所切添起目壱貫八百六拾弐文大條監物を以被下置、高に被結下候。右合四拾六貫五

百弐拾弐文拝領仕候。先祖之儀は嫡子筋目に御座間新田惣三郎申上候。以上

延宝七年四月四日

21 桑島二兵衛

一 誰様御代私先祖誰を始て被召出候哉、曽祖父以前之儀は不承伝候。曽祖父桑島道蝸法眼儀は

貞山様御代於伊達御知行三拾五貫文被下置、馬医之御奉公仕候由承伝候。道蝸儀男子持不申候付て、弟桑島藤右衛

門男子桑島治太夫を道蝸養子に仕度旨

貞山様御代申上候処、如願被仰付候由申伝候。年号・御取次は不承伝候。右道蝸死後跡式御知行高之通無御相違

貞山様御代私祖父右治太夫に被下置、馬医之御奉公相勤申候。其節年号・御取次は不承伝候。治太夫儀男子無御座

候付て、飯田古玄蕃次男新右衛門聟名跡に仕度由

貞山様御代申上候処、如願被仰付之旨、慶長十四年奥山出羽を以被仰渡候。然処治太夫御勘当之儀御座候て進退被
召上候。其節右治太夫実父藤右衛門に隠居分と被仰立を以、御知行三貫百文被下置候。其砌之年号・御取次は不
承伝候。右隠居分三貫百文之所私養父右新右衛門に被下置度由
貞山様御代申上候処に、如願被仰付旨慶長弐十年茂庭古周防を以被仰渡候。其後野谷地拝領起目高十貫文寛永七年
右周防・奥山大学を以拝領仕、弐口合拾三貫百文被下置候処、
義山様御代惣御検地以後弐割出目弐貫六百文被下置、合拾五貫七百文之高に被成下、寛永弐拾壱年八月十四日に御
黒印新右衛門頂戴所持仕候。然は新右衛門儀男子無御座候付て、拙者儀曰（ママ）理備後次男に御座候を聟養子に仕度由
義山様御代申上候処、願之通被成下之旨、慶安三年古内古主膳を以被仰付候。且又実父右備後拝領之新田起目高四
貫六百弐拾壱文之所右新右衛門知行高に被相加、末々拙者に被下置度旨、備後願申上候処に、如願被仰付之由、
慶安三年右主膳を以被仰渡候。其後明暦三年野谷地拝領新田起目高九貫六文之所
御当代寛文二年茂庭中周防を以拝領仕、高合弐拾九貫二百弐拾七文之高に被成下候。然処右高之内本地拾五貫七百
文拙者に被下置桑島之苗跡相続為仕、残右新田九貫六文之所を新右衛門に被下置、本苗に御座候間飯田に罷成、
似合之御奉公仕度由新右衛門願申上候処、如願被仰付之旨、寛文弐年富塚内蔵丞を以被仰付候。且又先年備後拝
領之野谷地拙者に被下置、起目高八貫弐百六文之所寛文二年茂庭中周防・富塚内蔵丞を以被下置、右高合弐拾八
貫五百弐拾七文之高に被成下、寛文弐年六月十日御黒印頂戴仕候。然ば拙者儀男子持不申候に付て、後藤大隅三
男孫次郎聟養子に内々申合候処、拙者儀小進に御座候間、大隅知行高之内七貫文拙者知行高に被相加右高之通末
々孫次郎に被下置度由

御当代双方願之段寛文九年霜月廿五日申上候処に、同拾年二月廿三日原田甲斐を以如願被仰付候。右高合三十五貫五百弐拾七文之御黒印頂戴所持仕候。右之外寛文拾三年野谷地拝領仕、新田起目高六貫弐百六拾三文之所、延宝五年二月十日柴田中務を以被下置、且又大立目隼人に野谷地被下候内、起目高四貫五百四拾四文之所拙者近き親類に御座候付分け為取申度由依願、拙者に被下置之旨延宝弐年四月廿二日黒木上野を以被仰付、都合四拾六貫三百三拾四文之高に被成下候。于今御黒印は頂戴不仕候。已上

延宝七年四月十六日

22 安田甚左衛門

一 拙者先祖伊達御譜代之由承伝候。曽祖父安田孫右衛門儀
晴宗様御代御奉公仕候由承伝候得共
誰様御代先祖誰を以始て被召出候哉、曽祖父以前之儀は分明不承伝候。祖父甚助儀は右孫右衛門二男にて、従
輝宗様御代御奉公仕候由御座候得共、知行高等は相知不申候。
貞山様御当地へ御国替之節御供仕罷越候。其節は御知行弐拾壱貫文被下置、御奉公相務候処に甚助儀慶長拾五年従
貞山様義山様へ被相付、御部屋住之内御賄惣指引被仰付相勤申候。嫡子甚右衛門儀は拾四歳にて
義山様御小性に被相付、別て御切米拾五切銀四匁四人御扶持方被下置父子隔々に御奉公仕候。甚助年罷寄候に付
義山様御部屋住之内、御賄御役寛永四年に御赦免被遊、隠居被仰付、跡式知行高弐拾壱貫文之所、無御相違拙父甚右衛門に被下置、右御切米御扶持方御知行両様拝領、御小性組にて御膳番・御部屋之御小人衆差引御奉公相勤申

候。右跡式被下候御申次衆は承伝不申候。

義山様御代寛永拾五年に甚右衛門儀久舗御奉公相勤申候由にて、御加増之地拾四貫文被下置、三拾五貫文之高に被成下候旨、古内古主膳を以被仰付候。同拾六年御前御弓組頭被仰付候。且又

義山様御代甚右衛門甥に草刈四兵衛と申者無進退にて罷在候に付て、右御切米御扶持方は四兵衛に被下置、別て御奉公被仰付候様に仕度由甚右衛門願申上候処に、如願古内伊賀を以被仰付候。年号は不承伝候。

義山様御代惣御検地以後二割出目七貫文之処被下置、合四拾弐貫文之高に被成下候。将又甚右衛門儀寛永弐拾年に野谷地拝領自分取立、新田起目四貫三百弐拾四文之所、正保三年に山口内記を以被下置、都合四拾六貫三百弐拾四文之高に被成下同年同日之御黒印頂戴所持仕候。甚右衛門儀承応弐年二月五日病死仕候。跡式御知行高四拾六貫三百弐拾四文之所拙者に被下置候段、於江戸に御前相済、同年三月五日之日付にて拙者忌中に古内古主膳方より右御意之旨書状を以申渡候。右同年同日之御黒印頂戴仕候。

義山様御下国被遊候以後、同年六月廿七日に亡父甚右衛門跡役御前御弓組頭引続拙者に被仰付相勤申候。

御当代右知行高之通寛文元年十一月十六日之御黒印も頂戴仕候。先祖之儀は承伝を以有増に書上申候。以上

延宝七年四月十四日

23　鎌田杢右衛門

一　拙者先祖伊達御譜代之由承伝候。曽祖父は飯田九郎三郎と申候て、飯田紀伊次男に御座候。紀伊は桑折播磨次弟に御座候。右九郎三郎

性山様御代被召出御奉公仕候処に、相馬へ御取合之節於彼地に討死仕由承伝候。進退高等之儀は何程被下置候哉不承知候。其節九郎三郎嫡子拙者には祖父に御座候孫九郎と申候て幼少に付跡式不申立、孫九郎母方之祖父鎌田六郎右衛門と申候て宮城郡之内に罷在候に付、宮城へ母召連罷越六郎右衛門養育を請罷在候処、孫九郎病人に御座候て其身一代は浪人にて罷在候由、然処に

貞山様御代慶長拾壱年に山岡志摩を以右孫九郎米沢より浪人仕候品々御訴訟申上、其身儀は病人に御座候て御奉公も仕兼候間、嫡子拙者親新八郎被召出被下置候様にと願申上候処、如願新八郎被召出則御知行六貫弐百文右志摩を以被下置、江戸御番被仰付、御奉公相勤申候。此節より養育請候に付、右六郎右衛門名字を名乗鎌田に罷成以後名改六兵衛被成下、寛永元年御加増九貫文被下置、都合拾五貫弐百文之高に被成下候。誰を以拝領仕候哉、品々は不承伝候。

義山様御代寛永拾四年に知行地続にて野谷地壱町拝領仕候処、惣御検地之時分御竿入右弐割出之地共に拾九貫四百文之高に被成下、寛永弐拾壱年に御黒印頂戴仕候。其後野谷地拝領仕開発仕候。新田起目五貫四拾五文之所正保三年六月廿三日に為御加増山口内記を以拝領仕、都合弐拾四貫四百四拾五文之高に被成下候。同年正月野谷地弐拾町拝領仕、此起目弐貫八百七拾三文、并先年惣御検地之砌本地倍目六百拾七文御蔵に罷成、其後荒地に罷成候を御訴訟申上、知行高に被成下、右新田起目荒所共に取合三貫四百九拾弐文慶安三年四月廿五日に右内記を以被下置、弐拾七貫九百三十七文之高に被成下候。親六兵衛儀承応三年十月病死仕、跡式無御相違拙者に同年十二月三日に山口内記を以被下置候。且又正保三年に野谷地弐拾町拝領仕候起残り承応三年四月親存命之時分追て拝領仕、段々取立開発仕、御竿入拾三貫九百五拾弐文万治元年四月十三日に山口内記を以被下置、四拾壱貫九百弐拾

九文之高に被成下候。

御当代知行地続にて野谷地七町拝領仕、御竿入四貫拾四文寛文八年八月廿九日に原田甲斐を以被下置、都合四拾五貫九百四拾三文之高に被成下御黒印頂戴仕候。已上

延宝五年六月五日

24　但木惣九郎

一宗村様御代より拙者先祖御奉公仕候由承伝候得共、先祖誰を以始て被召出候哉、其段不承伝候。拙者より六代以前之左馬助儀は

晴宗様御代於米沢御知行被下置御奉公仕候由承伝候得共、御知行高之儀は相知不申、在家庄付にて被下置候御判物于今所持仕候。左馬助家督同名右馬丞引続御奉公相勤御国替以後、十五貫文御知行被下置、御分領中御年貢金受取御切米等相渡申御役目相勤申由御座候。何年に右御知行被下候哉、其段相知不申候。其後別て御知行弐拾貫文被下置、筑前殿御申次并御町奉行被仰付、嫡子惣九郎部屋住にて御切米御扶持方被下置、色々御奉公相勤申候処、右馬丞本進退拾貫文と右御扶持御切米取合知行高に相直り拾七貫之高に被成下、右惣九郎に被下置惣右衛門と改名被仰付候。右馬丞に別て被下置候弐拾貫文之御知行は、右馬丞死去以後次男同苗弥兵衛に被下置由承及候。是以何時左様に被成下候哉、年号相知不申候。其後惣右衛門儀色々御役目相勤申候内、寛永弐年に野谷地致拝領開発、以後御竿相入七貫七百五拾壱文之高に罷成、御加増拾三貫文被下置、本知御加増新田取合三拾七貫七百五拾壱文之高に被成下候由承伝候。右御竿相入申候年号も御加増被下置候も誰を以何年に被下候哉相知不申候。其後

惣右衛門儀御足軽奉行被仰付、下野と改名仕御奉公相勤申候処、数年御奉公無異儀相勤、且又御譜代之由緒御座候付て御取立を以下野には別て御知行三拾貫文被下置、御不断衆三拾人被預下御本丸御城番被仰付旨義山様御意之段古内古主膳を以被仰渡、本進退は御足軽奉行共に嫡子三左衛門に被仰付、下野に別て被下置候三拾貫文之御知行は末子惣右衛門に被下置由に御座候。右三左衛門に被下候御知行三拾七貫七百五拾壱文寛永年中惣御検地之節、弐割出目取合四拾五貫二百文と罷成候。御黒印所持仕候。其後三左衛門儀三郎左衛門と改名仕、慶安三年に右三郎左衛門嫡子惣九郎儀十九歳にて三郎左衛門に被預置候。御足軽被預下三郎左衛門と改名仕、親三郎左衛門は下野と改名、下野には御勘定奉行被仰付、同進退にて親子御奉公八箇年相勤申候処、内々困窮仕候段被及聞召、下野には御役目御免、三郎左衛門儀は引続右御役目十七ヶ年相勤由候処、下野御勘定奉行相勤申候節出入有之由被仰渡、寛文六年父子共に逼塞被仰付、同十年に下野病死同拾壱年に三郎左衛門病死仕、延宝弐年三月拙者儀右下野家督と被仰付、逼塞御免被成下旨、大條監物を以被仰渡候。拙者御知行高四拾五貫三百文、此外に四拾文は先年国分之内大倉村小原と申所野山切立屋敷に仕候内に、畠代にて御座候を祖父下野代に為御加増被下置由にて、御下書は所持仕候得共、何様之品に御座候哉、右四拾文之他は当御知行高之御黒印には不被相入候。

已上

延宝八年正月廿三日

25　根本源左衛門

一　私祖父根本刑部岩城御譜代御座候。慶長七年岩城相替候砌、親源左衛門御当地へ伺候仕候。

貞山様御代片倉備中を以右源左衛門被召出則御知行拾五貫文、茂庭石見を以被下置御奉公仕候処に、元和六年中島監物を以御加増之地五貫文被下置、弐拾貫文之高に被成下候。然処親源左衛門中気相煩御奉公仕候儀不罷成候に付て、隠居仕度段申上、寛永拾弐年八月十五日茂庭佐月を以願之通被成下、右御知行高之通拙者に無御相違被下置、寛永弐拾壱年惣御検地之節弐割出目并知行切添拝領仕、取合弐拾四貫五百文之高に罷成候。私儀
貞山様御代より引続当年迄四拾五年御奉公仕内
義山様御代始に江戸御番被仰付、正保弐年三月朔日御加増之地拾貫文古内古主膳を以被下置、其以後野谷地新田被下置、起目五貫六百七拾五文之所万治元年二月三日山口内記を以拝領仕、四拾貫百七拾五文之高に被成下御黒印奉頂戴候。且又
御当代寛文八年野谷地新田拝領仕、此起目五貫文延宝三年八月廿九日柴田中務を以被下置、同五年二月十日同所新田起残之分十三文之所、右同人を以知行高に被成下旨被仰渡、都合四拾五貫百八拾八文に御座候。已上

延宝五年四月十日

26　大立目弥覚

一　拙者儀大立目隼人先祖庶子筋目に御座候由申伝候。先祖委細之儀は右隼人所より可申上候。拙者曾祖父同氏駿河と申者伊具之内藤田村住居仕之由
御先代如何様之品にて被仰付候哉、浪人仕候由申伝候。拙者未生以前之儀に御座候故、知行高等之儀も分明承知不仕候。

貞山様御代拙者親同氏七左衛門儀歩行之衆被召出、御切米弐両四人御扶持方被下置候。年号御取次之衆承知不仕候。

正保元年

品川様御幼少之御時右七左衛門儀御懐守に古内古主膳を以被仰付、御奉公相勤申候。

義山様御代寛永拾九年右七左衛門野谷地新田申請自分開発仕起目高九貫九十三文之所正保三年十二月十日成田木工を以被下置御黒印頂戴仕候。

御同代承応三年極月十日右七左衛門に御加増之地高弐拾貫九百七文本知高九貫九拾三文合三拾貫文に被結下候。数年無懈怠御奉公相勤神妙に被召置之旨、従

義山様難有御諚之上古内古主膳を以右之通御加増被成下、右御切米御扶持方は被召上候。明暦元年六月二日御黒印頂戴仕候。

御同代拙者儀正保弐年十一月廿日

品川様御部屋住之御時御小性組に古内古主膳を以被召出、同三年極月晦日御切米三両四人御扶持方被下置、其以後万治元年大條兵庫を以御切米之御加増被成下八両四人御扶持罷成候。

品川様御代万治弐年三月三日拙者儀御切米御扶持方之外御加増之地高十五貫文古内中主膳を以被下置、御馬之御申次役目被仰付候。

御当代始

大殿様品川御屋敷へ被為移候節、御人分け御座候て、同氏七左衛門并拙者弟同氏平兵衛両人品川御屋敷へ被相附、拙者は嫡子之儀に御座候間、

屋形様へ御奉公可仕由奥山大炊を以被仰付候。依之右七左衛門隠居願申上候処、如願被成下七左衛門には拙者御切米八両四人御扶持方に御加増被遊、拾両拾人御扶持方に被成下、品川御奥方御役人被仰付候。拙者には七左衛門知行高三拾貫文私本地拾五貫文都合四拾五貫文万治三年十一月五日右大炊を以被下置、寛文元年十一月十六日に御黒印頂戴仕候。右之通御人分け御座候節、
大殿様御部屋住より被召使候者
屋形様へ被相付之由にて、宮城与右衛門も御馬之御申次被仰付、拙者同前に御奉公可仕之由大炊を以被仰渡候。拙者奉願候は
大殿様幼少之御時より致勤仕御厚恩を以段々御取立被成下候身分に御座候間、迚之御事に品川にて被召使被下置度旨奉願候処、申上候通被聞召届御尤に被思召候間、願之通可被成下候得共
大殿様へ被召使候衆段々被相附儀に候得ば自余之御引懸に可罷成と被思召候条、不被相叶候段被仰渡候、
屋形様其御時分拙者共并江戸に相詰申候ても御用少に御座候間、御国元へ被相下儀にも御座候にと相伺申候へば御暇被下罷下於御国元に右御役目相勤罷在候処、寛文元年十一月廿三日和田半之助御役目替に付て諸役品川御小性頭被仰付之由、柴田外記・右大炊を以被仰渡候。以上
延宝七年三月十六日

27　二宮平右衛門

一　祖父二宮平兵衛鎌倉浪人に御座候を

貞山様被召出御奉公仕候。拙者親同氏豊後右平兵衛三男に御座候処、御同代被召出御切米御扶持方にて被召仕候。高は覚不申候。右御切米御扶持方は被召上御知行十五貫文之所元和六年に加美郡小栗山村・同平沢村・同平柳村於三ヶ所拝領仕候。御申次・年号親代に御座候故覚不候。寛永弐年為御加増同郡之内四日市場村にて五貫文拝領弐拾貫文之高被成下候。御申次・年号右同前に御座候。同八年に拾三貫六百弐拾九文之所大崎中荒地を以御加増に拝領、三拾三貫六百弐拾九文之高に被成下候。御申次・年号右同前に御座候。

義山様御代御奉公に失有之に付、同拾六年霜月進退御召放、慶安三年三月十六日に上胆沢郡南下葉場村・三迫無鐙村・黒川郡大衡村右三ヶ所に三拾貫文にて被召出御奉公仕候。御申次・年号右同前に御座候。承応三年九月上胆沢郡南下葉場村にて新田野谷地拾七町五反、本栗原郡川熊村にて弐町五反拝領仕候処、万治弐年十月豊後病死仕同三年正月十一日に右御知行高之通

綱宗様御代古内中主膳を以拙者に被下置、同年冬右新田へ御竿被相入代高拾五貫七百六拾三文之所寛文元年十一月十六日

御当代奥山大学を以被下置、四拾五貫七百六拾三文之高に被成下候。本栗原郡川熊村除屋敷延宝三年二月御竿被相入、代高壱貫弐百拾六文之所延宝五年二月十日に柴田中務を以拝領、四拾六貫九百七拾九文之高被下置候。且又寛文拾壱年二月上胆沢郡南下葉場村にて新田野谷地弐町五反被下置、開発仕延宝四年三月御竿被相入、代高壱貫七百四拾五文之所同六年四月廿三日黒木上野を以拝領、四拾八貫七百弐拾四文之高に被成下候処に、拙者次男平六親類中島清兵衛後嗣に願申上候時分、拙者知行高之内四貫文右平六に分け為取申度段奉願候処に、同六年八月

廿二日に願之通黒木上野を以被仰付、当時拙者知行高四拾四貫七百弐拾四文に御座候。祖父同氏平兵衛被召出候品々二男筋目に御座候間、二宮六郎左衛門可申上候。以上

延宝七年六月十八日

28　脇坂又八

一　拙者曽祖父脇坂外記事脇坂中務少輔後号淡路守安治二弟、若年之刻仕秀吉公蒙勘気遁世仕、兄淡路守と致中絶浪人之内羽州山形仕義顕公に改名を忍罷在処淡路守致和睦、慶長十八年に貞山様へ淡路守方より奉願付て、御当地へ被召出知行五拾貫文被下之、脇坂治兵衛と改名を勤仕之内、元和元年五月六日に摂州大坂於道明寺口討死仕、実子久沢其節幼少候条為扶助分右五拾貫文之内弐拾貫文被下之、成長之刻は本地可被返下之旨仰出処、九歳之時久沢病死仕候故、治兵衛嫡女に谷村加左衛門嫡子清三郎を取合、弐拾貫文之知行被下、苗跡相続可仕之旨被仰付、以後至寛永年中に後之脇坂淡路守安元方より野瀬沢左衛門を以貞山様へ申上付て、中島監物を以御加恩之地拾貫文被下之三拾貫文之知高被成下、治兵衛と改名を江戸御番等相勤、義山様御代寛永十八年惣御検地之節、二割出共に三拾六貫文被成下、段々家督相続仕候。且又御加増被下候年号・御申次等不承伝候。正保二年に病死仕、同年十二月二日に家督無御相違実子又八に中島監物を以被下之、以後是又治兵衛と改名を、承応弐年に大殿様御部屋へ被相付御武頭被仰付、其以後新田申請闢之五貫六百四文、明暦四年正月廿二日茂庭古周防申渡拝領、寛文八年三月三日開発之新田弐貫三百七拾壱文古内志摩申渡拝領仕、都合四拾三貫九百七拾五文之高に被成下、

治兵衛男子無之に付、拙者儀は松林仲左衛門三男に候間娘に取合後嗣に仕度旨遂披露、願之通被仰付之旨寛文六年十月柴田外記申渡候。養父治兵衛延宝弐年五月三日に病死仕付て跡式知行四拾三貫九百七拾五文不相替被下置之旨、同年八月廿八日大條監物申渡致拝領家督相続仕候。已上

延宝五年三月廿六日

29 内馬場甚左衛門

一 拙者先祖

誰様御代に被召出候哉不奉存候。私高曽祖父内馬場但馬と申候。御先祖様伊達に被成御座候時分より致御奉公、右但馬子共道順其子共拙者祖父肥後貞山様仙台へ御移被遊候時分致御供罷越、拾貫文御知行志田郡新掘村にて被下置候。其後筑前殿御守被仰付相勤申由、拙者儀具に不存候得共有増承伝申候。肥後次男拙者親弥惣右衛門十四歳にて貞山様へ御小性に御仕着にて被召仕、弥惣右衛門弐拾八之歳右肥後病死仕、右拾貫文御知行為家督被下置、御仕着も御知行に被結下、弐拾三貫文右新掘村にて拝領、合三拾三貫文に被成下、其後御竿入弐割出を以四拾貫文に罷成候。黒川郡大谷之内味明村にて野谷地拝領右起目壱貫四百八文正保三年に被下置候。誰を以被下置候哉不存候。寛文九年志田之郡新掘村地付にて新田起目弐貫弐百七拾九文柴田外記を以右同年四月五日に被下置旨被仰付候。右御知行高都合四拾三貫六百八拾七文之御黒印親弥惣右衛門頂戴仕候。弥惣右衛門儀義山様御代に江戸御番被仰付、其後御金奉行八ヶ年相勤申候処、竜ヶ崎御郡奉行八ヶ年相勤御役目更被仰付御物頭

被仰付候て四ヶ年相勤申候。寛文十三年五月廿三日に病死仕拙者に家督無御相違被下置旨、同年八月六日柴田中務を以被仰付候。古先祖従
尚宗様・稙宗様・晴宗様・先祖内馬場但馬頂戴仕候御黒印之御書十、内馬場門弥手前に于今取持仕候。祖父肥後嫡子内馬場縫殿事は嫡子に御座得共、従
貞山様分進退に被下置被召使、右肥後家督は拙者親弥右衛門に被下置候。右之品に御座候故依嫡子、従
御先祖様先祖頂戴仕候御黒印之御書は内馬場門弥手前に所持仕候。以上
延宝五年三月十日

30　四竈八郎兵衛

一　私祖父四竈豊前岩城に罷在候処
貞山様御代茂庭石見を以被召出当座弐拾人御扶持方被下置、無間も弐拾貫文御知行拝領仕、大坂へも御供仕御帰陣以後七拾歳余にて元和四年八月十三日に病死仕跡式無御相違実子伯父勘右衛門に被下置、継目為御礼江戸へ罷登候処、則御小性組に被召加御下向以後御成申上、其節御加増八拾貫文被下置、本地取合百貫文に被成下御奉公仕、弐拾六歳にて寛永六年六月十日病死仕候。右勘右衛門子無之故勘右衛門弟拙者親八郎兵衛に三拾六貫三百四拾文にて被直下、則御小性組に被召出相務申候。御竿以後弐割出目共四拾三貫六百文に被成下候。
貞山様御遠行以後
義山様御代大番に被仰付罷登候。其以後江戸御扶持方奉行役被仰付相勤候。併兼て病者に御座候間訴訟申上御役御

免被成下、寛文弐年五月廿九日に五拾壱歳にて病死仕候。跡弐無御相違同年八月五日奥山大学を以拙者九歳之節拝領仕、十四歳にて御小性組に被召出候。幼少にて親八郎兵衛死去仕候故先祖之様子も然と不存候得共承伝候分申上候。以上

延宝五年三月十三日

31 牧野次左衛門

一 拙者祖父牧野備前儀は牧野大蔵弟に御座候。右備前儀貞山様御代に被召出段々御取立を以御知行被下置、寛永弐拾壱年之御検地出目共に都合四拾六貫八百七拾六文頂戴仕御物頭役目相勤、慶安弐年九月五日に病死仕嫡子拙者親次左衛門に右御知行高之通無御相違被下置、引続御物頭役目相務申候。何様之品を以右段々被成下候哉年号・御申次共に不承伝候。然処親次左衛門儀寛文三年二月十四日に病死仕、家督無御相違右御知行高之通拙者に被下置旨同年五月廿一日に奥山大学を以被仰渡候。其以後拙者実弟甚兵衛儀田手権左衛門聟苗跡に仕度由申候に付、拙者知行之内五貫文分け為取申度段拙者願申上候処、願之通甚兵衛に分け被下置由寛文拾弐年正月廿五日柴田中務を以被仰付候。其後拙者知行地付にて切添之地壱貫六百五拾三文延宝元年十月十九日に大條監物を以被下置、拙者知行高四拾三貫五百弐拾九文頂戴仕候。先祖之儀は惣領筋目に御座候間委細之儀は牧野勘左衛門処より可申上候。已上

延宝七年九月十三日

32　大立目十左衛門

一　拙者儀大立目隼人実弟に御座候。無足にて罷在候処右隼人知行高百拾弐貫四百八文之内三拾五貫百弐拾弐文之地為分取申度段兄隼人願申上候処に
御当代寛文拾壱年三月十五日に古内志摩を以被下置候。御黒印奉頂戴候。其後野谷地新田に拝領手前闢発起目高六貫弐百五拾六文延宝五年二月十日に柴田中務を以被下置候。同名隼人寛文九年に野谷地申請候内隼人願申上起目高弐貫拾五文延宝六年四月廿二日黒木上野を以被下置候。都合四拾三貫三百九拾三文右高之内六貫弐百五拾六文之地弐貫拾五文之地は御黒印于今頂戴不仕候。先祖之儀は惣領筋に御座候間同氏隼人方より可申上候。以上
　延宝七年二月廿八日

33　但木惣右衛門

一　義山様御代拙者祖父但木下野寛永拾六年迄三拾七貫七百五拾壱文之知行高にて御足軽奉行相勤申候処に、同年右御役目家督御知行高之処無御相違嫡子三左衛門に引続被仰付、下野には数年御奉公無異儀相勤其上御譜代由緒有之付、御取立を以別て御知行三拾貫文被下置、御不断衆三拾人預被下御本丸御城番被仰付候間隠居御奉公之様に存、気を古不仕相勤可申由御意之趣同年六月廿日に先古内主膳を以被仰渡、右御役目相勤申候内、野谷地致拝領寛永年中惣御検地之節御竿相入四貫文之高奥山古大学を以同年に被下置、弐割出取合四拾貫文之高に罷成候。承応二年迄十五ヶ年右御役目相務同年七月病死仕、実子惣右衛門に家督虎之間御番所共に無御相違被仰付旨、同年十月津田豊前を以被仰渡、

綱宗様御部屋へ被相付七ヶ年相勤、寛文元年に御作事奉行被仰付六ヶ年相勤、依病気御役目御免被成下、同七年七月致病死、跡式御番所共に無御相違拙者被下置旨、同年十一月廿一日に柴田外記を以被仰渡、則江戸御番被仰付候。知行所切添七百弐拾壱文之所へ同拾年に御竿相入并野原新田六丁同九年に致拝領起目之所へ同拾弐年に御竿相入壱貫弐百五文に罷成、右弐口合壱貫九百弐拾六文之高延宝元年十月廿九日に柴田中務を以被下置候。下中切添壱貫弐百八拾弐文之所へ同弐年に御竿相入同三年十一月廿三日に大條監物を以被下置、都合四拾三貫百八文之高に罷成候。先祖之儀は惣領筋に御座候間同苗惣九郎方より可申上候。以上

延宝七年三月廿七日

侍衆

御知行被下置御牒（十一）

四十二貫九百三十五文
より三十八貫百文迄

1　武山兵左衛門

一　拙者先祖従
誰様之御代被召出候哉承伝無御座候。拙者曽祖父鈴木孫市郎と申候砌、従
道祐様為御加恩信夫之内下野寺にて御知行拾四貫文被下置由、元亀三年七月五日御日付にて御書下御座候。其節之知行高何程御座候哉不承伝候。右孫市郎儀高麗御陣之砌、従
貞山様名改武山修理被仰付、
御同代最上御陣之砌御加勢被遣候付、馬上衆四拾八騎并柴田郡御人数右修理に被相付、嫡子弥蔵共に最上へ被遣候。假名指合申儀も御座候哉御陣中斗修理儀外記に名改被仰付由御座候。其節之知行高六拾貫文に御座候由承伝候。且又
御同代修理儀名改出雲被仰付、其以後弥蔵儀修理に被仰付候。出雲儀老躰仕候付隠居願申上候処、跡式無御相違嫡

子修理被下置由御座候。誰を以継目被仰付候哉不承伝候。

義山様御代右修理儀名改肥前被仰付候。

御同代寛永弐拾壱年惣御検地之砌弐割出、拾弐貫弐百文之所富塚内蔵丞・奥山故大学を以被下置、本地取合七拾弐貫弐百文之高に被成下由、同年八月十四日御目付之御黒印所持仕候。右肥前儀兼年御足軽組被預置相勤申候処、寛永拾壱年より中風相煩

義山様御代罷成、病気弥無拠御奉公相勤兼申候に付て、江戸御番相当申候砌は、嫡子六郎兵衛御番代為相勤申度旨申上六郎兵衛相勤申候。然処

御同代岩出山御仕置肥前被仰付致勤仕候。且又法雲院様御祝言之砌、肥前可罷登由被仰付候付て、病気然と不仕候得共江戸へ罷登相勤申候。其以後病気段々指重、正保四年七拾歳にて病死仕候。其節茂庭佐月を以被仰渡候は、

肥前儀

義山様御代罷成一切御奉公不仕由被及聞召候。乍去六郎兵衛儀は忰之時分より被成御覧御奉公も可仕者と被遊御覚候間、右知行高之内四拾貫文六郎兵衛被下置、残三拾弐貫弐百文は被召上由、同年七月廿三日右佐月申渡由承知仕候。其後六郎兵衛知行所地尻下中之者并百姓起目弐百九拾文之所

御当代寛文元年奥山大学を以被下置、同年十一月十六日御日付にて御黒印被下置候。依之六郎兵衛知行高四拾貫弐百九拾文御座候。拙者実父右六郎兵衛儀六拾弐歳にて同九年十一月病死仕候付、亡父六郎兵衛跡式知行高無御相違拙者被下置由、同拾年正月六日原田甲斐を以被仰渡、同年二月十日御日付にて、継目之御黒印頂戴仕候。其以後右知行所之内にて野谷地新田起目壱貫弐百四拾七文之所小梁川修理を以、延宝元年六月十八日被下置、且又右

同所にて下中除屋敷拙者知行高被成下度由申上候付、御竿被相入高壱貫三百九拾八文之所延宝六年四月廿五日黒木上野を以願之通被下置候旨被仰渡、拙者知行高四拾弐貫九百三拾五文に御座候。右二口之御黒印は于今頂戴不仕候。以上

延宝七年三月十日

2　赤井三郎右衛門

一　拙者亡曽祖父赤井備中葛西浪人御座候。祖父赤井筑後に

貞山様御代被召出由申伝候得共、委細之儀不承伝候。

御同代為御扶持方分御知行被下置御奉公仕、慶長拾九年右御扶持方分之御知行共三貫弐百九拾弐文被成下、寛永元年に拾貫五百六拾文に被成下候由承伝候。御扶持方之員数并御知行拝領仕候御申次衆誰に御座候哉不申伝候。其後筑後儀

義山様御部屋へ被相付御勘定方御役目相勤、寛永拾四年七月十一日古内主膳を以拾四貫四百四拾文御加増拝領仕、弐拾五貫文被成下、同拾八年御検地弐割出目被下置、三拾貫文に被成下候。御割奉行被仰付候節、同弐拾壱年八月十四日山口内記を以拾貫文御加増拝領仕、四拾貫文之御黒印所持仕候。寛永拾九年に新田野谷地申請起目高七貫五百七拾八文正保三年六月廿三日山口内記を以御加増に被下置、都合四拾七貫五百七拾八文に被成下御黒印所持仕候。右筑後儀明暦弐年に隠居之願申上、願之通被仰付、筑後嫡子拙者親同氏権左衛門病人御座候付、直々拙者に名跡同年四月富塚内蔵丞を以被仰付候。筑後三男拙者伯父同氏孫市、山崎与右衛門聟名跡に奉願候節、右御

知行四拾七貫五百七拾八文之内新田五貫文被分下度由申上候処、同三年富塚内蔵丞を以如願被仰付候。残御知行高四拾弐貫五百七拾八文之御黒印奉頂戴候。寛文六年に新田野谷地被下置、起目高四貫三百三文同拾弐年正月廿五日柴田中務を以被下置候。御知行高四拾六貫八百八拾壱文之御黒印頂戴仕候処、拙者弟同氏利平、安久津善内聟名跡に奉願候砌、右高之内新田四貫三百三文被分下度段申上、如願之延宝弐年二月三日柴田中務を以被仰付、当時拙者御知行高四拾弐貫五百七拾八文に御座候。御黒印は于今頂戴不仕候。以上

延宝七年二月廿五日

3　大河内四郎兵衛

一　拙者祖父大河内淡路塩松浪人に御座候処、貞山様御代被召出、御知行弐拾五貫文被下置候由承候。如何様之品にて何年之比誰を以被下置候哉、分明に不奉存候。然処義山様御部屋住之節淡路被相付候処、御部屋住之内御知行七貫文御加増被下置、三拾弐貫文に被成下候。弐割出六貫四百文被下置、其後野谷地起高三貫文拝領仕、高取合四拾壱貫四百文被成下御黒印頂戴仕候。右御加増野谷地新田何年之比誰を以被下置候哉、分明に不奉存候。右淡路病死候に付、跡式親弥兵衛に無御相違被下置由、慶安元年古内主膳を以被仰渡候。其後知行切添起高四拾七文致拝領候。何年之比に御座候哉失念仕候。延宝元年十月廿九日同切添起高九百四拾九文致拝領、都合四拾弐貫三百九拾六文に被成下候。延宝弐年二月隠居之願申上候処に、右弥兵衛家督無御相違拙者に被下置由、同年三月晦日に大条監物を以被仰渡候。以上

延宝五年三月十日

4　小関権右衛門

一　拙者親権右衛門儀小島兵助次男に御座候処に、母方叔父小関豊後事貞山様御代被召出御知行七貫文にて御奉公仕候処に、豊後実子無御座候故、甥に御座候に付、親権右衛門を豊後苗跡申立、貞山様御代茂庭石見を以豊後家督被下置、七貫文にて馬上役御奉公相勤申候。鶉御鷹野御供被仰付候に、鶉之落数多見届申上候に付、御機嫌之上御前へ被召出、其身小進にて数年馬上並に江戸御番并御上洛之御供相勤申段奇特被思召、御加増拾三貫文被下弐拾貫文に被成下由御意御座候。義山様御代御領内惣御検地之時分弐割出四貫文被下置、弐拾四貫文に罷成候。其以後御塩御用数年首尾能相勤申品々、山口内記・真山刑部御披露之上、御加増六貫文拝領、三拾貫文に被成下旨、茂庭中周防被申渡候。年号覚不申候。且又御同代承応三年野谷地致拝領起立拾弐貫三百五拾九文之所本地へ被相加、高四拾弐貫三百五拾九文被成下候。年号誰を以被下置段、右権右衛門代に御座候故是又覚不申候。御当代迄色々御奉公仕寛文七年に致病死候に付跡目願申上、於江戸原田甲斐・茂庭周防御披露之上、右右知行高拙者に被下置之段、同年八月四日に柴田外記被申渡御黒印頂戴仕候。以上

延宝五年六月十五日

5　小野弥左衛門

一　拙者先祖伊達御譜代に御座候。高祖父以前之儀は不承伝候。高祖父小野雅楽丞儀、誰様御代に拙者先祖被召出候哉、高祖父以前之儀は不承伝候。

晴宗様御代柴田郡於小野村御知行百貫文余被下置、御奉公相勤申由申伝候。曽祖父雅楽丞代迄引続右御知行高に御座候処に、曽祖晴宗様・貞山様より右雅楽丞に被下置候御書三通所持仕候。曽祖父雅楽丞儀は幼少に御座候付、右御知行は上申候処に、御父雅楽丞以之外病人に御座候て、御軍役等相勤兼、祖父雅楽丞儀は幼少に御座候付、右御知行は上申候処に、御塩味を以御知行七貫文被下置由申伝候。然処に祖父雅楽丞七・八歳より岩出山へ御番代為仕、段々御奉公相勤大坂御陣へも馬上にて御供仕候。御帰陣之上御加増四貫文被下置拾壱貫文にて御奉公相勤申候由申伝候。右之通段々被成下候年号・御取次等不承伝候。

貞山様御代寛永二年祖父雅楽丞、御上洛御供馬上にて相勤申候。其節於京都御足軽奉行被仰付、御下向被遊於江戸に御加増之地九貫文被下置候由申伝候。是又年号・御取次不承伝候。寛永四年に追て御加増拾貫文被下置、御知行高三拾貫文に被成下候由申伝候。誰を以被下置候哉不承伝候。同拾年に御役目替被仰付、御名掛奉行被仰付并御屋敷奉行相勤申候。

義山様御代同拾九年御給主奉行被仰付、御屋敷奉行も相勤申候。同弐拾壱年に惣御検地之節弐割出被下置、御知行高三拾六貫百文に被成下候。其以後祖父雅楽丞相勤申候右御役目、拙者親同氏弥左衛門に被仰付雅楽丞には御国御勘定奉行被仰付、親子馬上にて御奉公相勤申候。然処右雅楽丞年罷寄御役目相勤兼申に付其旨申上候得ば、願之通明暦元年に私親弥左衛門に家督無御相違被下置、雅楽丞隠居被仰付、親弥左衛門儀御給主衆指引御屋敷御用共に引続御奉公相勤申候。右家督誰を以被仰付候哉申伝無御座候。
義山様御代野谷地新田申請開発之高五貫九百三拾七文、万治三年二月十日茂庭周防・富塚内蔵丞を以親弥左衛門拝領仕候。右御知行取合四拾弐貫三拾七文に被成下候。
御当代迄右御役目相勤申候。寛文四年五月親弥左衛門病死仕候に付、跡式無御相違拙者に被下置之由、同年八月七日富塚内蔵丞を以被仰付、右御知行高四拾弐貫三拾七文被下置、御黒印奉頂戴候。拙者儀寛文七年御足軽頭被仰付、延宝五年九月廿一日御役目替被仰付、御旗本御足軽頭被仰付于今相勤申候。以上
延宝七年三月五日

6　川村助兵衛

一　私継父日野善太夫儀、
貞山様御代被召出、御歩小性御奉公仕、御切米四両に六人御扶持方被下置、其以後御歩小性組被相除、中川左平太殿へ被相付御居物御役目稽古被仰付、御奉公相勤罷在候処寛永拾弐年川村孫兵衛聟苗跡次男分に仕、右孫兵衛知行高之内三拾五貫文被分下度旨、佐々若狭を以申上候処如願被成下候。其節より川村に罷成候。
義山様御代寛永十八年御検地弐割出共御知行高四拾弐貫文之地高に被成下、御黒印養父善太夫奉頂戴候。其砌御切米被召上、引続右御役目相勤罷在候処、男子無之女子壱人持申候。正保三年六月九日病死仕、家督之子無御座に付、拙者儀日野伝右衛門次男にて右善太夫甥に御座候。寛永拾九年
義山様御奥小性に津田豊前を以被召出、御仕着に四人御扶持方被下置御奉公仕候処に、右善太夫娘に取合家督に仕

度旨、右同年に養父孫兵衛願申上、願之通跡式無御相違古内前主膳を以、右四拾弐貫文之御黒印奉頂戴候。其砌善太夫に被下置候御扶持方拙者御仕着御扶持方共に被召上候。
義山様御一代御小性御奉公相勤申候。養父孫兵衛被召出候品は惣領筋に御座候間同名孫右衛門申上候。以上
延宝五年四月十三日

7　石田十郎左衛門

一　養父石田但馬儀伊達御譜代に御座候。右は石田金平と申、境野信濃実次男に御座候。
貞山様御代無足にて御奉公に罷出候処に、石田勘七と申者依親類、金平儀勘七名跡に被仰付、勘七御知行高五貫文之所慶長拾七年に従
貞山様右金平に被下置、江戸御国共に御奉公相勤大坂御陣へも馬上にて御供仕候。右勘七儀誰様之御代に御奉公に被召出、御知行被下置候哉承伝不申候。其以後右金平御加増之地拝領仕、御物頭役被仰付、仍名改太兵衛に罷成、寛永拾壱年御上洛之節も御先打被仰付、御供仕候由申置候。夫より両度に御加増之地拝領仕、都合三拾貫文に被成下候。右三度拝領仕候御知行高一度に何程宛被下置候哉、且又年号・御申次承伝不申候。

貞山様御代右太兵衛に御屋敷奉行・御川奉行加役に被仰付相勤申候。

義山様御代右太兵衛儀但馬と名改被仰付、御屋敷方御用は訴訟申上御免被成、御物頭并御川御用は引続相勤申候。

御同代惣御検地之刻弐割出拝領仕、右御知行高に被相加、三拾六貫四百文に被成下、御黒印頂戴仕候。御検地之節も加役に御検地御用被仰付相勤申候。然処右但馬男子持不申女子御座候に付、拙者儀油井善右衛門実次男に御座

候処に聟名跡に仕家督被仰付被下度旨、
義山様御代奥山古大学を以願申上候処に、願之通被仰付候。但馬儀明暦弐年二月病死仕候に付、右御知行高三拾六貫四百文之所無御相違、同年三月廿六日に奥山大炊を以拙者に被下置、御黒印頂戴仕候。私儀其節忌中に御座候得共、
義山様江戸御発駕前故、忌御免被成下右之通被仰付候。拙者儀同年六月
綱宗様御部屋へ江戸御番被仰付三ヶ年相勤申候処に、万治元年閏十二月七日に於江戸奥山大炊を以御物頭被仰付候。
綱宗様万治弐年被遊御入国候節、拙者実父油井善右衛門儀数年江戸致定詰御供仕罷下候砌、御加増之地弐拾貫文致拝領候。内五貫文拙者に分為取申度旨、万治三年三月奥山大炊を以奉願御処に、同年三月十四日に大炊を以願之通被仰付、右御知行高へ取合四拾壱貫四百文之所致拝領、御黒印頂戴仕候。拙者儀右御物頭拾ヶ年相勤申候処に、
御当代延宝三年三月六日に柴田中務を以品川御小性頭被仰付候。右御物頭御役目共に当年迄弐拾ヶ年無懈怠相勤申候。以上

延宝五年二月廿日

8　徳江市太夫

一　拙者祖父徳江十兵衛儀同氏忠右衛門嫡子に候処に、無足にて別て
貞山様へ御奉公に被召出、伊藤肥前御申次を以、御仕着并四人御扶持方被下置、御納戸御用被仰付数年相勤申に付、寛永弐拾壱年奥山大学・富塚内蔵丞を以、右御扶持方御仕着御知行に被相直、七貫八百文拝領仕候。其以後

義山様御代御材木御用被仰付、御奉公相勤申候。且又野谷地拝領開発新田高三百九拾三文正保三年真山刑部・和田因幡を以被下置候。其以後又以野谷地拝領、開発新田高三拾三貫百七拾壱文之所、明暦元年真山刑部・山口内記を以被下置候。右御本地合御知行高四拾壱貫三百六拾四文被成下、御番所中之間被仰付候。右十兵衛儀明暦三年病死仕、拙者実父同氏十左衛門儀、寛文元年十一月十六日に奥山大学御申次を以、右御知行高御番所共に無御相違被下置候処に、十左衛門儀延宝五年病死仕、拙者同年閏十二月廿五日大条監物・柴田中務・小梁川修理を以右同氏十左衛門家督御知行高并御番所共に無御相違被下置、当時拙者御知行高四拾壱貫三百六拾四文に御座候。拙者先祖之儀は同氏作左衛門可申上候。以上

延宝七年二月廿七日

9 上田久太郎

一 拙者先祖伊達御譜代之由承伝候得共年久敷儀御座候故、誰様御代拙者先祖誰代に被召出候哉、曽祖父以前之儀は不承伝候。私曽祖父上田丹後儀、貞山様御代御知行弐拾貫文被下置、御同代丹後隠居被仰付、実子久八家督被下置御黒印頂戴、其以後御同代に為御加増御知行拾貫文石母田大膳を以拝領、御黒印頂戴仕候。何様品を以御加増被下候哉、年号等も相知不申候。御物頭被仰付、大坂御陣之砌御供相勤罷下改名権左衛門に被仰付候。且又右丹後に為隠居分別て御扶持方拾人分被下置、江戸定詰御奉公相勤申内御知行に被直下、御加増共に七貫七百拾壱文

御同代拝領右隠居跡は次男同氏源蔵に被下置候。然処祖父権左衛門儀男子無之女子御座候に付、拙者父権左衛門儀桑田隠岐三男に御座候を聟苗跡に仕度旨、
義山様御代祖父権左衛門願申上候処、如願古内古主膳・津田故豊前を以苗跡に被仰付、以後寛永拾三年六月祖父権左衛門病死仕、同年に跡式御知行高三拾貫三百文父権左衛門右古主膳を以被下置候。寛永拾六年三月父権左衛門儀山口内記を以御小性組に被召出、拾四歳より弐拾ヶ年右御奉公相勤惣御検地相入候節、弐割出目六貫文寛永弐拾壱年に拝領仕、取合三拾六貫三百文被成下
義山様御黒印頂戴仕候。
御同代父権左衛門伊具之内枝野村にて野谷地申請起立不申内、
綱宗様御代新田御法度にて起残被召上、起目百四拾八文
御当代寛文元年十一月十六日に柴田外記を以拝領御黒印頂戴、同拾年鴇田淡路・内馬場蔵人・田村図書を以東山長坂村野谷地致拝領、起目三貫七百五拾壱文延宝三年九月朔日柴田中務を以被下置候。父権左衛門儀延宝六年五月廿六日病死、跡式御知行高四拾貫百九拾九文之所無御相違同年八月十六日に黒木上野を以拙者被下置、則石田孫市御番組御国御番被仰付相勤申候。且又本吉郡小泉村にて野谷地右長坂村同前に父権左衛門拝領仕候。起目壱貫六拾壱文延宝六年十月十九日黒木上野を以拙者に被下置、都合四拾壱貫弐百六拾文被成下候得共、未御黒印頂戴不仕候。拙者儀当七月十九日御小性組右上野を以被仰付候。以上
延宝七年十一月十七日

10　多賀谷市左衛門

一　拙者親多賀谷市左衛門儀
貞山様御代元和年中被召抱御知行弐拾貫文被下置候。其後
御同代御物頭御役目被仰付候節、御加増拾三貫文拝領仕候由承候。拙者未出生仕候以前之儀に御座候故、如何様之
品を以被召出御加増被下置候哉、年号・御取次等不承伝候。
義山様御代寛永年中惣御検地之時分弐割出目御知行四拾貫文被成下候。
御同代慶安四年迄御役目相勤、同年三月親市左衛門儀病死、同七月茂庭佐月・古内古主膳を以跡式無御相違拙者被
下置候。承応弐年七月拙者事
品川様御部屋へ被相付、従
御同代引続
御当代迄江戸御番拾四ヶ年致勤仕、寛文七年二月御物頭御役目被仰付、延宝弐年迄八ヶ年相勤進退困窮仕候品々訴
訟申上、同年極月如願御役目御赦免被成下候。且又於宮城郡国分之内福岡村野谷地拝領、開発高壱貫弐百三拾六
文、延宝五年二月十日柴田中務を以被下置、御知行高四拾壱貫弐百三拾六文に罷成候。以上
延宝七年三月五日

11　馬場彦兵衛

一　拙者養父馬場彦兵衛儀馬場出雲次男に御座候。然処右出雲知行高百弐貫七百文にて出入司御用相勤申候内、寛永

八年二月二日に出雲病死仕候砌、知行高之内七拾弐貫七百文嫡子馬場才兵衛、残三拾貫文次男馬場三十郎に被分下置候様に願申上候処、同年三月願之通
貞山様御代茂庭佐月・奥山古大学を以被仰付、右三十郎、彦兵衛と名改申候。且又其節
義山様江戸に被成御座候に付右継目之御礼申上候処に、
義山様より右彦兵衛に被下置候御直書所持仕候。其以後寛永弐拾壱年に惣御検地之時分弐割出目被下、都合三拾六貫文之知行高に被成下御黒印奉頂戴候。彦兵衛儀子共持不申候に付、拙者儀白石出雲三男に御座候を右才兵衛娘に取合名跡に仕度段奉願候処に、慶安四年に茂庭古周防を以願之通被仰付候。養父彦兵衛儀承応三年二月四日に病死仕候に付、拙者に無御相違右御知行高被下置之旨同年三月廿六日
義山様御代、古内先主膳を以被仰付候。其後知行所にて野谷地拝領、自分開発之新田高五貫百九拾四文
御当代寛文元年霜月十六日に奥山大炊を以被下置、都合知行高四拾壱貫百九拾四文に被成下候。御黒印奉頂戴候。
拙者先祖之儀平賀源蔵惣領筋目に御座候間、委細可申上候。以上
延宝五年三月廿七日

12　松岡清右衛門

一　拙者先祖進退之儀伊達御譜代にて御奉公仕候由承伝申候。何代以前被召出候哉慥不奉存候。高祖父松岡美濃助
稙宗様御代に御奉公仕候由承伝候。曽祖父同氏源三郎
晴宗様被召仕、天文拾八年二月十日に御知行三貫五百文被下置、御黒印所持仕候。同弐拾弐年正月十七日に御加増

之地被下置、御黒印御座候。御書面に高之員数は無御座候。
貞山様御拾六歳祖父清右衛門拾八歳より被召仕、所々之御陣へも被召連、高麗御陣之節も御供仕候。御帰国之時分御知行拾貫文被下置候。其後伏見御定詰被遊候砌、欠落者五人有之候処に打留可申由被仰付、濃州於居増に右五人之内四人、清右衛門一人にて討留、四人之首伏見へ持参仕、奥山出羽を以遂披露候処に、為御褒美御加増弐拾貫文被下置候。其後御奉公之依勤功に段々御加増被下置、高四拾貫文に被成下、御物頭御役目相勤申候由承伝候処、慶長拾三年之比蒙御勘気浪人に罷成、江戸に徘徊仕候処、上総之介様被及聞召、
貞山様へ御所望被遊、御知行七百石被下置、清右衛門儀は御物頭に被仰付、兵左衛門も被召仕、于今御黒印所持仕候。元和弐年越後亡国之時分、清右衛門儀父子共に可被召返旨依御意、御国元へ帰参仕候。其節御知行拾五貫文鈴木和泉を以被下置、其後御物頭被仰付、其以後石母田大膳を以拾五貫文御加増被下置、都合三拾貫文被成下候。
義山様御部屋住之時分右清右衛門御側に被指置、
貞山様所々御働之御様子被為聞度由にて
貞山様へ中島監物・佐々若狭を以御所望被遊付、則御部屋へ寛永拾壱年被相付、私親兵左衛門に家督寛永拾壱年に佐々若狭を以被下置、御物頭御役目直々被仰付候。右清右衛門には別て拾五人御扶持方御切米弐拾両被下置、寛
永拾三年
義山様御代に罷成、御知行弐拾貫文被下置并野谷地申請自分開発之新田弐貫八拾三文、取合高弐拾弐貫八拾三文寛永拾三年十一月朔日古内古主膳を以被下置、其上御呼懸被仰付、只今迄代々御呼懸に被召出候。右御切米御扶持方は被召上候。其後寛永弐拾壱年三月於江戸八拾壱歳にて病死仕候。清右衛門に別て被下置候弐拾弐貫八拾三文

之御知行は次男同氏吉右衛門に被下置候。祖父代に御加増拝領仕候年号・御申次不申置候所へは書付不申候。私親兵左衛門に被下置候御知行三拾貫文に寛永弐拾壱年之惣御検地弐割出被下置高三拾六貫文に被成下候。其後国分之内荒井村にて野谷地御蔵新田四拾壱貫四百六拾八文自分に起立指上申候処に、正保弐年十月廿八日古内故主膳を以為御加増被下置、都合七拾七貫四百六拾八文に被成下候。承応弐年に右兵左衛門願申上候は、知行高之内拾七貫文三男三之助に被下置、中山七兵衛方へ聟名跡に遣申候様被成下度由申上候処に、古内故主膳を以願之通承応弐年に被仰付、明暦元年二月親兵左衛門病死仕候。其節知行高六拾貫四百六拾八文之内三拾六貫文は拙者に被下置、残弐拾四貫四百六拾八文は次男同氏清八に被下置度由遺言之通願申上候処に、願之通に右清八に被分下、拙者には知行高三拾六貫文にて家督被仰付旨、古内故主膳を以明暦元年二月十九日に被下置候。
義山様御代承応三年に親兵左衛門上胆沢之内永徳寺村にて野谷地申請、自分開発之新田高三貫弐百五拾文
御当代寛文弐年十二月廿八日に於御城遠藤山城を以被下置御黒印頂戴仕候。
御当代寛文六年右同所にて野谷地申請、自分開発之新田壱貫九百三拾文寛文拾弐年正月廿五日柴田中務を以被下置、都合高四拾壱貫百八拾文に被成下候。以上
延宝五年四月四日

13　大町清九郎

一　拙者曽祖父大町修理儀は大町参河末子に候処、別て被召出御奉公相勤申候由承伝候得共、誰様御代に被召出御知行何程被下置候哉、相知不申候。修理嫡子善四郎儀は小斎稲干場御合戦之砌拾八歳にて打死

仕に付、次男拙者祖父同氏清九郎、右修理跡式相続仕、

貞山様御代高麗御陣へも御供仕、人取橋・摺上其外所々御供相勤申由承伝申候。後次兵衛と名改河東田縫殿右次兵衛両人に御足軽百人被預置、大坂御陣之節は御知行高三拾貫文にて御供相勤候由承伝候。其以後飛驒と名改御名掛頭被仰付、其後

貞山様へ義山様御願にて被進御近習に被指置被召仕候処に、寛永拾弐年病死仕実子次兵衛に跡式無御相違同年に被下置、御足軽頭相勤申候。

義山様御代寛永年中惣御検地之砌弐割出致拝領、三拾六貫文御知行高被成下、以後知行地付野谷地自分闢之高弐貫六百文被下置、都合三拾八貫六百文被成下御黒印致頂戴候。右次兵衛慶安三年病死仕、嫡子拙者兄清九郎に跡式無御相違同年に被下置、且亦知行所切添起目七百八拾四文致拝領、本地合三拾九貫三百八拾四文被成下候。先祖被召出御知行拝領名跡相続新田切添等被下置候年号・御申次は相知不申候。兄清九郎儀病人に罷成、其上実子無之付拙者儀

義山様御代慶安弐年御小性組に被召出、御切米六両御扶持方四人分被下置引続

品川様へ被召仕候処、実弟之儀に候条名跡に被成下度旨右清九郎願上候処に、

御当代寛文六年柴田外記を以拙者御切米御扶持方は被召上、兄清九郎跡式無御相違拙者に被下置之旨被仰付、御黒印致頂戴候。引続

品川様へ御奉公相勤且又知行地続野谷地自分開発、高九百九拾壱文延宝元年十月廿六日小梁川修理を以致拝領、都合四拾貫三百七拾五文被成下同三年御目付役被仰付、同六年御納戸頭被仰付、当年迄三拾壱ヶ年致勤仕候。先祖

之儀は大町備前、大町源四郎惣領筋に御座候間可申上候。以上
延宝七年三月廿二日

14　星伊太夫

一　拙者先祖従
御先代御譜代に御座候由申伝候。曽祖父星甚兵衛兄弟七人御座候。六人は面々御奉公仕、甚兵衛儀は無足にて
貞山様へ御奉公に罷出其身一代に御知行百貫文拝領仕候。如何様之品にて幾度に被下置候哉承伝不仕候。右甚兵衛
男子無之女子三人有之付、右甚兵衛兄安彦喜膳子半七儀甥に御座候故、右甚兵衛惣領娘に取合星之名跡申上百貫
文之内五拾貫文為取、残五拾貫文
貞山様御小性衆佐久間三四郎次之娘取合星之名字為名乗申候。五拾貫文宛分申候品尤年号承伝不仕候。拙者祖父半
七改名仕甚兵衛に罷成、
義山様御部屋之時分より江戸御番仕、於江戸寛永十四年に病死仕候。其節亡父長兵衛半十郎と申三歳に罷成候。幼
少に付四拾貫文被召上拾貫文にて跡式被立下候。
義山様御意には半十郎成長仕、御奉公相勤申候はゞ、右御知行返可被下旨古内伊賀を以親類共に被仰渡候。寛永弐
拾壱年弐割出被下置拾弐貫文之高に罷成候。亡父長兵衛儀十五歳より御国御番仕、其後江戸定御供御奉公仕、
義山様・綱宗様御当代迄無懈怠御奉公弐拾壱ヶ年相勤申候間、
義山様御意之末と申本地返被下置候様に申上度奉存候得共、

屋形様御幼少之節左様之儀申上兼、深谷之内須江村・鹿又村両所御蔵新田起残御座候条、右野谷地之内にて弐拾町被下置候はば、親類共造作を以開発仕三拾貫文之高に罷成、馬上之御奉公為仕度旨親類共申上候処、如願寛文拾壱年三月十九日片倉小十郎方を以被下置候。亡父長兵衛開発之新田弐貫百拾壱文右同日右同人を以被下置候。右須江村・鹿又村両所之野谷地滞申儀御座候故、別所にて望可申上由御座候間、三迫之内石越村渡辺金兵衛・同惣左衛門上り新田開発は仕候得共、未御竿相入不申候故申上候処、寛文十二年三月廿八日柴田中務・古内志摩を以被下置候。同十三年五月廿日柴田中務・小梁川修理を以御竿入、高十八貫百九拾八文被下置由承伝仕候。右石越村新田起目入料金壱分判百拾切と代弐百九拾七文は被召上候。本地新田取合三拾弐貫三百九文罷成候。亡父長兵衛実子持不申候付、姪木村五兵衛娘養子仕拙者を取合、実父矢野内記方より知行八貫文分くれ申候得て、右長兵衛家督に仕度旨、双方親類共願差上候処、延宝三年霜月十九日大条監物方を以如願被仰付候。右八貫文取合御知行高四拾貫三百九文御座候。亡父長兵衛儀延宝六年四月江戸御取次御番被仰付相勤罷下、当八月十八日病死仕、跡式拙者に当十月廿九日無御相違柴田中務を以被下置候。拙者若輩故委細承伝不仕候得共如斯御座候。以上

延宝七年十一月朔日

15　横尾金右衛門

一　拙者先祖御当家御代々御譜代に御座候得共、拙者六代以前之祖火難に遭申由承伝候故、代々拝領之御朱印自分之系図等焼失仕文書無御座候故、誰様御代先祖被召出引続何代より御奉公仕候哉相知不申候。天文弐拾弐年拙者五代以前之祖、同苗新十郎に被下置

候御書出弐通所持仕候。貫高無御座候。伊達領にて拾五ヶ村被下置旨御書判御名乗被遊候。曽祖父同名右兵衛代迄知行無御相違被下置候処、
貞山様岩出山へ御移被為候節、曽祖父同名右兵衛儀御供仕参無間も病死、祖父同名伊勢二歳に罷様候時分跡式被相立由被仰出、御知行拾五貫文被下置其以後苅田郡湯原村譜代所に御座候付て、於彼地御知行五貫八百八拾文拝領仕、弐拾貫八百八拾文に被成下候。其以後袋原に御鷹野に出御之御供仕候節、先祖御譜代之品被仰立御加増拾貫文被下置、三拾貫八百八拾文之高に被成下、御不断奉行被仰付候。
義山様御代寛永弐拾年於江戸右伊勢病死仕、跡式無御相違拙者親同名金右衛門に被下置候。先祖より段々家督被仰付、并御加増拝領仕候年号・御申次等不承伝候。翌年惣御検地弐割出目被下置三拾七貫文に罷成、万治元年桃生郡福田村自分開発之新田三貫弐百五拾六文被下置候。誰を以被下候段覚不申候。取合四拾貫弐百五拾六文高に罷成、寛文四年二月六日親金右衛門病死仕、同年四月廿八日原田甲斐を以知行高四拾貫弐百五拾六文拙者に被下置候。且又於知行所切添壱貫三百六拾三文并先年野谷地申請開発之高壱貫百六拾三文、取合弐貫五百弐拾六文之所、延宝元年二月小梁川修理を以被下置候処、則願申上候は拙者実弟権三郎儀秋保喜兵衛養子仕候に付、右喜兵衛に為分取申度段奉願候付、願之通延宝二年八月廿八日大条監物を以右弐貫五百弐拾六文之所喜兵衛に被下置候。以上
延宝五年三月十九日

16　内崎勘右衛門

一　拙者高祖父内崎甲斐大崎隆益一門に御座候。隆益へ数度致諫言候得共不用其旨、剰不和に罷成諸事不宜仕懸付大

崎を立除伊達へ罷越、安房殿相頼御家へ被召出候様に被成下度由申候処、御扶持方被下浪人分にて御介抱被成下候。甲斐嫡子右馬頭
貞山様御代被召出、御知行弐拾貫文被下置候。右馬頭改名美作に罷成候。遠江守様へ御家老に被相付候節、美作知行嫡子杢助に被下置、御国に被指置候。美作儀遠江守様御前不宜候、従
貞山様被聞召、御見当を以被相付候者に候間、此方へ可被相返由被仰遣、御国へ被召返別て御知行三拾貫文被下置候。其比
義山様美作守様と御改名被遊候に付、越後と改名仕候。越後存生之内杢助病死申に付、越後知行三拾貫文杢助嫡子拙者実父勘右衛門に被下置、杢助知行弐拾貫文越後次男大堀右馬助と申候て、他苗相続罷在候に被下之、右馬助知行八貫六百文越後三男内崎源兵衛に被下置度旨申上、願之通被成下由承伝候。寛永弐拾壱年に拙者実父勘右衛門弐割出被下知行高三拾六貫文に罷成候。明暦三年正月拙者実父勘右衛門相果、同年三月拙者に家督無御相違奥山大学を以被仰付候。寛文拾弐年二月、拙者開発之新田高三貫九百拾弐文柴田中務を以拝領仕候。延宝三年九月朔日拙者知行切添新田三百弐拾九文右同人を以被下置、知行高四拾貫弐百四拾壱文に罷成候。以上

延宝五年正月十一日

17 大内覚兵衛

一 私祖父大内八右衛門儀葛西代に胆沢郡下姉躰村知行仕候。然処に葛西滅亡以後浪人に罷成候由承伝候。右八右衛門嫡子実父同名助右衛門儀

貞山様御代多田内匠を以御奉公仕度由願申上候処に、被召出無進退にて拾ヶ年余御国御番相勤申候。其以後佐々若狭を以野谷地被下置
義山様御代御検地被相入、起高弐拾弐貫五百文之地寛永弐拾壱年八月十四日に富塚内蔵丞・奥山大学を以被下置候。
御同代承応三年に山口記を以野谷地被下置、明暦四年に御検地被相入、起目拾壱貫七百五拾八文之所寛永元年十一月十六日に被下置、右取合三拾四貫弐百五拾八文之高に被成下之由奥山大学を以被仰渡候。右助右衛門儀、寛文八年十一月晦日に病死仕候付、跡式拙者に被下置度旨古内志摩を以申上候処に、同九年二月廿五日跡式右知行高之通無御相違被下置之由、柴田外記を以被仰付御黒印頂戴所持仕候。以上
延宝五年四月七日

18　川村伊兵衛

一　拙者儀横山甚蔵次男に御座候。然処川村古孫兵衛聟苗跡に被仰付、右孫兵衛知行高百拾貫七百弐拾文之内弐拾五貫七百弐拾文拙者に被下置度段、寛永拾弐年佐々若狭を以申上候処に如願被仰付候。右甚蔵儀孫兵衛に因は無御座候得共懇意に御座候故、聟養子に奉願候。
義山様御代御検地弐割出目共に拙者知行高三拾弐貫弐百文に被成下御黒印奉頂戴候。拙者嫡子久太夫病死仕候付、家督無御座候間、
御当代に田村図書次男平八久太夫娘に取合家督相立、平八持参之新田六貫八百七拾三文之地拙者知行高三拾弐貫弐百文へ取合被下置度由、寛文拾壱年八月十三日に奉願候処に、同年九月十五日に柴田中務・大條監物・富塚内蔵

丞を以如願之被成下之旨被仰渡、御黒印奉頂戴候。延宝元年十月廿九日切添之地九百九拾三文之所柴田中務・大條監物を以被下置　当時拙者知行高四拾貫六拾六文に御座候。切添之地高に被成下御黒印于今頂戴不仕候。以上

延宝五年四月廿七日

19　片寄次兵衛

一　拙者養父片寄利右衛門岩城浪人に御座候。貞山様御代被召出御知行被下置候。如何様之品を以被召出御知行高何程幾度に被下候哉不承伝候。寛永年中大御検地之砌弐割出被下置四拾貫文罷成候。利右衛門儀男子無御座候付、拙者鴇田駿河次男に御座候処に、聟養子に仕度段奉願候処に、願之通被仰付候。年月覚不申候。右利右衛門隠居願申上候処、願之通被仰付跡式御知行高四拾貫文拙者に被下置候。年月・御申次覚不申候。延宝弐年切添起目四貫六拾壱文大条監物を以被下置候。然処利右衛門実子彦兵衛儀拙者養子被仰付候以後出生仕付、菅波市郎左衛門方へ養子申合、右切添之内四貫文彦兵衛に為取申度由申上候処に、願之通延宝四年柴田中務を以被仰付候。依之拙者御知行高四拾貫六拾壱文に御座候。以上

延宝五年二月廿五日

20　境野弥五右衛門

一　拙者高祖父境野信濃儀は秋保豊前高祖父次男に御座候処、御先祖様へ被召出、名取之内秋保境野村・新川村両取合五拾貫文余被下置、在名境野相名乗御奉公仕候由承伝申候。

誰様御代より御奉公仕候哉其段は不承伝候。曽祖父・祖父代迄右之通家督等相続仕之由有増承候。年号相知不申候。
親信濃儀三拾壱年以前に八拾八歳にて死去仕候故慥には不承伝候。親信濃儀も従
輝宗様御代貞山様御代迄不相替右之御知行被下置之由申伝候。然処に
貞山様御代蒲生飛驒守殿・浅野弾正殿御当地へ御下向之刻所替被仰付、右境野村・新川村両所共に被召上、柴田之内小村崎にて拾貫文被下置、在郷屋敷を加美郡之内大村に被下置候。右御両人御下向諸士衆数多進退被相減に付て、信濃儀も右之通に御座候由申伝候得共、品々委細には不承伝候。境野村より直々大村へ取移申由親信濃申置候。其以後
義山様御代始惣御検地之刻、弐割出弐貫文親信濃拝領仕、拾弐貫文之高に被成下、盤井郡奈良坂村・黒川郡北目大崎村御知行被替下御黒印頂戴仕候。然ば拙者儀小野雅楽丞実次男に御座候処に、
義山様御代定御供御奉公に被召出、御切米五両四人御扶持方被下置、弐ヶ年相勤申候内御薬役被仰付、弐拾ヶ年相勤都合弐拾弐ヶ年無懈怠御奉公仕候内、右信濃家督無御座候付、拙者儀甥に御座候条、養子に仕家督被仰付被下度由、
義山様御代に願申上候処に、正保三年六月廿一日古内伊賀を以願之通被仰付候。信濃儀同年十一月廿一日に隠居仕候。跡式無御相違拙者に被下置候由古内伊賀を以被仰付御黒印頂戴仕候。
義山様御代明暦弐年三月十二日茂庭中周防・奥山大学・古内古主膳を以被仰渡候。本地拾弐貫文へ為御加増拾八貫文被下置、三拾貫文高に被成下御物頭被仰付御加増被成下候御黒印頂載仕候。右御切米御扶持方は被召上候。
御当代寛文八年七月廿七日三迫之内石越村野谷地遠藤文七郎拝領仕候内、拾八町願之通被下置候由柴田外記被申渡

候。自分開発仕起目新田八貫九百三拾八文之所、延宝三年十一月廿三日柴田中務を以拝領仕候。右新田野谷地之内残之地御座候付て、和田半之助・田村図書を以古内志摩へ申達、残野谷地拝領仕、起目新田壱貫百四拾九文当二月十日に被下置候旨中務被申渡候。右弐口新田高合拾貫百八拾七文本地新田都合四拾貫百八拾七文被成下候。

拙者儀御物頭役目当年迄弐拾弐ヶ年御奉公年数四拾三ヶ年相勤申候。以上

延宝五年五月十三日

21 蜂屋六左衛門

一 祖父鳥井六左衛門儀本国三河譜代に御座候。
権現様へ従駿河祖父六左衛門兄蜂谷半之丞一同に御奉公申上候処に、人を討立退右六左衛門儀貞山様御代に向井将監殿御指南にて被召出候。何年之比御座候哉年号不承伝候。御知行弐拾貫文山岡志摩御取次にて被下置御奉公相勤、五拾四歳にて寛永拾六年四月二日病死仕、父六左衛門に右同年に古内主膳を以跡式無御相違被下置、
義山様御代江戸御留守御番御奉公相勤申候。
御同代に弐割出被下置、弐拾四貫百文に罷成候。祖父六左衛門儀鳥井を名乗申候儀は権現様へ御奉公仕候砌、人を討御家立除申に付母方苗字鳥井を相名乗申候。段々生替に罷成候に付、同苗半之丞方より向井将監殿迄本苗為相名乗申度品々申達、将監殿にて
義山様へ被仰上被下候処に、同名半之丞申上処筋目に被思召置候条、半之丞願之通に被仰付旨古内主膳を以被仰付、

本名蜂屋に相名乗申候。

綱宗様御代万治弐年正月十九日大条兵庫を以為御加増五貫九百文被下置、都合三拾貫文にて御城使御役目相勤申候。

御当代寛文三年正月十一日奥山大炊を以数年御奉公無懈怠相勤申由にて為御加増拾貫文被下置、都合四拾貫文にて同拾壱年迄右御役目相勤、同年三月廿七日御一儀之節雅楽頭殿於御宅に深手負廿八日に死去仕候。同年五月十九日に親跡式無御相違片倉小十郎を以拙者に被下置候。以上

延宝七年六月廿二日

22　朽木玄的

一　拙者先祖曽祖父朽木正清生国江州之者御座候。正清兄朽木一毛兄弟浪人仕一毛は輝宗様へ被召出御知行六拾貫文被下置、米沢より御奉公申上候。右一毛由来之儀は宮川九左衛門方より可申上候。正清は葛西へ罷越候て牢人にて病死仕候。正清嫡子宮川不休と申者叔父一毛養子に仕、医之家業相伝申候。右不休病人御座候て勤仕不罷成候故牢人にて病死仕候。名字宮川と相改候品委不承伝候。拙者父玄佐牢人之内伊達筑前殿へ少分之御合力にて少之間致勤仕候。筑前殿御死去之時分先祖之儀を貞山様より被相尋、則被召出七貫文之御知行被下置候。此年数御取次衆杯私幼少之時分故分明に覚不申候。寛永拾八年玄佐相果、同年に跡式無御相違古内伊賀を以拙者に被下置候。寛永年中惣御検地之節弐割出共に九貫三百文被成下候。

義山様御代明暦弐年三月廿二日山口内記を以家職相勤候為御褒美御加増拾貫七百文被下置、高弐拾貫文に被成下候。

至

御当代古堤申請開発高六貫六百九拾弐文之所、寛文拾壱年五月八日に古内志摩を以拝領仕候。其後延宝三年十月十四日に柴田中務・小梁川修理・大条監物三人を以御薬をも指上無恙相勤老後苦労仕候由被仰渡、御加増拾三貫三百八文拝領、高四拾貫文被成下候。以上

延宝七年四月四日

23 猪狩弥惣兵衛

一 拙者先祖岩城譜代に御座候。然所岩城国替之時分、従貞山様片倉備中・鈴木和泉を以私祖父猪狩下野処へ被仰下候は、岩城落着之段被聞召候。兼て御意被下置候儀に御座候間御当地へ可罷越旨被仰下難有奉存、慶長八年に御当地亘理迄罷越候処、貞山様伏見に被成御座御留守之儀に候間、先以扶持方分に胆沢郡新里村にて、高四拾貫文相渡被申由同年八月茂庭石見被申渡、同極月亘理より伊沢迄御伝馬拾五疋被借下之旨、右石見申渡候。元和五年大御検地之時分御竿之上にて高相減三拾七貫百六拾壱文に罷成候。然ば祖父下野年罷寄候付隠居仕、右知行高之通私親下野被下置度段貞山様御代石母田大膳を以申上候処に、如願右知行三拾七貫百六拾壱文之所親下野に被下置之旨、元和七年右大膳を以被仰付候。且又義山様御代惣御検地以後、寛永弐拾壱年弐割出目七貫四百三拾九文被下置候。右之外知行地尻にて下中之者切起申候切添新田八拾壱文、万治四年四月廿二日柴田外記を以被下置、取合四拾四貫六百八拾壱文之高に被成下候。右

下野儀年罷寄候に付て隠居被仰付、家督知行高四拾四貫六百八拾壱文内四拾貫文は拙者に被下置、残四貫六百八拾壱文之所は私弟猪狩十三郎に被分下度旨願申上候処如願被仰付之由、延宝四年三月四日に小梁川修理を以被仰付、下野願之通知行四拾貫文拙者に被下置、家督被仰付候。先祖之品は承伝を以書申上候。以上

延宝七年三月七日

24　松坂九郎左衛門

一　拙者祖父松坂九郎左衛門儀松坂周防弟に御座候。先祖之品は松坂甚左衛門惣領筋に御座候間申上候。右祖父九郎左衛門儀黒川郡罷在候処、貞山様御代慶長年中に被召出、御知行弐拾五貫文被下置候由承伝候。以後貞山様伏見に被為成御座候節右九郎左衛門儀彼地御普請御用被仰付、三ヶ年相詰首尾能致勤仕候付、為御加増御知行三拾五貫文拝領仕、本地取合六拾貫文被成下、右之御用相仕廻罷下候節、刈田郡白石にて落馬仕、慶長八年六月朔日に相果申候。其節私親同氏越後儀幼少に御座候付右御加増之地被召上、本地弐拾五貫文越後に被下置候。右御加増被下且又越後に跡式被下置候年月・御申次は不承伝候。

義山様御部屋へ従

貞山様馬上衆拾五騎被相付候砌、越後儀も右拾五騎之内にて御奉公相勤申候。

義山様御代被為成御足軽頭依被仰付為御加増御知行高五貫文寛永拾四年九月十日に古内故主膳を以拝領仕、本地取合三拾貫文に被成下候。且又惣御検地之節弐割出目致拝領三拾六貫文之高被成下、寛永弐拾壱年八月十四日御日

付之御黒印奉頂戴候。右越儀万治元年十二月廿四日病死仕候。跡式御知行高三拾六貫文之無御相違拙者に被下置候旨、同年閏十二月廿一日

綱宗様御代奥山大学を以被仰渡候。同弐年正月十五日右大学を以親越後跡役御足軽頭引続拙者に被仰付、至

御当代寛文元年十一月十六日御日付にて御黒印奉頂戴候。其後知行地続にて野谷地申請自分取立開発仕、高三貫六百七拾文之所延宝元年十月廿九日大條監物を以致拝領、都合三拾九貫六百七拾文之高に被成下候。右新田知行高に被成下候御黒印于今頂戴不仕候。以上

延宝七年三月七日

25　小塚助八

一　拙者先祖伊達御譜代之由承伝候得共、

御先祖誰様御代先祖誰を被召出、御知行被下置候哉承伝不仕候。拙者祖父小塚監物儀、

貞山様へ御奉公申上拾八貫文御知行被下置、役目は御分国中諸役等取納并御蔵方御用相勤候由に御座候。拙者親小塚織部、君袋助八郎実子に御座候。私養祖父岩山宗伯儀進退拾貫文被下置御奉公仕候処に、右織部儀宗伯養子に罷成、其以後右監物智苗跡に被仰付候。監物儀元和六年七月病死仕候付、跡式無御相違右織部に被下置候。何年に誰を以被下置候儀は不承伝候。右宗伯に被下置候拾貫文之御知行宗伯相果候以後右織部に被下置候。何年に誰を以被下置候儀は不承伝候。取合弐拾八貫文に被成下候。

義山様御代野谷地申請起目五貫文致拝領候。何年に誰を以被下置候哉不承伝候。其以後拾貫文御加増拝領仕候。如

何様之品にて何年に誰を以拝領仕候哉不承伝候。取合四拾三貫文にて御奉公致勤仕候。右織部寛永拾五年於江戸病死仕候。織部家督拙者に古内主膳を以同年十月被仰付候。右御知行高之内拾貫文は拙者弟小兵衛に被下置、岩山之苗跡被仰付被下度段奉願候処に、願之通寛永拾五年十月右主膳を以被仰付候。残三拾三貫文拙者に被下置候。寛永年中惣御検地之節弐割出目被下、取合三拾九貫六百文拙者に被下置候。御当代右之高にて御黒印頂戴仕候。小塚先祖之儀未生以前之儀に御座候故、明白に不被申上候。以上

延宝七年三月九日

26　内馬場門弥

一　内馬場門弥祖父内馬場縫殿儀、貞山様御代拾八歳にて被召出御奉公申上候処、御物置番被仰付相勤申候。御知行段々拝領百弐拾貫文に被成下、引続義山様御代迄御奉公相勤、従義山様頂戴仕候御黒印所持仕候。門弥親長左衛門六歳之時右縫殿不慮之儀御座候て相果申に付、御知行弐拾貫文に被立下候。誰を以何年被仰付候哉不存候。右長左衛門拾五歳より御国虎之間御番、石田孫市御番組被仰付相勤申候。万治三年御小性組に被召出、寛文五年御物置番被仰付、延宝弐年迄江戸定々詰仕候処に、同年御番替被仰付、同三年罷登御番相勤申候。長左衛門御知行高家督之知行弐拾貫文寛文元年に新田起目四貫三百八拾壱文拝領、同九年於江戸弐貫七百七拾四文御老中を以拝領仕候。右両様新田起目拝領之儀、誰を以被仰渡候哉不承覚候。延宝

三年三月廿九日於江戸大条監物・各務采女引添御奉公首尾能相勤候為御褒美、御加増之地拾貫文拝領、同年新田起目弐貫四百拾壱文於江戸に小梁川修理を以被下置之由、右長左衛門知行高取合三拾九貫五百六拾六文高御座候。同四年二月廿三日長左衛門病死仕候。右知行高無御相違大松沢甚右衛門を以、同年五月三日門弥に被下置旨被仰付候。門弥先祖内馬場但馬と申者

御先祖様へ伊達にて致御奉公

尚宗様・稙宗様・晴宗様より頂戴仕候御黒印之御書判之御書十通、右但馬拝領仕候を門弥手前に於于今致所持候。門弥幼少に御座候故、拙者親類に付て如斯に御座候。以上

延宝五年三月十日

内馬場甚左衛門

27 新妻勘兵衛

一 私先祖岩城御譜代御座候。祖父新妻玄番儀

貞山様御代被召出、御知行拾五貫文被下置御奉公仕候処、嫡子同氏源太年比にも罷成候条、御奉公為仕度由奉願候処に、願之通被仰付、右御知行高被下玄番には別て御知行拾貫文被下置御勘定頭被仰付、父子面々に御奉公仕候処、源太病死仕嫡子故源太兵衛幼少に御座候付、私親同氏長門儀玄番次男に御座候。依之御番代被仰付相勤申候処、其後玄番病死仕候。跡式拾貫文之御知行長門に被下置、右両様之知行取合弐拾五貫文にて御奉公仕候。右源太兵衛成長仕候付、右拾五貫文之御知行相渡長門儀は拾貫文にて御奉公相勤申候内、

貞山様御代段々御加増被下置、三拾貫文之高に被成下候。然処
貞山様御代長門儀兵部殿へ被相付候刻、私儀
貞山様可被召仕由被仰付候。
貞山様御他界以後
義山様より兵部殿へ御知行被進候刻、右三拾貫文之内弐拾貫文拙者に被下置可被召仕旨、寛永拾四年古内古主膳を
以被仰渡御奉公仕候。
義山様御代惣御検地弐割出切添共に寛永弐拾壱年に六貫六百文被下置、弐拾六貫六百文之高に被成下候。私儀幼少
之砌故先祖之様子委細には不存候得共承伝候通申上候。拙者儀
綱宗様御部屋住之時分被相付御奉公仕候処、
綱宗様御代罷成、万治弐年霜月廿日三貫三百文之御加増之地被下置、三拾貫文之高に被成下候旨、茂庭古周防を以
被仰渡候。其以後野谷拝地領切起御竿入、高三貫三百五拾弐文之所被下置旨、寛文元年十一月十六日奥山大炊を
以被仰渡候。其後
御当代に知行続野谷地新田被下置、切添共に御竿被相入、六貫三拾六文之所被下置、都合三拾九貫三百八拾八文高
に被成下候旨、延宝三年八月九日柴田中務を以被仰渡候。右切添并新田起目被下置候以後之御黒印は于今頂戴不
仕候。以上
延宝五年三月三日

28　和田半兵衛

一　拙者祖父和田因幡隠居分に三拾六貫百弐拾弐文奉願分置申候を、承応二年拙者相譲申度旨
義山様御代津田豊前を以申上右高拙者に被下置候。
御当代切添起目七百五拾文願上、延宝元年十月廿九日に大條監物を以拝領仕、知行高三拾六貫八百七拾弐文に御座
候。右因幡儀
貞山様へ被召出候段、同苗半之助方より申上候。以上
延宝四年十二月十六日

29　馬籠長右衛門

一　拙者先祖葛西譜代御座候て葛西清重奥州下向之刻、葛西一門にて先祖致供罷下数代葛西に奉公仕候。拙者高祖父
真籠（ママ）又次郎儀葛西晴信御生害候砌討死仕、右又次郎嫡子拙者曽祖父同氏杢助久敷浪人にて罷在候処、
貞山様御代佐々若狭を以被召出御金山御用相調申候に付て、御知行三貫文被下置候。其後京都より御荷物被相下被
相付、御荷物無恙御国本へ引届申候付、御加増拾七貫文被下弐拾貫文被成下、御番所中之間に被仰付候。其以後
胆沢郡上野村にて野谷地拝領仕候。右杢助隠居仕嫡子正左衛門に家督被仰付候節、御加増五貫文被下弐拾五貫文
之高に被成下候。
義山様御代寛永拾八年御検地相極、正保元年に弐割出五貫文へ曽祖父杢助拝領仕候上野村野谷地開発、起目五貫弐
百文被指添三拾五貫弐百文之高に被成下由、富塚内蔵丞奥山古大学を以被仰渡候。慶安弐年三月廿三日右正左衛

門隠居仕、拙者養父杢助家督無御相違山口内記を以被下置候。
義山様御代明暦三年に、胆沢郡上野村にて野谷地拾五町山口内記・真山刑部を以拝領仕候。万治元年壱年起申候処、
綱宗様御代罷成新田御法度に被仰付起不申差置申候得は、
御当代万治弐年　右起目へ御竿被相入、三貫六百弐拾九文本地へ被相添、都合三拾八貫八百弐拾九文に被成下、富塚内蔵丞を以被仰渡御黒印致頂戴候。右曽祖父代より段々家督相続仕候年号・御申次御加増如何様之品を以何年に誰を以被下置候哉、且又新田起目拝領仕候年号・御申次相知不申候所へは書付不申候。拙者儀内崎勘右衛門実弟に御座候。右杢助実子御座候得共病人にて御奉公不罷成候に付、拙者を聟名跡に仕度由申上、寛文拾弐年六月廿二日古内志摩を以願之通被仰付候。延宝五年七月養父杢助病死仕、同霜月九日柴田中務・小梁川修理を以拙者に家督被仰付、杢助知行高三拾八貫八百廿九文之所無御相違被下置候。以上

延宝五年十二月五日

30　矢目正五郎

一　拙者祖父矢目伊兵衛儀仙道安積郡之内矢目と申所に住居仕候。
貞山様御代伏見にて祖父伊兵衛被召出、御切米御扶持方被下置御奉公仕候。其以後慶長拾九年大坂御出陣之砌御供仕御帰陣被遊、御知行四貫三百五拾文拝領仕候由承伝候。祖父伊兵衛儀何年誰を以被召出候哉、勿論御切米御扶持方員数等不承伝候。元和元年に西磐井郡御新田奉行被仰付首尾能取立申に付、右御新田之内同所にて起目高八貫八百拾八文寛永四年に高城外記・大町勘解由を以拝領仕候。御知行合拾三貫百六拾八文被下置候。西磐井郡中

里村古城長尾主殿を以拝領仕候。起目高壱貫百九拾九文拝領仕候。同所野谷地拝領起目壱貫六百文被下置候。何年に誰を以拝領仕候哉不奉存候。寛永年中惣御検地之節弐割出被下置、高拾八貫六百文に被成下御奉公相勤申候。

右伊兵衛

貞山様御代度々之御重恩難有奉存、御遠行之砌追腹仕候に付、跡式無御相違寛永拾三年に嫡子拙父伊兵衛に被下置、御奉公相勤申候。跡式誰を以被下置候哉不奉存候。慶安五年に右御知行高之内弐貫四百文拙者祖母弟熊谷甚之丞に分被下度由奉願候処に、如願山本勘兵衛を以被仰付、残御知行高拾六貫弐百文にて御奉公相勤申候。承応三年に御足軽頭被仰付、御知行拾六貫三百三拾文古内古主膳を以拝領仕候。御知行高三拾弐貫五百三拾文に被成下候。承応年中に野谷地申請、起目六貫弐拾三文明暦弐年に御竿相入、真山刑部を以拝領仕候。年号不承伝候。都合三拾八貫五百五拾三文に被成下候御黒印頂戴仕候。親伊兵衛儀弐拾弐ヶ年御足軽頭相勤罷在候処、延宝三年に御役目替被仰付御不断頭に被成下、弐ヶ年相勤申候処に、右伊兵衛同四年霜月病死仕候に付、跡式右知行高之通無御相違延宝五年六月三日に柴田中務を以拙者に被下置候。当時拙者御知行高三拾八貫五百五拾三文に御座候。以上

延宝七年三月廿六日

31　熊谷平左衛門

一　拙者養祖父熊谷伯耆儀先年は富沢吉内家来に御座候処、貞山様御代慶長年中に被召出、御知行三拾貫文被下置之由申伝候。寛永三年正月六日右伯耆病死仕、実子隠岐に跡式無御相違被下置候。右家督被仰付候年号・御申次等并如何様之品を以御知行拝領仕候哉不承伝候。

義山様代寛永弐拾壱年惣御検地之節、同年八月十四日弐割出目共に三拾六貫百文に被成下候。其後慶安五年宮城郡国分芋沢村にて野谷地八町申請、四百五拾壱文開発仕候。右隠岐実子無御座候に付、拙者儀石母田杢之助次男に御座候処、実父杢之助知行之内磐井郡東山月館村にて野谷地拾壱町指添拙者を聟名跡に仕度段双方奉願候処、願之通被成下之旨明暦三年六月廿二日山口内記を以被仰渡候。右之野谷地起高壱貫九百四拾八文慶安五年宮城郡国分芋沢村野谷地開発、四百五拾壱文之所右弐口合新田高弐貫三百九拾九文被成下旨、御当代寛文元年十一月十六日遠藤山城を以被仰渡、隠岐知行高三拾八貫四百九拾九文被成下候御黒印頂戴仕候。右隠岐寛文六年五月十九日に病死仕、同年八月八日跡式三拾八貫四百九拾九文之所無御相違古内志摩を以拙者に被下置、御黒印頂戴仕候。以上

延宝五年三月十九日

32　井上善四郎

一　拙者先祖会津譜代村上孫兵衛

貞山様御代被召出、御知行高拾弐貫文被下置候処、大坂御陣に御供仕京都にて病死仕候付、松坂日向次男同名九郎兵衛聟名跡被仰付、右日向知行所之内拾貫文被分下弐拾弐貫文之高に被成下候。御買新田手前起目九貫八百四拾文

貞山様御代被下置、右九郎兵衛寛永拾三年病死仕候付、拙者親孫兵衛家督無御相違被下置候。惣御検地之砌弐割出目六貫三百六拾文被下置数年御奉公相勤申候処、延宝四年七月孫兵衛病死仕付、同年霜月九日に小梁川修理を以

家督無御相違拙者被仰付、当時知行高三拾八貫弐百文に御座候。先祖之儀様子然と不奉存候故有増に如斯申上候。

以上。

延宝五年二月九日

33 片倉長七

一義山様御代寛永拾七年拙者親同氏仲之丞儀古内古主膳を以被召出、御知行三拾貫文之御積御蔵前にて御金百五拾切宛被下置之、同弐拾壱年右主膳を以地形に被直下候。寛永年中惣御検地之節弐割出目共に三拾六貫文之高に被成下候。寛文拾年六月右仲之丞病死仕跡式無御相違、同年九月九日に柴由外記を以拙者に被下置候。知行所苅田郡曲竹村之内切添弐貫百九拾五文之所延宝三年正月廿日に被下置旨柴田中務を以被仰渡、都合三拾八貫百九拾五文に被成下候。御黒印頂戴仕候。右切添弐貫百九拾文之御黒印未頂戴不仕候。以上

延宝五年三月十八日

34 岩淵茂兵衛

一 拙者養父岩淵清左衛門儀

義山様御部屋住之節元和五年御小性組に被召出、御切米御扶持方被下置候由承伝申候。御切米御扶持方員数は承覚不申候。寛永拾六年に御知行三拾貫文被下置候。如何様之品にて誰を以被召出、御切米御扶持方并御知行等被下置候哉、其段は不承伝候。勿論御知行被下置候節右御切米御扶持方被召上候哉其品も不承伝候。右御知行被下置

候御申次も不奉存候。寛永年中大御検地之節弐割出目六貫文拝領仕、取合三拾六貫文之高に被成下、右清左衛門御黒印致頂戴候。寛永拾九年四月野谷地拝領仕、自分開発高壱貫百六拾壱文正保三年六月山口内記・和田因幡・真山刑部を以被下置、都合三拾七貫百六拾壱文に被成下御黒印頂戴所持仕候。右清左衛門儀慶安弐年十月病死仕、嗣子惣太郎壱歳に罷成幼少に御座候故、拙者儀高屋快安四男に御座候処に、右惣太郎実姉に取合、惣太郎成長仕候迄番代為仕度由親類共

義山様へ奉願候処、津田古豊前を以如願被仰付、右御知行高三拾七貫百六拾壱文慶安弐年十二月十五日被下置候。御黒印拙者に頂戴仕候。右惣太郎承応元年に四歳罷成疱瘡相煩病死仕付て親類共願申上候処、苗跡無御相違拙者に被下置旨、

義山様御在江戸之節御前相添津田古豊前方迄山本勘兵衛を以被仰出之趣、承応弐年九月十三日右豊前被申渡、御知行高三拾七貫百六拾壱文被下置候。御黒印頂戴仕候。其以後拙者知行所切添起目三百九拾六文寛文元年に御割奉行堀越甚兵衛・柳生権右衛門指紙を以被申渡拝領仕、取合三拾七貫五百五拾七文之高に被成下、御黒印頂戴仕候。其後野谷地拝領仕、自分開発高五百八拾九文之所延宝六年四月廿三日黒木上野を以被下置、取合御知行高三拾八貫百四拾六文被成下候。右之御黒印は于今頂戴不仕候。当時拙者知行高前書之通三拾八貫百四拾六文に御座候。以上

延宝七年四月五日

35　栗村源助

一 拙者亡父栗村源助事従会津浪人仕御国へ罷越候処、貞山様御代奥山出羽手前御歩小性組被召出、御扶持方四人分御切米金弐両被下置、御奉公仕候処気仙郡十八女村にて野谷地五町拝領仕、起目に御竿相入高弐貫百文元和弐年三月十日に奥山出羽を以被下置候。其後御奉公首尾能相勤申由被仰立、御歩小性組被相除候由承伝候。其以後御金奉行役被仰付江戸定詰仕候。寛永元年に御知行高拾五貫文石母田大膳を以被下置候被仰立之品は不承伝候。同九年に数年江戸定詰無懈怠勤仕、其上江戸御城御用御上洛御供度々無恙相勤申候段被仰立、佐々若狭を以御加増之地拾五貫文被下置候。右本地三拾貫文と新田高弐貫百文へ寛永弐拾壱年弐割出被下置高三拾八貫百文に被成下、

義山様御代迄三拾三ヶ年江戸定詰御奉公相勤申候処、進退困窮仕役目御訴訟申上願之通御免被成下、寛永拾九年に江戸より罷下御国御番相勤、其後江戸御留守御番も致勤仕、其以後老衰仕隠居之願申上候処に、慶安元年願之通被仰付、拙者兄同氏弥五郎家督無御相違被下置候。御申次は其節私幼少故覚不申候。同年より弥五郎儀御小性組被召仕候処、承応三年弥五郎病死仕候。其節迄親源助存命にて罷在候故、弥五郎跡式拙者に被下置度由願申上候処、親源助数年首尾能御奉公仕同氏弥五郎も無恙御奉公仕、其上源助残命にて願申上候段被開召届由被仰立、成田木工を以同年七月十五日拙者に無御相違家督被下置候。依之当時拙者知行高三拾八貫百文に御座候。以上

延宝七年三月四日

待衆　御知行被下置御帳（十二）

三拾七貫九百九拾三文
より三拾七貫弐文迄

1　多田勘右衛門

一　拙者祖父細木清左衛門儀紀州根来出生之者御座候。根来没落以後浪人仕、慶長九年に御国へ罷下罷在候内、多田伊賀と申者之娘聟罷成、御当地に住居仕候所、右伊賀儀被召使候御首尾之由被仰立を以、同拾六年貞山様御代佐々若狭を以右清左衛門儀被召出、元和五年正月廿三日右若狭を以御知行三拾貫三百十五文被下置、其上御国御番被仰付御奉公相勤申候。然所右清左衛門儀御当地に親類も無御座候間、右伊賀名字多田を名乗可申由貞山様依御意、多田と名字を相改申候。其後寛永十五年十一月祖父清左衛門病死仕候。嫡子拙者親清左衛門家督無御相違被下置旨、同十六年三月五日義山様御代古内故主膳を以被仰付候。江戸御国共御奉公相勤申候。同弐拾壱年に弐割出被下置、知行高三拾六貫三百六拾三文被成下候。其以後古内故主膳方江刺にて畠新田申請取立申候刻、拙者知行所にて畑八貫文畑返仕、此出目壱貫六百三十文明暦四年右古主膳を以被下置、都合三十七貫九百九拾三文に被成下、親清左衛門儀隠居仕度由申上候所、願之通被仰付拙者家督無御相違被下置旨、寛文十弐年四月廿九日に柴田中務を以被仰付候。其後江戸御番相勤申候所、病人に罷成、其上子共持不申付、白石出雲六男六之丞を拙者妹に取合、聟名跡仕拙者御番代右六之丞為仕度旨申上候所、願之通被仰付之旨寛文拾三年五月廿二日小梁川修理を以被仰渡候。拙者知行高三拾七貫九百九拾三文御座候。以上

延宝五年三月廿九日

2 鹿股図書

一 拙者養父鹿股図書伊達御譜代にて、曽祖父鹿股丹後は稙宗様御代に知行弐拾五貫文被下置由、然処如何様之品に御座候哉進退被召上、祖父図書事は相馬へ浪人、以後従貞山様米沢へ被召出、守屋修白に被相付所、二本松之城被相責砌一番に乗塀并高玉落城に高名仕、右依軍功知行被下置由承伝候。高分明に相知不申候得共、天正拾五年同拾九年貞山様御朱印御黒印致所持候。慶長年中於福嶋御社高名、且又数年律儀に御奉公相勤申故御加増被成下、拾弐貫文之高罷成由申伝候。拙者養父図書事従貞山様御切米壱両御扶持方四人分被下、別て御奉公相勤大坂御陣へも御供仕、親は御国に被指置候条、親進退拾弐貫に応馬上役相勤申度段、於大坂中島監物を以申上、馬上御奉公相勤申付て、祖父図書至老後隠居仕刻、養父図書に被下候御合力并新田之地、取合八貫八百文都合弐拾貫百拾六文之知高に貞山様御代に被成下、

義山様御代に弐割出并切添之地共に七貫五百八拾四文致拝領、右取合弐拾七貫七百文之高被成下、寛永弐拾壱年八月十四日御黒印頂戴、其後野谷地新田申請致開起六貫四百六文被下之、都合三拾四貫百六文之知高に被成下、正保弐年十月廿八日御黒印頂戴仕候。随て養父図書男子無之付、某儀は真山越中三男、実母は養父図書妹にて拙者儀は甥に候故、娘に取合聟養子罷成候。養父図書明暦三年五月病死仕、同年八月十二日
義山様御代跡式不相易古内故主膳・原田甲斐を以被下置候。
貞山様御代養父図書被下置候知行年号不分明候得共、
貞山様御逝去御代替之刻御黒印書付等何も並に被召上、
義山様御代に御割相済、御黒印頂戴仕候故委細には不申上候。以上
延宝五年三月七日

3　多川伊左衛門

一　私祖父多川主膳儀伊達安房殿御譜代之者御座候所に、文禄元年高麗御陣之時分安房殿より御所望被遊、主膳十五歳にて
貞山様御代右同年に御小性に被召出、御知行被下置候。右御申次不承伝候。其後御不断衆指引被仰付候由承伝候。前々御知行高何程御座候哉不承伝候。慶長拾三年十月廿一日に御知行高百貫七拾三文被下置候。奥山出羽・鈴木和泉書付所持仕候。右主膳儀元和五年三月十三日に四拾四歳にて病死仕候。其節私親右馬丞儀十四歳にて幼少御座候付、右御知行高之内三拾貫文にて跡式被立下候。

貞山様御代親右馬丞御小性組に被召使、其後御膳番被仰付、首尾能御奉公相勤候付、為御加増弐拾貫文拝領仕、合五拾貫文に被成下候。右家督被仰付候御加増拝領仕候年号・御取次不承伝候。寛永十八年御検地弐割出之御加増拝領仕、同廿壱年八月十四日に六拾貫百文之御知行高被成下候。御黒印頂戴仕候。右馬丞儀慶安元年四月廿三日病死仕候。私十五歳に御座候て幼少に御座候故、右知行高之内三拾貫文にて跡式被立下候之旨、義山様御代慶安元年七月廿日古内主膳を以御仰付、御黒印頂戴仕候。私親右馬丞代柴田之内沼部村にて野谷地申請、開発仕候起目高四貫九百四拾三文之所右馬丞存生之内御知行高結不申候付、右馬丞相果申時分右起目之通被召上候付、右之所手前抱仕候て御年貢等差上罷在候。其以後右同所にて私野谷地申請開発仕候起目高弐貫九百九拾六文、并右抱新田起目四貫九百四拾三文之所も被指添被下置度旨訴訟申上候処に、願之通被成下弐口之新田高七貫九百三拾九文為御加増、寛文九年八月廿日柴田外記・古内志摩を以被下置候。本地合三拾七貫九百三拾九文被下置候。御黒印奉頂戴候。以上

延宝七年六月廿八日

4 富塚半兵衛

一 拙者舅富塚古半兵衛事

貞山様御代に被召出、御切米御扶持方被下置御奉公相勤罷在候。但御切米御扶持方之員数は不承伝候。御同代元和七年先富塚内蔵頭三迫之内石越村・若柳村にて野谷地弐百町被下置候所、寛永四年三月右内蔵頭病死仕、同子内蔵丞家督被仰付候節、右新田起目三拾貫文之内弐拾貫文は内蔵丞に被下置、残拾貫文は被預置候旨、寛永

五年三月五日馬場出雲を以被仰付候。然処義山様御代に罷成右拝領仕候起目弐拾貫文之所、内蔵丞弟右古半兵衛被下置度旨先古内主膳を以申上候得ば、願之通被仰付并被預置候起目拾貫文を右半兵衛に被下置、御切米御扶持方御知行に被直下、都合三拾四貫五百文之高に被成下候由承伝候。拙者事義山様御代に古半兵衛実子無之付養子に罷成、右半兵衛娘に拙者を取合聟名跡に仕度段申上、願之通被仰付候。然所に古半兵衛慶安弐年五月七日病死仕候付、同年七月古内主膳を以拙者無御相違家督被下置候。其後野谷地申請開発新田壱貫八百四文承応三年三月十二日致拝領候。御申次は致失念候。御当代に罷成寛文七年三月野谷地申請開発、新田六百七拾文寛文拾弐年九月廿九日古内志摩を以致拝領、都合御知行高三拾六貫九百七拾四文に御座候。以上

延宝五年三月廿日

5　真山清作

一　拙者親真山清作儀真山式部五男に御座候所に、貞山様御代元和弐年右清作十五歳之節より御小性組に被召出同三年御仕着被下置、江戸御国共相勤申由、同年正月十四日御扶持方三人分御加増被成下、寛永六年十一月十九日御切米弐両御加増被成下候。同七年御物置番役目被仰付、同拾年迄拾八年御奉公相勤申候所に、同年五月六日御知行弐拾貫文蟻坂丹波を以拝領仕、其節御直書も被下置于今所持仕候。右御仕着御扶持方御切米は其節被召上候由、

義山様御代同廿壱年惣御検地之砌弐割出目被下置、高弐拾四貫弐百文之御黒印致頂戴、其後野谷地拝領右新田起目拾弐貫八百九拾四文正保弐年十月廿八日被下置、都合三拾七貫九拾四文之御黒印致頂戴候。右御申次不承伝候。

親清作儀

貞山様・義山様へ四拾弐ヶ年御奉公申上候由、明暦元年四月廿日右清作於江戸病死仕、同年六月十日跡式無御相違拙者被下置旨、山口内記を以被仰付御黒印頂戴仕候。

御当代延宝元年十月廿九日知行所切添之地六百六拾三文大条監物を以被下置、当時知行高三拾七貫七百五拾文に御座候。拙者儀明暦三年より御国御番八ヶ年仕、寛文五年正月廿三日江戸御番組被仰付、当年迄拾三ヶ年江戸御国共弐拾壱年御奉公相勤申候。先祖之儀は同氏杢兵衛惣領筋目に御座候間可申上候。已上

延宝五年三月廿五日

6 斎藤道益

一 先道益儀出羽之内山形之者に御座候。

御東館様へ御奉公仕、御当地へ御移之時分御供罷越候処

貞山様より御知行五拾貫文被下置、

義山様御代迄御奉公相勤、寛永拾六年病死仕候。中道益儀豊島勘之丞四番目之弟御座候。先道益存生之内男子無御座に付、寛永拾四年聟苗跡に御前相済申候。先道益病死跡式被下置候砌被仰渡候は、

義山様御代に被為成弐度目之御下向之節、先道益病中に御座候所中途迄御迎に罷出儀不届被思召候由にて、御知行

弐拾貫文被召上三拾貫文にて跡式中道益被立下候。右年号・御申次不承伝候。寛永弐拾壱年に惣御検地弐割出被下置、三拾六貫百文之高罷成候由承伝候。拙者儀は中道益兄豊島杢之丞嫡子に御座候所、右道益養子に仕度段、綱宗様御代万治弐年申上御前相済申候。
御当代寛文元年五月中道益病死仕跡式無御相違拙者に被下置之旨、同年七月五日奥山大学を以被仰渡候。同六年知行所続にて野谷地申請、起目御竿入高壱貫六百拾五文之所、同拾弐年正月廿五日柴田中務を以被下置、都合三拾七貫七百拾五文之御黒印頂戴仕候。先祖之儀者然と覚不申候得共承伝之通書上申候。已上
　延宝五年三月十七日

7　真柳正右衛門

一　拙者継父真柳左兵衛先祖永井御譜代真柳対馬甥御座候。左兵衛幼少にて親相果対馬養育仕候所に、貞山様より先遠江守様へ被相付、予州へ被遣候に付、左兵衛幼少より
義山様御部屋御代御切米御扶持方被下置被召使、御取立を以寛永十七年に古内主膳を以御知行三拾貫文被下置候。
拙者実父先祖関東真壁道無一家家来、高久与惣左衛門次男高久正右衛門儀浪人にて御国へ罷下居申候所、
義山様御部屋御代拙者儀寛永九年に御仕着御扶持方被下置、御小性組に被召使数年御奉公相勤申候。然所寛永拾八年五月三日於江戸左兵衛相果申に付、同年七月十七日
義山様為御意、古内主膳を以御知行三拾貫文拙者に被下置、左兵衛苗跡被仰付候。寛永弐拾壱年弐割出御知行六貫文

義山様御代被下置候。万治三年知行所切添起目弐百七拾文
綱宗様御代奥山大学を以被下置候。
御当代延宝三年九月朔日知行切添起目壱貫四百弐拾三文被下置之由、柴田中務を以被仰渡、当時拙者知行高三拾七
貫六百九拾三文之御黒印頂戴仕候。以上
延宝五年正月十七日

8 庵原彦左衛門

一 拙者親同名了帰儀
貞山様御代元和五年十二月十五日於江戸に片倉小十郎を以被召出、則小十郎御番組被仰付、無足にて江戸御番仕候。

同九年正月廿四日中島監物を以御知行弐拾貫文拝領仕候。

義山様御代数年無懈怠御奉公申上候由にて、正保三年八月十八日古内主膳を以拾貫文御加増被成下、前廉《まえかど》右弐拾貫文之弐割出四貫文拝領三拾四貫文罷成候。且又苅田之内曲竹村にて野谷地之所寛文三年六月七日奥山大炊を以被下置、同六年十月十六日に御竿入、高弐貫百五拾六文に罷成、合三拾六貫百五拾六文に被成下候。御黒印同八年三月六日に御蔵にて頂戴仕候。

御当代寛文三年御小人奉行被仰付、元和五年より寛文九年迄五拾壱年無懈怠御奉公仕候。同年二月廿日隠居願之通被仰付、柴田外記を以拙者に継目被仰付候。同七月朔日江戸御番被仰付罷登、於江戸に同十年三月朔日柴田外記を以御足軽奉行被仰付候。将又延宝三年九月朔日に苅田之内曲竹村にて切添起目之所壱貫四百弐拾三文被下置之

由、柴田中務を以被仰付候。右合三拾七貫五百七拾九文之御黒印頂戴仕候。以上

延宝四年極月廿六日

9　南十右衛門

一 貞山様御代拙者親南惣左衛門御切米五両十人御扶持方被下置被召出候。御同代私兄南次郎吉、石田古将監を以御仕着にて御小性組に被召出候処、寛永十年奥山古大学を以御知行六拾貫文被下置候。同拾三年貞山様御他界之時分右次郎吉追腹之御供仕候付て、同年義山様御代に拙者に跡式被下置候砌、幼少に御座候由にて右知行高之内半分被召上、三拾貫文にて古内故主膳を以立被下候。同十四年拙者儀古内伊賀を以御小性組に被召出候。義山様御代弐割出之地六貫文被下置、寛文元年綱宗様御代切添起目壱貫四百拾五文御蔵にて御割奉行堀越甚兵衛・柳生権右衛門被申渡拝領仕候て、只今知行高都合三拾七貫四百拾五文之御黒印頂戴仕候。已上

延宝五年正月十三日

10　宮崎七兵衛

一 拙者先祖之儀

誰様御代誰を以被召出誰代に御知行被下置候哉不承伝候。拙者高祖父宮崎下総儀伊達御譜代御座候て、
輝宗様御代御奉公相勤申候。病死仕嫡子拙者曽祖父同苗正左衛門に家督被仰付
貞山様御代高麗御陣へも御供仕尤伏見も致御供御奉公相勤、於伏見病死仕候由承伝候。嫡子拙者祖父同苗主水家督
御知行高三拾弐貫五拾三文之所被下置、
御同代伊達より御当地へ御供仕大坂御陣へも致御供、其已後江戸御奉公相勤申由承伝候。然所
御同代御分領中御検地被相入候所、御竿高目に御座候て迷惑に御座候段、百性共訴訟申上候付て品々公儀へ申上、
追て御竿被相入右御知行高之内弐貫六百三拾九文寛永四年減目に罷成、残御知行高弐拾九貫四百拾四文被成下候
由承伝候。右主水病死仕候付て、嫡子拙者父同名七兵衛に家督被仰付、右御知行高之通無御相違被下置、従
貞山様御代義山様御代迄江戸御番相勤、其已後病人に罷成御国御番一両年仕候内、御本丸御小人頭被仰付三・四ヶ
年相勤申候。然処
義山様御代寛永年中惣御検地被相入候。弐割出致拝領、取合御知行高三拾五貫三百文に被成下候。親七兵衛病死仕
候付、家督願慶安三年三月古内故主膳を以申上候所に、願之通被成下、跡式御知行高三拾五貫三百文之所無御相
違拙者被下置旨、同年同月廿二日右同人を以被仰渡候。
御同代明暦四年に知行続野原新田山口内記・真山刑部を以被下置
綱宗様御代万治弐年春御検地入、壱貫九百九拾五文之起目其砌被下置候段仰渡無御座候内、同年秋知行所之内黒川
幕柳村七貫百八拾九文左兵衛殿御知行に罷成、右替地七貫弐百八拾六文被下置旨同年八月十三日御割頭堀越甚兵
衛・柳生権右衛門被申渡候。但此替地九拾七文過に御座候得共被下置由、右両人被申渡候。右新田壱貫九百九拾

五文并替地之過九拾七文と本高三口取合御知行高三拾七貫三百九拾弐文御黒印寛文元年霜月十六日之御日付にて頂戴仕候。於于今右御黒印之通三拾七貫三百九拾弐文之高に御座候。拙者儀病人に付て御国御番相勤罷有候所に、寛文八年より子共安左衛門江戸御番被仰付于今相勤申候。先祖段々家督被下置候年号・御申次不承伝候間書上不仕候。以上

延宝五年三月十六日

11　志茂十右衛門

一　拙者先祖御譜代之由承伝候得共、祖父より前之儀は不承伝候。祖父十右衛門儀貞山様御代御知行三拾貫百文被下置候。何時誰を以被下置候哉不承伝候。祖父病死仕同人嫡子私親十右衛門に家督無御相違被下置候。是又何時誰を以被下置候哉、未生已前に御座候故承知不仕候。義山様御代寛永十六年御弓頭被仰付候。同弐拾壱年惣御検地弐割出目共に御知行高三拾六貫百文被成下候。承応弐年四月十一日親十右衛門病死仕、同年六月廿一日古内故主膳を以跡式無御相違拙者に被下置、右御知行高御黒印奉頂戴候。引続御弓頭役目をも被仰付致勤仕候。寛文十年上伊沢永徳寺村にて野谷地拝領、新田起目八百四拾壱文延宝三年十一月廿三日に柴田中務を以被下置、都合御知行高三拾六貫九百四拾壱文被成下候。同年閏四月廿五日右同人を以御持弓頭御役目替被仰付候。右新田御黒印は于今頂戴不仕候。且又拙者仮名最前は下之一字用申候所、万治元年四月廿九日於御二之丸上田帯刀を以、従義山様難有御意之上、自今以後志茂之弐字を用可申由被仰付候。以上

延宝五年二月五日

12　平田長右衛門

一　拙者先祖平田佐渡儀会津浪人に御座候。貞山様御代被召出、御知行弐拾貫文被下置御町御足軽被預置御奉公仕、其後御納戸頭被仰付相勤申候所に佐渡病死仕、嫡子正兵衛跡式無御相違被下置候付、御国御判相勤申候。年罷寄隠居被仰付候砌、御扶持方六人分隠居分に其身一生被下置、跡職御知行高之通正兵衛嫡子斉蔵に無御相違被下置、御小性組御奉公仕候由承伝候。私実父荒木長右衛門最上浪人にて御国に罷在候処、義山様部屋住之刻、私兄荒木長右衛門儀被召出御切米三両三分銀七匁五分御扶持方四人分被下置、御小生組御奉公相勤罷在候所、右斉蔵男子無御座候付、義山様御代寛永十五年右長右衛門を聟苗跡に被成下度旨斉蔵願申上候処、願之通被成下旨古内故主膳を以被仰渡、長右衛門御切米三両三分銀七匁五分御扶持方四人分御知行被相直、両様取合弐拾四貫五百文之高に被成下候。義山様御代寛永弐拾壱年割出四貫文被下置弐拾八貫五百文之高被成下候。義山様御他界被遊候刻、古長右衛門殉死之御供仕候。子共持不申付拙者儀実弟に御座候間苗跡に被相立被下度由願申上候。拙者事は義山様御代被召出、御切米五両弐分銀拾匁御扶持方四人分被下置、定御供之御奉公仕候条、右御切米御扶持方御知行被相直、亡兄御知行に御取合三拾四貫弐百九拾五文之高被成下候旨、綱宗様御代万治元年閏十月十九日茂庭古周防を以被仰付候。
御当代知行続之内野谷地申請、切起御竿相入高三貫弐拾六文之所被下置之旨、寛文九年九月廿五日古内志摩を以被
仰渡、都合三拾七貫三百弐拾壱文之御黒印頂戴仕候。先祖之儀委細不存候得共承伝候通申上候。以上
延宝五年三月五日

13 名村長兵衛

一義山様御代私伯父名村金右衛門御知行高百貫文之内三拾貫文寛永廿壱年願申上、右金右衛門実弟私親名村忠右衛門
に分被下御奉公仕候。右御知行分被下候御申次等不承伝候。同年御検地出目六貫文被下置三拾六貫文に被成下被。
寛文三年六月十二日に親忠右衛門病死仕候付、右御知行高無御相違同四年正月廿一日柴田外記を以私被下置、御
黒印頂戴仕候。延宝三年九月朔日切添起目壱貫弐百六拾三文柴田中務を以被下置、御知行高三拾七貫弐百六拾三
文被成下候。先祖之儀は惣領筋目名村金右衛門可申上候。以上
延宝五年四月十四日

14 生江八右衛門

一私曽祖父生江縫殿丞儀会津家譜代に御座候て、同所之内生江と申所之城住居仕候由申伝を及承候。会津没落以後
御家中罷越候所、
貞山様御代慶長弐年奥山出羽を以被召出、御知行三拾七貫五百四拾六文被下置、其後願申上右御知行高之内十三貫

文次男同名十三郎に奥山出羽を以被分下候。年号不承伝候。縫殿丞儀元和六年に病死仕候付、跡式残高弐拾四貫五百四拾六文之所、嫡子八右衛門に無御相違右同年右出羽を以被下置候。八右衛門儀寛永十三年に病死仕候。私親甚九郎と申候て八右衛門嫡子に御座候所、先達病死仕候付、祖父八右衛門跡式私十四歳之時分、寛永十三年十月朔日右御知行高弐拾四貫五百四拾六文之所

義山様御代津田中豊前を以被下置御黒印致頂戴候。且又寛永弐拾壱年惣御検地之砌御家中並弐割出目四貫八百五拾四文被下置、合弐拾九貫四百文に被成下、御黒印同年八月十四日之御日付にて頂戴仕候。其以後野谷地新田致拝領開発之上、御竿相入弐貫五百八拾六文之所是又

義山様御代承応弐年閏六月十二日津田中豊前を以被下置、合三拾壱貫九百八拾六文被成下御黒印致頂戴候。其後私知行之内地付切添起目新田壱貫三百七拾八文之所被下置旨、

綱宗様御代万治三年二月十日富塚内蔵丞・茂庭中周防を以被仰渡、右高合三拾三貫三百六拾四文に被成下、御黒印は

御当代寛文元年十一月十六日之御日付にて致頂戴候。且又切添起目三貫八百五拾五文之所被下置之旨、延宝元年十月廿九日大条監物を以被仰渡、当時御知行高三拾七貫弐百拾九文に御座候。右切添起目被下置候御黒印は于今頂戴不仕候。以上

延宝五年三月十一日

15　武山利兵衛

一　拙者曽祖父武山出雲儀老体に罷成候付て、
貞山様御代隠居願申上、跡式御知行高之通実嫡子肥前被下置出雲儀隠居仕罷在候処、伊達河内殿御若年之内被相預
由
貞山様御意之上別て御知行三拾貫文被下置、河内殿へ被遣候。寛永七年出雲儀八拾歳にて病死仕候に付、出雲隠居
跡式三拾貫文之所、右肥前次男伝兵衛被下置度由申上候処に、無御相違拙者実父伝兵衛被下置由承伝候。継目等
は誰を以被仰付候哉相知不申候。且又
義山様御代御領内惣検地以後弐割出目四貫六百文之所被下置、寛永弐拾壱年八月十四日御日付にて三拾四貫六百文
被成下候。御黒印所持仕候。本知三拾貫文に御座候処、何様之品を以弐割出目不足に被下置候哉其段相知不申候。
寛永十九年野谷新田申請、起目高弐貫五百三拾弐文之所被下置、右本地取合三拾七貫百三拾弐文之高に被成下由、
慶安弐年極月十日之御日付にて御黒印被下置所持仕候。拙者幼少之時分に御座候て、誰を以右之通知行高被成下
候哉承伝無御座候。右伝兵衛儀、
義山様御代明暦弐年四拾七歳にて病死仕候。同年霜月廿五日成田木工を以、伝兵衛跡式御知行高三拾七貫百三拾弐
文之所無御相違拙者に被下置、御黒印頂戴所持仕候。拙者先祖之儀は武山兵左衛門方より委細可申上候。以上
延宝七年六月十八日

16　久住弥市衛門

一　拙者儀先年加藤左馬助所罷在、左馬助死去已後浪人仕に付、野瀬小十郎殿より古内先主膳所へ御添状を以御当地

へ罷下申候刻、

義山様御耳右主膳相立申候所、正保三年三月廿日に主膳を以被召出、同月廿四日に御知行三拾貫文被下置、同年六月廿三日御黒印奉頂戴候。然処拙者儀男子無御座候付、佐々伊賀実弟半兵衛聟苗跡申合候節、伊賀知行高之内弐拾貫文拙者方へ持参為仕度由伊賀願申上候得ば、願之通被仰付、拙者には御加増弐拾貫文被下置由、寛文元年奥山大炊を以被仰付、同年四月廿三日御黒印奉頂戴、知行高五拾貫文に被成下候所、右半兵衛病死仕候付て、弐拾貫文之知行指上申度旨先茂庭周防を以申上候得ば、先達以御吟味被下置候知行に候間所務可仕由、富塚内蔵丞被申渡候条、御意次第に仕罷在候。右知行之内大窪村に先年割被下候除屋敷共に拝領仕候所に、御用地に被召上為御替地深谷之内大手沢粟野長兵衛上地本知行屋敷場居藪林共に御座候付、絵図仕指上拝領仕度由願申上候得ば、願之通被下置、八・九年抱置申候所、右之居藪林谷合給人百性破申付籠舎被仰付御過料を以籠舎御免被成下罷出候。已後右いぐね林御書付拙者拝領不仕罷在候由承候間、御穿鑿被成下候様にと百性共申上候付、拙者に御尋被遊候上、右大手沢屋敷場藪林御書付拝領不仕候不届に被召置、彼地十弐貫九百九拾八文延宝二年三月六日に被召上、当時知行高三拾七貫弐文に御座候。以上

延宝七年八月三日

待衆

御知行被下置御牒（十二）

三拾六貫九百六拾九文より三拾六貫弐拾弐文迄

1　松坂五郎次郎

一　拙者祖父松坂次郎衛門儀松坂古日向三男に御座候処、貞山様御代慶長八年二月御歩小性組に茂庭石見を以被召出、御切米壱両五人御扶持方被下置御奉公仕候所に、元和年中御買野谷地申請、自分取立を以開発仕、御知行高六貫文拝領仕候由承伝候。誰を以被下置候哉、年号共不奉存候。右日向儀隠居分御知行高弐拾貫文被下置、御領内御金代方取納御用被仰付御奉公仕候内、御買野谷地申受自分取立を以開発仕、高七貫文所寛永六年八月茂庭佐月を以被下置、本地取合弐拾七貫文被成下候。日向儀同年九月病死仕候。右御知行之内拾七貫文三男同名次郎衛門に被下置度之由、日向存生之内願置申に付、親類共右之旨貞山様へ茂庭佐月を以申上候処、同年霜月願之通右次郎衛門に被下置候。御切米壱両御扶持方五人分御知行に被直下、高弐拾六貫五百三拾九文に被成下之由承伝仕候。次郎衛門儀御歩小性被召出、其後御右筆御用・御腰物役、其以後御郡代役段々被仰付御奉公相勤申候所、寛永十七年八月十二日病死仕、跡式無御相違義山様御代同十八年六月廿六日茂庭佐月を以親同氏喜兵衛被下置候。寛永弐十壱年惣御検地之砌弐割出拝領仕、高三拾弐貫六百文に被成下御黒印奉頂戴候。弐割出高何程に御座候哉不承伝候。右喜兵衛儀寛文五年三月廿七日病死仕、跡式無御相違三拾弐貫六百文之所茂庭古周防を以拙者に被下置之旨、同年七月八日被仰渡御黒印奉頂戴候。且又地付切添之地四貫三百六拾九文之所延宝元年十月廿九日大条監物を以被下置、都合三拾六貫九百六拾九文被成下候。右切添之地被下置候御下書所持仕候。先祖之儀松坂甚左衛門惣領筋目御座候間委細可申上候。以上

延宝七年二月廿六日

2　南平兵衛

一　拙者曽祖父南右馬丞上杉景勝へ奉公仕候処、慶長五年白石御陣之節右右馬丞・登坂式部籠城仕候所落城可仕砌、石川大和殿片倉小十郎方より城明渡候はば身命御相違有之間敷候。謀計にも無之由右之衆貞山様御意候旨、神文を以右式部・右馬丞方へ被申越候付て御味方仕、白石落城仕候付其後右馬丞被召出、御知行三拾貫文被下置御奉公仕候。右神文は登坂権右衛門所持仕候。其後致病死苗跡無御相違嫡子祖父茂左衛門に被下置豫州御郡司役被仰付相勤、其已後病死仕苗跡無御相違嫡子私親久蔵に被下置候。寛永弐拾壱年八月十四日之御黒印親休蔵頂戴仕候。惣御検地弐割出目被下置三拾六貫文被成下、且又祖父茂左衛門代野谷地申受、開発高三百文被下置、都合三十六貫三百文被成下、親久蔵改名を茂左衛門に罷成、品川様御部屋へ被相付、江戸表御番相勤申候所、慶安三年病死仕拙者四歳に罷成候故、十五歳罷成候はば知行相渡

可申由にて、

義山様御代松崎十太夫御番代被仰付候。寛文弐年之春十太夫申上候は、拙者知行高之通被返下候様に訴状指上申候所、右知行高之内弐拾貫文拙者被下置候。十六貫三百文は十太夫に被下置候。然所に右本地之通無御相違拙者被下置度旨十太夫追訴申上候付、寛文四年二月十四日原田甲斐を以十六貫三百文之所被返下、都合三拾六貫三百文本地之通被成下候。拙者先祖より親代迄之儀私四歳之時親相果申付て右之外委細之儀不承伝候。三拾六貫三百文之御黒印奉頂戴候。且又延宝五年二月十日知行地続開発之新田六百弐拾三文柴田中務を以被下置、当時拙者知行高三拾六貫九百弐拾三文御座候。右新田知行高被成下候御黒印は未頂戴仕候。已上

延宝七年二月廿八日

3　瀬戸川卯之助

一　拙者祖父瀬戸川杢助於仙道武功有之段被聞食、従

貞山様御知行四貫文余被下置被召出之由申伝候。杢助儀実子就無之、堀江伊勢次男拙者親甚之丞由緒御座候条家督被成下度段申上候所、願之通被仰付、甚之丞儀は

義山様御小性に被召出、別て御切米拾三切銀五匁四人御扶持方被下置、父子共御奉公相勤候由承伝候。寛永拾壱年十二月十三日右杢助病死跡式無御相違甚之丞被下置、并甚之丞儀神妙御奉公相勤候段以仰立、御小性組御合力御知行に被直下之旨被仰渡、寛永年中惣御検地弐割出共六貫八百文被成下、御黒印奉所持候。同弐拾壱年野谷地拝領開発之新田弐拾七貫百六拾三文、本地合三拾三貫九百七拾弐文に被成下之段、正保弐年以故古内主膳被仰渡、

御黒印所持仕候。右御小性組御合力御知行被直下候節、御切米計相直御扶持方は相直不申候付て、其品申上候所、追て壱貫八百文之所以右主膳被直下、且又明暦弐年切添之地壱貫百拾弐文拝領、都合三拾六貫八百八十四文被成下候御黒印所持仕候。延宝三年八月廿八日右甚之丞病死跡式無御相違拙者に被下置之段、同年十二月廿六日以小梁川修理被仰渡候。右段々年号・御申次等拙者若年故分明不承置候条委細不申上候。已上

延宝五年三月朔日

4 木幡又右衛門

一 拙者養祖父木幡杢助儀相馬より罷越、貞山様御代被召出、御知行三拾貫文被下置御奉公相勤、江州御郡司被仰付数年相勤、寛永三年五月廿六日於京都病死仕、嫡子拙者養父又右衛門に無御相違家督被仰付、先祖何様之品を以被召出御知行拝領仕候哉、家督相続仕年号・御申次共不承伝候。右又右衛門儀貞山様御代江戸御番仕候内、御丹薬等被預置候御用相勤、義山様御代寛永年中惣御検地之刻弐割出被下置、三拾六貫七百文被成下候。竜ヶ崎郡司被仰付十八ヶ年相勤、引続御国御作事奉行十ヶ年余相勤、右御役目御免被成下、御国御番相勤、寛文八年二月四日病死仕候。跡式無御相違拙者被下置旨同年四月古内志摩を以被仰付候。私儀佐藤右衛門実弟に御座候所に、又右衛門儀男子無御座候付て聟苗跡に御座候。引続茂庭大蔵御番組虎之間御番相勤申候所に、江戸御番被仰付六ヶ年相勤、其以後御足軽奉行被仰付壱ヶ年半相勤、引続延宝四年十月御近習御目付被仰付候。今以拙者知行高三十六貫七百文に御座候。以上

延宝七年七月廿一日

5 永田市之助

一　拙者祖父永田十兵衛元和九年之御上洛
貞山様御帰府之刻相模之内戸塚にて、
貞山様へ懸御目候所、御扈従に可被召抱由御意にて中途にて被召出、御知行弐拾弐貫六百文被下置御奉公相勤申候。
右知行誰を以拝領仕候哉申伝無御座候。其以後御加増五貫文蟻坂丹波を以被下置候。右御知行拝領之年月申伝無
御座候。寛永十壱年之御上洛に京都にて御加増三貫文御直に被下置、三十貫六百文に被成下候。
貞山様御遠行迄御入小性に被召使候。
義山様御代に弐割出被下置候て、寛永弐拾壱年に御知行高三拾六貫七百文に被成下、御黒印祖父十兵衛頂戴仕候。
義山様御代に江戸御留守居番相勤申候所、明暦三年病気に罷成候付隠居仕、嫡子私親十兵衛に御奉公被仰付被下度
由、
義山様へ奉願候得ば、願之通被仰付、家督十兵衛に被下置旨、同年霜月奥山大炊を以被仰出候。万治元年正月祖父
十兵衛は病死仕候。引続親十兵衛江戸御番
御当代迄相勤申候所、寛文九年正月廿九日に病死仕候。親跡式無御相違拙者に被下置旨、同年五月十三日に古内志
摩を以被仰渡、御黒印奉頂戴候。親十兵衛存生之内野谷地新田拝領仕、私伯父同苗三郎兵衛に為取御奉公為仕度
存入にて新田申立候内親相果申付、右野谷地拙者開発仕、延宝三年に御検地被相入六貫九百弐拾六文之高罷成候。

右新田高亡父如願之同名三郎兵衛被下度由拙者願上候付、願之通に右三郎兵衛に被下置旨、延宝五年二月十日に
柴田中務を以被仰渡、右新田高三郎兵衛拝領仕候。以上
延宝五年四月六日

6　郡山七左衛門

一　私先祖仙道安積之内郡山之城主伊東摂津守と申者之次男郡山善五郎と申者之末御座候。天正年中佐竹義重・会津義広安積郡郡山表に御対陣之節右善五郎兄郡山太郎衛門籠城仕、
貞山様御味方之働仕候由承伝候。其節郡山善五郎儀八十八歳に罷成候。右太郎衛門同前に郡山に籠城付候所、佐竹衆陣場廻之処善五郎押懸候て誠内上総と申馬上壱騎討取
貞山様御陣場へ首捧申候所、則御実検被仰付候由承伝候。右善五郎儀仙道安積郡川田之地領納仕候。仙道乱之時従
貞山様御弓矢御本意被遊候はば川田之地一宇可被下置由、御文証右善五郎被下置候。其後出羽長井庄にて御知行十四貫弐百文被下置御奉公仕候。右御文証同性十兵衛所持仕候。従
貞山様郡山太郎衛門に被下置候御自筆之御書、摂津守善五郎にも御加筆被遊候御書于今所持仕候。
貞山様大崎へ御移岩出山に被成御座候時分、兄郡山太郎衛門同前に御目見仕候所、黒川郡大松沢村にて八貫文被下置御下中に罷在候。年号・御申次は、相知不申候。其御知行于今拝領仕候。善五郎男子持不申候付弟豊後は其比隼人と申
義山様御部屋住之時分、於江戸虎之間衆に被召使候所、善五郎家督に申上、則被相下兄善五郎跡式被下置、

貞山様にて被召使候由申伝候。御申次幷年号覚不申候。拙者儀は郡山太郎衛門嫡子久次郎と申者之三男に御座候処、寛永十五年茂庭佐月を以御切米壱分判拾切御扶持方五人分被下置御奉公仕候。郡山豊後儀寛永十三年に古内故主膳を以御加増拝領仕三十貫文高に被成下、御足軽頭被仰付候。且又御下中惣御検地被相入候時分、弐割出目六貫文寛永十九年被下置、三十六貫文に罷成候。右豊後儀正保弐年御郡司被仰付、嫡子隼人儀は御足軽頭に被成置、父子御奉公相勤申内隼人儀同年五月於江戸病死仕候。同年に遠田郡二郷村にて野谷地弐拾町歩右主膳を以被下置候。然所に豊後男子無之に付、慶安四年に拙者を家督被成下度旨、

義山様御代右主膳を以申上、願之通被成下、御足軽頭之番代承応三年迄四ヶ年相勤候所、

義山様御下向之時分名取郡南長谷寺へ御迎に罷出候処、拙者を御足軽頭に被仰付旨御直に被成御意難有奉存候。右遠田郡にて拝領仕候新田開発仕、明暦三年霜月廿五日右主膳を以拾九貫百七十七文被下置候。右養父豊後に被下置候御知行本地新田取合五拾五貫百七拾七文之高被成下候内、三拾五貫文は拙者に、弐拾貫百七拾七文は孫聟同性十兵衛豊後と後分被下度段右主膳を以

義山様へ願申上候所に、願之通可被成下由被仰付候。万治三年五月右豊後病死仕候に付、

綱宗様御代後之主膳を以豊後跡式先年

義山様へ願上御前相済候通申上候所に、無御相違拙者に三十五貫文、同性十兵衛に弐拾貫百七拾七文同年二月被下置、直々拙者に御足軽頭被仰付候。右被下置候知行所地続にて新田被下置度旨、和田半之助・田村図書を以申上被下置、寛文九年御竿入高壱貫六百五拾五文同十壱年五月八日古内志摩を以拝領仕候。御黒印は于今頂戴不仕候。本地三十五貫文之御黒印は所持仕候。本地新田取合三十六貫六百五拾五文拝領仕候。以上

延宝七年八月四日

7 森儀兵衛

一誰様御代拙者先祖誰を初て被召出候哉、曽祖父已前之儀不承伝候。曽祖父同氏土佐儀貞山様御代御知行百貫文被下置御奉公仕候由申伝候。右御知行土佐以前より被下成候哉、又土佐代に御加増等拝領仕、右之御知行高被成下候哉不承伝候。土佐儀男子持不申候付、右土佐弟上郡山内匠子共九右衛門を名跡に被相立、跡式知行高百貫文内五拾貫文を以苗跡被仰付由承伝候。右土佐隠居願申上名跡被仰付候哉、何様之品を以跡式御減少被成下候哉、勿論年号・御取次不承伝候。然所右内匠苗跡相立可申子共無御座候付、右九右衛門を内匠苗跡に被仰付候由、依之右土佐聟先山路藤兵衛次男杢右衛門、土佐苗跡に親類共願申上候哉、
義山様御代古内主膳を以知行高五拾貫文内三十貫文を以拙父同氏杢衛門に立被下置候。年号は不承伝候。
御同代寛永年中惣御検地之節弐割出目共三十六貫六百文被成下候。右弐割出何様之品を以六百文過上被下置候哉不承伝候。然所に父杢衛門儀寛文五年十二月病死仕候付、跡式無御相違拙者被下置旨、同六年三月柴田外記を以被仰渡、当時知行高三拾六貫六百文之御黒印奉頂戴候。以上

延宝七年十二月十八日

8 後藤五郎兵衛

一　拙者祖父後藤五郎兵衛儀後藤肥前次男に御座候。

義山様御部屋住之節津田故豊前を以被召出、御切米三両四人御扶持方被下置、其後御切米七両御加増被下置、本御切米取合拾両四人御扶持方に被成下候。御申次右豊前に御座候年号は不承伝候。右五郎兵衛、寛永拾弐年四月九日に病死仕候砌、津田故豊前を以願申上候は、男子持不申候間、後藤上野次男同氏清兵衛甥御座候間、跡式に被相立被下置度由願申上候付、右清兵衛に御切米拾両四人御扶持方願之通被下置旨、津田豊前を以被仰渡候。

義山様御代要山様へ後藤上野被相付、江戸定詰仕候。正保元年四月五日致病死候砌、上野知行高之内弐拾貫文拙者親清兵衛に被分下、右御切米御扶持方御積を以御知行に被直下、馬上役にて御奉公仕候様に、古内故主膳を以願申上候得ば願之通被成下、江刺郡三照村右上野知行高之内弐拾貫文高城之郡南宮村にて御切米御扶持方十貫文之御積に直被下、取合三拾貫文正保元年三月願之通被成下旨右主膳を以被仰渡候。

御同代江刺郡内三照村古内故主膳畑新田拝領申に付、諸給人何茂五割出目被下置候付て、拙者知行畑之内田に罷成候分五割出目五貫百五拾八文右主膳を以、万治元年四月十七日に被下置候。本地高合三拾五貫百五拾八文被成下候。拙者親清兵衛儀寛文弐年十月十八日に病死仕候付、伯父天童内記・後藤大隅両人願遠藤山城を以申上候処、願之通拙者に家督無御相違被下置候段、同年十二月廿五日右山城を以被仰渡候。

御当代拙者伯父後藤大隅知行之内黒川郡小野村新田壱貫三百五拾弐文拙者に被分下度由願申上候処、願之通寛文七年十月十五日に古内志摩を以被分下置、本地高取合三十六貫五百拾文被成下御黒印頂戴仕候。以上

延宝七年十一月十九日

9　平　庄助

一 拙者先祖伊達御譜代御知行高之儀は不承伝候。高祖父平美濃御知行高五貫文被下置、美濃嫡子同名治部に御知行高弐拾貫文被下置、父子共に御奉公

貞山様御時白石・福島・梁川・本宮・郡山・須賀川・若松所々御合戦勤功仕、治部儀高麗御陣御供迄被仰付、勘解由と改名御帰陣以後病死実子無之付、勘解由弟拙者曾祖父同名新九郎儀所々軍功之上

貞山様へ数度御目見仕候付て、家督申立候所に、右御知行高弐拾貫文之内拾貫文新九郎に被下置苗跡被仰付、残十貫文は被召上候旨津田民部を以被仰渡由、年月之儀は不承置候。且又右美濃被下置御知行五貫文は美濃死去家督無之付て被召上候。新九郎儀図書と改名、大坂初度之御陣に嫡子拙者祖父庄吉召連罷登、於宇治御旅舘御召替之御鎧御馬道具幷御金五拾切拝領之同於喜次御陣所、御長柄之衆百人黒沢久七右図書に被指預御供被仰付候所、大坂御陣就御和談庄吉儀は仙台へ罷下、右図書儀は伊達遠江守様予州御拝領御入部に付て、御長柄之衆共為御加勢被遣、翌年春京師帰着後之大坂御陣就出来、彼地逗留、庄吉儀は従仙台罷登於和州、図書出合、五月六日御合戦物別之所へ参合、同七日朝茶臼山真田左衛門出城より敵三騎掛出弐騎は引返、残壱騎図書に渡合申候所、図書物付庄吉に指図仕に付て庄吉討捕之、同所にて敵壱人図書討捕、御長柄之衆四人にて敵四人討之、正吉儀は討捕候敵之馬に乗、父子馬上にて御長柄之衆四人同道首六つ一同に

貞山様奉入御実検候。依之御帰陣之節右戦忠之仰立を以御加増十貫文図書に被下置弐拾貫文に被成下、御鉄炮之衆百人笠原内記右図書に被指預候。御申次之儀は忘却仕候。勿論曾祖父拝領之御鎧は于今所持仕候。図書儀寛永七年五月三日病死、跡式無御相違嫡子庄吉に被下置、改名正助に罷成候。

義山様御時同十三年御足軽頭被仰付、図書と改名同十四年正月右大坂御陣父子勤功之以御意、拾貫文御加恩三十貫

文被成下之旨、津田古豊前・古内故主膳を以被仰渡、同年中惣御検地弐割出被下置三十六貫文之高被成下候。御当代寛文三年七月廿八日図書隠居被仰付法躰土休と改名、家督無御相違嫡子拙者親同苗正助に被下置旨柴田外記を以被仰渡江戸大御番組相勤、寛文八年御足軽頭被仰付図書と改名、寛文十三年二月廿九日図書病死跡式無御相違私に被下置之旨、同年六月九日に小梁川修理を以被仰渡、延宝三年九月朔日に切添四百四拾八文之所御知行高被成下旨柴田中務を以被仰渡、三十六貫四百四拾八文之高被成下候。右之通祖父土休残命之節申聞候趣如此に御座候。以上

延宝七年六月十八日

10　別所孫三郎

一　拙者親同氏蔵人儀大坂浪人に御座候所、元和九年貞山様御代於江戸、森九郎左衛門殿・岡田太郎衛門殿御両人之仰立を以御小性組に被召出、御知行三十貫文之御積に御足目を以被下置御奉公相勤申由承伝候。何時地形に直被下候哉不奉存候。義山様御代寛永弐拾壱年御検地之弐割出目を以三十六貫文に被成下、御黒印頂戴仕候。御当代東山鳥海村にて新田起目四百十四文拝領仕、取合三十六貫四百拾四文被下置、御黒印寛文元年十一月十六日奉頂戴候。右新田誰を以被下置候哉、若年之時分にて不奉存候。右蔵人寛文九年十月十三日病死跡式無御相違拙者被下置之旨、原田甲斐を以寛文十年二月廿三日被仰付候。右同日御黒印奉頂戴候。以上

延宝五年二月十七日

11 村上清兵衛

一 拙者養父村上清兵衛儀実父村上三郎左衛門には従弟聟に御座候。右三郎左衛門被召使候御首尾を以、貞山様御代被召出佐々若狭を以御知行三十貫三百七十壱文被下置、御奉公仕候由承伝候。右年号等相知不申候。義山様御代御検地相通申節弐割出被下置、三十六貫四百文之高被成下候。拙者儀村上三郎左衛門次男に御座候。右清兵衛養子仕度由義山様へ前古内主膳を以申上、御前相済家督被仰付候。養父清兵衛儀正保四年四月廿日病死仕、同年跡式無御相違右主膳を以拙者被下置、御知行高三十六貫四百文に御座候。以上

延宝四年十二月廿一日

12 大立目与兵衛

一 拙者先祖大立目隼人一類御座候。拙者曽祖父大立目駿河と申者、伊貢郡藤田村御知行所持住居仕候由、誰様御代被召出御知行被下候哉、曽祖父已前之儀不奉存候。然所右駿河儀如何様之品に御座候哉浪人仕候由申伝候。御知行高之儀も不承伝、殊拙者未生以前之儀御座候故様子分明承知不仕候。然所貞山様御代先大立目与兵衛、与次郎と申時分御扶持方御切米被下置被召出、貞山様大坂へ被遊御詰候内、右与兵衛儀自分馬上にて御奉公申上度由奉願、大坂中馬上にて相勤申由大坂より被遊御帰候節、奇特に被思食之旨以御諚、箱根にて御知行弐拾貫文被下置之由、右御知行何年に被下置候哉、御申次等も不奉存候。其以後

貞山様御代新田拝領仕、其上弐割出共都合三十六貫四百文之高被成下候由申伝候。年号・御申次新田高共に承知不仕候。右新田野谷地にて拝領仕候哉、又起目之所にて被下置候哉不承伝候。右与兵衛元来被下置候御扶持方御切米之高覚不申候。右御扶持方御切米被召上候哉不奉存候。且又与兵衛家督大立目権吉儀病死仕候付、筋目を以右権吉嫡子拙者勘十郎と申時分家督仕度由、
義山様御代奉願、忰より御小性御奉公仕、承応弐年右与兵衛隠居奉願候所、無御相違三十六貫四百文拙者に被下置之旨、同年極月廿日古内故主膳・山口内記を以被仰付、御黒印頂戴仕候。拙者儀明暦三年与兵衛と改名被仰付候。
以上

延宝五年六月十日

13　小川八郎左衛門

一　拙者祖父小川覚兵衛美濃浪人に御座候所、
貞山様御代被召抱、御知行三拾貫文被下置、御近習御奉公被仰付由御座候。何様之品を以被召抱何年に誰を以右知行被下置候哉不承伝候。然所父縫殿丞六歳罷成候節覚兵衛病死仕候付、慶長弐拾年奥山出羽を以被仰付候は、幼少に候間三拾貫文之内五貫文扶持方分被下置候。弐拾五貫文は被召上候。成長仕御奉公相勤申候はば返可被下由、御意之旨被申渡候。父縫殿丞十五歳より御奉公致勤仕、十九歳に罷成候節右御知行被召上候砌、被仰渡候御意之趣追て
御同代に御訴訟申上候得は寛永五年に十五貫文返被下置、弐拾貫文之高被成下候。誰を以被下置候哉御申次は不承

伝候。寛永十九年惣御検地弐割出目被下置、弐拾四貫六百文罷成候。

義山様御代父縫殿丞小進にて年久御奉公無懈怠相勤神妙に被思食候由、正保弐年三月朔日古内主膳を以被仰渡、御

加増十貫文被下置三拾四貫六百文に被成下候。

御同代承応四年野谷地申請自分開発之高六貫七百三拾文、明暦四年五月三日に山口内記を以被下置、都合四拾壱貫

三百三拾文に被成下候。

御当代寛文十三年五月父縫殿丞隠居之願申上候処、願之通被仰付、拙者右御知行高無御相違同年七月廿二日於江戸

大條監物を以被下置、延宝弐年右御知行高之内実弟山家喜兵衛に五貫文分被下置候様に奉願候処に、願之通延宝

弐年六月廿九日に大条監物を以被仰付、拙者知行高三拾六貫三百三拾文に御座候。以上

延宝七年四月二日

14 斑目十左衛門

一 拙者先祖代々白川譜代之者に御座候。然所大閤様御代に罷成白川領地改易被仰付、白川殿浪人に付て、拙者曽祖

父斑目信濃

貞山様御代に被召出御知行弐拾貫文被下置、御奉公仕候由承伝申候。右信濃病死仕候付て、拙者祖父斑目太郎左衛

門右信濃跡式右知行高之通被下置候。誰御申次にて御座候哉承伝不申候。其已後右太郎左衛門に十貫文御加増被

下置候。如何様之品にて何年に誰を以被下置候哉不承伝候。本知行合三十貫文に被成下、

義山様御部屋住之節より被相付御奉公相勤申候。

義山様御代始に御足軽奉行被仰付候。右太郎左衛門寛永拾九年八月五日に病死仕候付、拙者親太郎左衛門其比は正九郎と申候。右太郎左衛門跡式右知行高之通同年十月古内主膳を以右正九郎に被下置候。御同代に惣御検地被相入候時分知行弐割出目拝領仕、三拾六貫三百文被成下、寛永弐拾壱年八月十四日に御黒印頂戴仕候。其以後要山様へ被相付御奉公仕候。要山様御遠行以後御国御番仕候。其後病人に罷成候付て、明暦三年より拙者御番代罷出御国御番等之御奉公相勤申候。寛文八年七月廿八日より江戸御番拙者に被仰付候。右太郎左衛門延宝四年四月廿四日に病死仕候付て、同年九月六日に右知行高之通小梁川修理を以拙者に被下置候。拙者儀当年迄江戸御国共弐拾ヶ年御奉公相勤申候。拙者曽祖父祖父代之儀は委細承伝不申候間、有増に申上候。以上

延宝五年四月八日

15　氏家養安

一義山様御代拙者親氏家紹安津田故豊前を以被召出、御切米御扶持方被下置、其後寛永弐拾壱年御知行弐拾四貫百文被下置、正保四年為御加増六貫文被下置、承応三年為御加増六貫弐百文被下置、都合三十六貫三百文之所、寛文十壱年紹安隠居之願申上、跡式無御相違拙者被下置之旨、同年八月廿三日松前八之助を以被仰渡候。以上

延宝五年二月廿三日

16　大松沢平七

一　拙者曽祖父大松沢壱岐儀大松沢八郎左衛門祖父左衛門弟に御座候。右壱岐儀病人にて御奉公不仕罷在候所に、嫡

子十兵衛

貞山様御代御歩小性に被召使候。誰を以被召出進退何程被下置候哉不承伝候。其後御歩小性組被相除御国御番被仰付、

御同代新田被下置、弐十九貫文知行高に被成下候。右新田起目にて被下置候哉、且又野谷地にて拝領仕候哉、勿論年号・御申次等不承伝候。右十兵衛儀男子無之付て、富塚内蔵丞弟拙者親同氏半七聟苗跡に被成下度由申上候所、願之通十兵衛隠居跡弐半七に被下置候旨、寛永十八年山口内記を以被仰付候。其以後野谷地致拝領起高四貫弐百七拾九文、明暦弐年右内記を以被下、本地取合三十三貫弐百七拾九文被成下候。

御当代寛文弐年四月七日右半七病死仕、家督無御相違拙者に被下置之旨、同年六月三日茂庭古周防を以被仰渡候。且又野谷地致拝領起目弐貫八百三十六文、延宝三年八月於江戸小梁川修理を以被下置、知行高都合三十六貫百十五文被成下候。先祖之儀同氏八郎左衛門委細可申上候。以上

延宝五年正月廿八日

17 青木伊右衛門

一 拙者先祖伊達御譜代之由に御座候。

誰様御代先祖誰を以被召出候哉其段は不承伝候。高祖父青木掃部左衛門儀男子無御座候付、内馬場八郎衛門を聟苗跡に被仰付之旨、天文廿四年卯月十六日御日付にて、

晴宗様より右掃部左衛門娘に被下置候御判物壱通、其外

御同人様より右八郎右衛門に御知行被下置候天文年中之御判物弐通于今所持仕候。其節拝領之御知行高は御判物御紙面に相知不申候。祖父同氏下野に従

貞山様被下置候天正年中之御朱印三通所持仕候。是又御知行高然と相知不申候。尤段々家督被仰付候年号・御申次不承伝候。然所

貞山様御代右下野儀御知行高三拾貫文にて御給主頭被仰付相勤申候由御座候所、寛永十壱年病死仕候付、拙父同氏下野に跡式無御相違被下置、右御役目引続被仰付之旨奥山古大学を以被仰渡候。年号不承伝候。

義山様御代惣御検地之砌、弐割出共三十六貫弐百文之高被成下、寛永弐拾壱年八月十四日之御黒印親下野頂戴仕候。明暦弐年閏四月野谷地拝領起目御竿入高四百弐拾五文之所、御知行高へ被相加被下置候。右新田起目貫高被成下候年号・御申次不承伝候。同三年十月野谷地申請、起目御竿入高弐貫五百八拾六文之所被下、都合三拾九貫弐百拾壱文之高被成下候。是又年号・御申次不承伝候。寛文元年十一月十六日御日付にて右高之通

御当代之御黒印親下野頂戴所持仕候。拙者儀浅川主膳実三男に御座候て無進退にて罷在候所、明暦弐年鹿野吉右衛門養子に罷成、寛文三年に右吉右衛門病死仕候付、跡式御切米六切御扶持方五人分無御相違同年拙者に被下置候。然所下野嫡子伊右衛門儀同年正月病死仕実子無御座候付、拙者儀は右下野妻弟に御座候故、同年九月四日下野養子に仕度段、富塚内蔵丞を以願相出申候。其節申上候は、鹿野苗跡には小島作兵衛と申者右吉右衛門遠親類に御座候条、拙者跡式御切米六切五人御扶持方右作兵衛に被下置、鹿野苗跡相続仕候様に被成下度奉存候。若左様に不罷成候はゞ下野知行高之内にて、右御切米御扶持方応分渡、鹿野苗跡相立申度段申上候所、同四年二月九日右内蔵丞を以被仰付候は、鹿野苗跡附来候御切米御扶持方は被召上候間、下野知行高之内三貫百七文之所右作兵衛

に分渡、鹿野苗跡相立拙者儀は下野養子被仰付之旨被仰渡候。残る下野知行高三拾六貫百四文之御黒印頂戴仕候。養父下野儀年罷寄候付、延宝弐年四月十四日に隠居之願指出申候所、同年如願隠居被仰付、跡式無御相違拙者被下置旨、以大條監物被仰渡、当時三拾六貫百四文拝領仕候。御黒印于今頂戴不仕候。以上

延宝五年四月三日

18 大石孫右衛門

一 拙者先祖伊達御譜代之由承伝候得共、誰様御代誰を被召出候哉不奉存候。大石主水伊達之内東根大石村に住居仕候由承伝候。主水実子大石佐渡拙者高祖父右佐渡実子主計同所住居仕候。主計実子大石長門御知行百貫文にて御奉公仕候由承伝候。先祖高祖父御知行高不奉存候。右長門儀

輝宗様・貞山様へ御奉公仕、高麗御陣へも母衣掛御供仕候由承伝候。母衣于今所持仕候。其後伏見御供仕候由承伝候。右大石長門嫡子主計次男清蔵弐人持申候所、白石御陣父子三人御供仕、子共弐人討死仕候由承伝候。高麗御陣其外所々御陣へ御供仕伏見に長詰仕進退困窮故、拝借金大分仕候に付、御知行被召上無足にて罷在御奉公不仕候所、片倉古備中姪聟に御座候付、御訴訟申上四拾貫文古備中を以被下置、御奉公仕候。年号不奉存候。大石長門家督之子所持不仕候付、長門弟岸兵部子共孫六を家督に仕度旨、

貞山様へ片倉故備中を以願申上候所、願之通被仰付候由申伝候。年号不承伝候。右兵部事は、出羽之内田川郡に罷在候者に御座候。右長門弟に大石清助子新太郎と申者、長門進退四拾貫文之内拾貫文被下置候様にと、片倉古備

中・中島監物を以於京都申上候所、願之通被成下候。年号不奉存候。右孫六家督三拾貫文被下置、長門は隠居被仰付、孫六十六歳より御奉公仕、其後孫右衛門と改名仕候。年号不承伝候。大坂御陣へも乍両度御供仕候。其外御役目色々被仰付、京都・江戸等之御奉公相勤申、其以後要山様へ被相付御奉公相勤、御遠行之以後江戸御役人被仰付候。

義山様御代に惣御検地之時分弐割出目之御知行六貫百文被下置、右御知行高合三拾六貫百文被下置候て、寛永弐拾壱年八月十四日御黒印頂戴仕候。右孫右衛門儀万治弐年十月廿五日病死仕候付、奥山大学を以家督被下置度由奉願候所、寛文元年五月十六日右大学を以家督被下置候。右御知行三十六貫百文之御黒印頂戴所持仕候。已上

延宝五年四月廿八日

19　黒沢作兵衛

一　先祖黒沢豊前と申候て、葛西一家岩井郡下黒沢之館に居住仕候。然所葛西滅亡之節蒲生飛驒守殿御下向被遊、豊前嫡子六蔵と申者を為証人被召登、六蔵儀は於上方病死仕候。豊前儀其後上杉景勝へ随、御手白石御陣之砌甘糟備後共白石に致籠城候。兼て豊前武勇之者に御座候由貞山様被及聞召、其上籠城之内豊前働之様子被遊御覧被召抱度被思召、彼地落城之後豊前儀無恙慶長五年七月屋代勘解由を以被召出、御知行五貫文被下置、其以後福島近所於松川上杉景勝公と御対陣之砌、豊前武功仕候由にて再三御褒美之上為御加増、於胆沢郡荒地之所四拾五貫文慶長十四年中島監物を以被下置、合五十貫文致拝領御奉公相勤申候。然所豊前後嗣無御座候付、塩沢内記次男次兵衛を右六蔵娘に取合聟苗跡に被成下度由申上候所、茂

庭石見を以慶長十三年十二月廿三日願之通被仰付、豊前儀元和六年六月十七日病死仕候。其節親類共申上候は、豊前遺言に御座候条、礒田作右衛門子共藤七と申者豊前孫に御座候間、五十貫文之内弐十貫文藤七に分被下、残三十貫文右次兵衛被下置候様に願申上候処、
貞山様御意被遊候は、左候はば黒沢之名字を以可被立下之由被仰出候付て、親類共追訴に礒田を相捨申儀無拠奉存候間、礒田之名字を以被立下度旨願申上候得ば、不吟味之申上様に被思食由にて拾五貫文被召上、五貫文豊前後家に被下置、残三拾貫文元和六年八月十七日中島監物を以右之次兵衛被下置候。其後寛永年中惣御検地之節弐割出目六貫百文之所
義山様御代右監物を以被下置、合三拾六貫百文に被成下候。次兵衛儀男子持不申儀付、浜田中半兵衛次男拙者を聟苗跡に被成下度旨願申上候。
義山様御代慶安弐年古内主膳を以願之通被仰付候。仍次兵衛儀隠居願申上、寛文四年七月廿三日富塚内蔵丞を以右御知行高三十六貫百文之所無御相違拙者被下置、右次兵衛儀は隠居被仰付、私儀江戸御国共に御奉公相勤申候。
以上
延宝七年三月二日

20 錦織休琢

一 拙者先祖錦織冠者義広近江国朽木住
山蔭中納言政朝様御代先祖義広被召出候。御知行等被下置候段相知不申候。

朝宗様奥州御下向之砌先祖錦織昌円奉供仕、文治五年己酉奥州伊達郡へ罷下候由申伝候。昌円・昌休・三休・休夢・円佳・昌庵・了意・玄鴉・六郎左衛門医師也怡庵・昌寿女医師也・卜心・依柏文明四年壬辰入唐四年て帰朝ス休閑・積庵・清庵・以松・休意・休庵・拙者迄弐十代御知行何代目に被下置候哉相知不申候。義広より昌円迄何代相続申候哉此間知不申候。
貞山様より祖父休意為御加増御知行本地十五貫文両度拝領仕、都三十五貫文に罷成候。右御加増之品承伝無御座候。年号覚不申候。右休意寛永八年九月廿八日病死仕候。拙者父休庵奉願、右休庵に御知行三十貫文、末弟錦戸十兵衛に御知行五貫文従
貞山様分被下置候。休庵引続家督被仰付候。御申次衆拙者弐歳罷成候時分御座候故、聞伝不申候。休庵寛永十四年七月朔日病死仕候。拙者八歳に罷成候同年八月七日に苗跡無御相違三十貫文古内故主膳を以、従
義山様被下置候。其後弐割出惣侍衆並に為御加増六貫百文拝領仕、都高三十六貫百文に罷成候。以上

延宝五年二月十六日

21 大越十左衛門

一 拙者養父同苗十左衛門儀
貞山様御代御大所衆に被召出御奉公仕、其以後御知行十貫文被下置候由承伝候。何年に誰を以被召出右御知行被下置候哉不承伝候。
義山様御代御加増弐拾貫文被下置、御物頭被仰付候。年号・御申次承伝不仕候。寛永年中惣御検地弐割出目六貫文之所御下中並を以被下置候。且又知行所切添起目高三百四文被下置、都合三十六貫三百四文に被成下候。右切添

之地被下候時之年号・御申次不承伝候。右十左衛門儀男子持不申候付、拙者儀聟苗跡に仕度由願申上候所、願之通万治元年に古内主膳を以被仰付候。右十左衛門儀寛文元年に病死仕候付、右知行高之内三十貫三百四文拙者に被下置、相残六貫文之所養子大越勘五郎に分被下度由遺言仕に付此旨申上候得ば、願之通両様共無御相違寛文弐年正月十八日に奥山大学を以被仰付候。其以後野谷地新田申請、自分開発高三貫六百八拾三文之所寛文八年四月四日に古内志摩を以被下置候。右起残野谷地追て致拝領、起目高弐貫六拾五文延宝三年十一月廿三日小梁川修理を以被下置、都合知行高三十六貫五拾弐文之御黒印奉頂戴候。以上

延宝七年三月十五日

22 永井六之助

一 拙者祖父永井但馬慶長六年に

貞山様御代屋代勘解由を以被召出、御知行之地六拾八貫文被下置候。寛永拾壱年二月十日に但馬病死、其砌親六之助幼少にて御目見不申上候故、御知行三十七貫八百七拾五文被召上、残地三十貫百弐十五文佐々若狭を以同年五月被下置候。然処内之者吉利支丹宗門有之付、寛永十八年三月二日に六之助進退被召上御闕所に罷成浪人にて罷在候所、

義山様御代に慶安弐年五月廿四日に御城下御免、同三年三月十六日に古内先主主膳を以被召出、御知行之地三十貫文被下置候。万治元年十月二日六之助病死

綱宗様御代古内中主膳を以同年霜月廿七日に家督無御相違被下置候。且又遠山勘解由上地久荒新田拝領仕度旨、寛

文八年十月廿一日之御評定所へ覚書を以申上候所、同九年二月五日に柴田外記を以願之通久荒新田六貫弐拾弐文被下置之旨被仰渡候。本地取合三十六貫弐拾弐文之御黒印奉頂戴候。已上

延宝五年四月廿三日

編著者紹介

相原 陽三（あいはら ようぞう）

昭和8年（1933）仙台市生まれ。

『仙台藩家臣録』全5巻を佐々 久先生とともに編集。

元 仙台市立川平小学校校長

仙台市史編さん室嘱託

仙台郷土研究会理事

宮城歴史教育研究会員

仙台藩家臣録 第一巻

1978年5月30日 初刷発行
2018年12月7日 第二刷発行

定 価――（全六巻揃）本体25、000円＋税
編著者――相原陽三
発行者――斎藤 勝己
発行所――株式会社東洋書院
〒160-0003 東京都新宿区四谷本塩町15-8-8F
電 話 03-3353-7579
FAX 03-3358-7458
http://www.toyoshoin.com
印刷所――株式会社平河工業社
製本所――株式会社難波製本

ISBN978-4-88594-524-3